本书为2023年度黑龙江省社会科学学术著作出版资助项目，项目编号：2023007-B

　　本书为2022年黑龙江省高校基本科研业务费黑龙江大学专项资金项目（人文社会科学）人文社科创新项目《德里达政治伦理思想研究》（项目编号：2022-KYYWF-1181）的课题研究成果

　　本书获黑龙江大学学科建设经费资助

光明社科文库
GUANGMING DAILY PRESS:
A SOCIAL SCIENCE SERIES

·政治与哲学书系·

德里达他者维度中的政治伦理思想

谷若峥 | 著

光明日报出版社

图书在版编目（CIP）数据

德里达他者维度中的政治伦理思想 / 谷若峥著 . --

北京：光明日报出版社，2023.5

ISBN 978 - 7 - 5194 - 7241 - 2

Ⅰ.①德… Ⅱ.①谷… Ⅲ.①德里达（Derrida，

Jacques 1930 - 2004）—政治伦理学—研究 Ⅳ.①B565.59

中国国家版本馆 CIP 数据核字（2023）第 088997 号

德里达他者维度中的政治伦理思想
DELIDA TAZHE WEIDU ZHONG DE ZHENGZHI LUNLI SIXIANG

著　者：谷若峥

责任编辑：杨　娜　　　　　　责任校对：杨　茹　李　兵

封面设计：中联华文　　　　　责任印制：曹　诤

出版发行：光明日报出版社

地　　址：北京市西城区永安路 106 号，100050

电　　话：010-63169890（咨询），010-63131930（邮购）

传　　真：010-63131930

网　　址：http：// book. gmw. cn

E - mail：gmrbcbs@ gmw. cn

法律顾问：北京市兰台律师事务所龚柳方律师

印　　刷：三河市华东印刷有限公司

装　　订：三河市华东印刷有限公司

本书如有破损、缺页、装订错误，请与本社联系调换，电话：010-63131930

开　　本：170mm×240mm

字　　数：222 千字　　　　　　印　　张：16

版　　次：2024 年 3 月第 1 版　　印　　次：2024 年 3 月第 1 次印刷

书　　号：ISBN 978 - 7 - 5194 - 7241 - 2

定　　价：95.00 元

前　言

20 世纪 80 年代，德里达的作品中出现越来越多的伦理、政治词汇，人们开始思考这些政治伦理反思是否与《书写与差异》或《论文字学》等作品中明显非政治性的话语一致，认为德里达思想已经转折的观点越来越多，尽管解构的转向问题值得论证澄清，但问题的重点应该是解构概念与其政治伦理反思的联系是否出现了一种新的政治伦理思想。这一问题可以通过双重路径解决，一方面，可以重新审视构成解构主义思想核心的概念，确定它们是否涉及对政治伦理的特定理解，同时也为政治伦理思想确定了明确的语境，并解释了德里达政治伦理关切的特殊性。另一方面，可以依据政治伦理学中政治、伦理的双向互动，考察德里达公开处理政治伦理问题的文本，寻找对他来说不可缺少的政治伦理概念，处理德里达的政治伦理思想。

本书主要从政治伦理的视角对德里达解构性质的政治哲学思想进行剖析，揭示德里达的他者伦理对于政治的根本意义，阐明德里达政治的伦理向度。德里达解构理论蕴含的时间观和他者思想为其解决政治伦理问题奠定了理论基础和方法论逻辑。

20 世纪下半叶，经过两次世界大战的法国社会在创伤中寻求民主发展，法国思想界也经历了巨大的变革，这使得法国哲学呈现出与传统德国哲学不同的景象，有着深厚思想基础的德里达就站在这样一个思想领域与现实社会错综复杂的转口。解构的理念与政治的反思之间究竟会激荡出怎样的哲学思想，我们又该如何把握德里达的政治伦理之思？现实政治局势的考量、解构理论的危机以及德里达本人的思想资源都将成为梳理解构的政治伦理问题的必要条件。

德里达在对哲学的探求中发现传统哲学对同一性的思考已经不会再有新的问题了，他想述说不可言说的东西，但他触碰了哲学的边缘，这使得德里达的哲学思想显得艰涩、难以把捉。德里达的解构思想之所以别样于强调同一性的传统哲学，就在于他的思想是搭建在思维与存在同一性之外的维度中，而这一维度之所以形成，就在于解构时间问题的引入。在解构的时间观念下，差异不再是与同一对立呈现的，而是在同一之外的差异。跳脱传统思想框架的解构走向一种延异境地，当提到德里达著名的延异问题时，我们的思想似乎也在跟随它努力超越。德里达诸多的解构策略都是在论证他对差异的思考、对他者的思考。可以说，解构的基本策略是德里达政治伦理思想延发的起点，也是理解其政治伦理概念的关键基础。

由此可见，德里达的政治伦理思想并非是其思想上的转折，而是解构强劲的变革能力的进一步展现。解构的效果也终将作用于自己，解构将遭遇不可解构的部分，即他者问题。这个他者依然区别于同一性的主客体问题，主客体并没有他者，他者是处于同一之外的。对主体理性的关注转向不确定的他者，是解构进入政治伦理思考的开始，与他者的关系带来了他者问题的伦理意蕴。他者将主体带入社会中，进而引发政治思考。德里达从他者的不确定性出发，思考了政治与伦理的可能性与不可能性。

那么问题可以进一步归纳为：基于解构的时间观念和解构策略搭建的思想平台将思考维度指向不确定的未来和他者，因此解构的政治和伦理将在一种不确定性和不可能的经验中讨论。德里达提出的诸多关于政治伦理的概念可以从可能的政治层面和不可能的伦理层面进行理解。如礼物、好客、宽恕、正义、民主等政治伦理概念，都是在呼唤一种面向他者的即将来临的政治，即未-来政治。即将来临的政治对抗便是某种一劳永逸的终结论政治，他者的未来指向警惕着我们完美的预设是危险的，未-来政治不断替补着各种在场政治学说，它为我们的政治思考带来了别样的维度，我们能够看到未-来政治留下的踪迹，同时也能想到它留下的些许疑难问题。

总而言之，由于差异性的时间维度的引入，德里达揭示了本体论之外的延异。延异指向独特的他者并进入生活世界，形成一种延异的境遇。进入与独特他者的关系，意味着正义与责任、政治与伦理的到来。由于他者的不确定性，德里达的政治伦理概念包含政治与伦理两个层面，伦理和政治将在不可能的经验中被思考，不可能的伦理层面是对可能的政治层面的超越。德里达在可能的与不可能的场域之间开启了一种悖谬的体验：债务与非债务的礼物、可能与不可能的宽恕和有条件与无条件的好客。

如此与他者的关系呼唤一种面向他者的未-来政治。德里达建立了以未来的时间逻辑为基础的未-来政治，对抗以在场时间逻辑为基础的终结论政治、敌友论政治。未-来政治是来临中的向他者敞开的政治，而不是预设好的完美的程序化的政治。未-来政治由于部分依靠他者伦理的律令而具有超越政治的部分、政治理性解释不了的部分。未-来政治替补了终结论政治、敌友政治等在场政治，留下即将来临的政治踪迹。

面向他者的政治只能在来临中，它不会寻求政治的永恒性，而是能够接受无休止的疑难政治。在这种政治伦理下，对他者的尊重是人与人关系不可忽视的一面，人无法独善其身，他者身上的不幸终将在我们身上留下踪迹。尽管德里达的政治伦理思想仍然会遭遇自身的界限，但基于其对当代政治哲学的重要影响，在瞬息万变、纷争不断的今天，它依然是解释现代政治困境和人类现实危机的较好视角。

目　录
CONTENTS

绪　论

政治伦理是人类社会文明发展的产物，从古希腊开始便有了政治伦理方面的思考，后成为一门复杂的交叉学科。提到政治伦理问题时，德里达的思想常常被边缘化。关注德里达的政治伦理主张，最初源于笔者对种族屠杀、宗教极端主义、恐怖主义以及饥荒瘟疫等人类危机的震惊、不解与沮丧。由此引发了两个思考：首先，他人的不幸为何牵动于我，我与他人是怎样的关系？在德里达的他者那里得到了令人警醒的回答。其次，现实世界的困境让我们意识到完美政治体制的泡沫，至少对于好的政治我们还能贡献怎样的补充。德里达他者视角的政治伦理思想正是在这一思考中，作为抵抗现实政治的强大力量进入我的研究视域。

一、研究目的与意义

对于德里达政治伦理思想的研究，主要有以下目的：

第一，本书通过对德里达政治伦理思想背景的系统梳理，以及对解构时间观、解构策略及其政治伦理意蕴的分析，澄清其政治伦理思想展开的思想平台，揭示德里达政治伦理思想研究的深层解构逻辑，证明政治伦理思想是解构最为实践化的部分，是德里达思想的一以贯之。

第二，通过对德里达政治伦理概念以及未-来政治的剖析，揭示了他者视域下这些概念中的伦理层面对政治层面的超越，明晰他者伦理对一般意义的政治的解构，为政治哲学提供一种别样的思考维度。

第三，通过对德里达政治伦理思想的立体评析，客观地呈现其思想的启示与局限，对处理人与人之间的关系以及更好的政治生活给予警示，同时也为解构的政治伦理反思留下进一步的探索空间。

相较于对解构策略广泛且成熟的研究而言，德里达个人风格强劲且理论内涵深刻的政治伦理思想在国内学界并未引起足够的重视，富于警醒和反思的政治伦理内容更值得深思，因此也蕴藏着深广的研究意义。

首先，就德里达政治伦理思想而言，从时间观念和解构策略作为研究入口，能够避免单纯围绕德里达后期作品展开的割裂式研究的局限性，也能够真正理解德里达所主张的政治伦理概念，对隐藏在德里达政治伦理思想中的实质性内涵做出更为透彻、深刻的解释。

其次，就德里达整体哲学思想而言，以政治伦理作为解读德里达的大门，一方面论证了德里达早期思想的政治伦理指向，贯穿了德里达整个哲学思想，不仅回击了解构研究经历了巨大思想转折的说法，更体现了其思想的开阔性和文本的变革能力。另一方面，由政治伦理入手回看解构之思，会更全面地认识解构的整体思路及其实践的政治作用。解构的理论基础与对他者政治伦理的贯穿性理解相结合，才真正共同构成了德里达本人的解构思想。

再次，就当代政治哲学而言，只有充分揭示德里达的政治伦理思想才能更为全面、深入地了解当代政治哲学的基本特征，德里达的解构思想也为后现代政治研究提供了独特的哲学范式。因此，研究德里达面向他者的政治有助于对当代政治哲学进行丰富和更新。

最后，就现当代世界局势而言，德里达的政治伦理反思不断向我们发出提醒。德里达的政治伦理思想是其整个解构思想中最富实践的部分，尤其是他对现行秩序的警醒。面对纷繁与残酷的世界，未来某一时刻出现完满的政体是不可能的。我们可以回到德里达的文本之中，同德里达一起思考即将来临的更好的政治与生活。

二、国内外研究现状

产生于 20 世纪 60 年代末 70 年代初的解构主义和政治伦理学几乎

同一时间登场，当时的哲学思潮、国际环境、社会观念经历着巨大转折。所以，从解构产生初期的大环境看，它很难切断政治伦理关系，德里达本人也曾表达过解构不是一件话语或理论上的事情，而是事件、政治上的事情。同样，随着后结构主义的兴起与发展，哲学家们对政治与伦理现象有了全新的思考，多元、延异、断裂、欲望、他者等新范畴冲击着原有的政治伦理思想。

在关于德里达的研究方面，国内外某些学者会对其思想进行大的切割，认为德里达思想存在一次或两次重大转折。德里达对伦理、政治的思考早就存在，即便后来作品中含有大量的政治伦理话语，其主旨也不是单纯的政治伦理问题。因此，从思想把握来看，仅仅将哲学家某一时期的思想单独提出来进行研究，是不够谨慎的，也是不够通透的。从本书的论述架构来看，也不能简单地将德里达思想划分时间段，但仅就文献梳理而言，出于表达的可理解性，本书尚保留"德里达早期""德里达后期/晚期"等说法。由于国内外对于德里达的研究非常丰富，本书只选取政治、伦理方面相关研究的重要学者和重要著作加以梳理。

西方学界对于德里达政治伦理思想的研究可以从英美和法国本土两方面进行梳理。

1. 英美国家

首先，从政治、伦理及相互关系入手的相关研究如下：

西蒙·克里奇利（Simon Critchley）于1992年出版了第一本书《解构主义伦理学》（*The Ethics of Deconstruction*），引起强烈反响。它可以说是第一本论证德里达作品中伦理转向的著作，这不仅提高了英国对勒维纳斯和德里达的接受度，而且还尽可能有力地展示了解构主义伦理的说服力，论证了它对我们思考政治和民主问题至关重要。西蒙·克里奇利认为德里达的伦理基于勒维纳斯伦理思想，只要从勒维纳斯所规定的伦理意义出发，德里达的解构主义是可以被看作伦理学的。因此，不能说解构主义源于伦理学，也就是说不存在解构主义的伦理学。在2009年出版的《伦理-政治-主体性》一书中，西蒙·克里奇利提出了当代理论争辩中关键的三个问题：伦理经验、伦理经验的主体、伦理经验与政治的关系。通过与拉康、南希、罗蒂，尤其是勒维纳斯等主要思想家和德里达的激烈对抗中，克里奇利在微妙的"有限伦理"中找到答案，并捍卫了解构的政治可能性。在克里奇利对法国近代哲学的意义和价值的大胆探索中，民主、经济、友谊和技术都被重新考虑。

杰弗里·本宁顿（Geoffrey Bennington）是德里达的密友，是德里达作品的杰出译者，是德里达部分作品的合作者，也是对德里达作品理解最深刻的读者之一。1991年，他与德里达展开了一段史无前例的"对话"——《雅克·德里达》（Jacques Derrida），在这部出人意料的传记中，本宁顿引导读者从德里达熟悉但被广泛误解的关于语言和写作的著作，转向不太熟悉的签名、性别差异、法律和肯定等主题。尤其是对礼物等问题的进一步澄清，对研究者的理解非常有益。他于1994年出版了《立法：解构的政治》（Legislations：the Politics of Deconstruction）。在这本书中，他展示了解构的多元与力量，将其视为当今最重要的知识分子界的思想运动。本宁顿也强调解构主义的政治维度。他认为解构是一种政治思想，因为它需要重视他异性。后来本宁顿出版了一些颇具见地的论述德里达的书籍以及整理德里达未发表的作品合集，直到2016年，他再次贡献了一部视角更为广阔的政治哲学著作——《分散I：福柯、海德格尔和德里达的政治的政治》（Scatter I：The Politics of Politics in Foucault，Heidegger，and Derrida）。与那些哀叹自由民主危机的人们对政治权术、政府操纵的一贯谴责相反，本宁顿提出了一个新的思考角度：如果这些政治话术是政治本身不可简化的一部分，那会怎样？他认为无论喜欢与否，与修辞相关的"政治的政治"是开始政治研究的一部分。他指出对当前政治令人遗憾的状态的谴责利用了一种教条主义和道德主义，这些教条主义和道德主义具有本质上的形而上学和柏拉图式的基础。如果不去解构这一基础，那么会在哲学和政治上产生一种自以为是的状态，而这种自以为是会造成对人的削弱。在仔细阅读后，可以追溯诡辩、修辞学和哲学之间的复杂关系，在真实与不真实、可决定与不可决定间，探索发展一种不依赖于存在的形而上学的肯定的政治思想的可能性。该书以分散定义了政治本身，是对解构的强烈再现和再创造。在动荡的政治时代，帮助我们思考如何应对暴力和侵犯，而不会屈服于政治终结的形而上学梦想。本宁顿再次强调了德里达的民主思想，民主一词意味着一种需要无限完善的政体，它之所以不能以完满形式呈现是因为其自身的悖谬性质。而且本宁顿在德里达观点的基础上进一步强调：如果出现所谓的理想民主，那只能是想象的自封的政治状态，最终将会走向民主的反面。

1996 年，本宁顿指导的博士生理查德·比尔兹沃思（Richard Beardsworth）的《德里达与政治》（*Derrida and the Political*）出版。这是一本考察德里达解构主义政治含义的书，论述了至 1994 年德里达同政治学的关系，论述了德里达伦理学-政治学事业的前辈和对手，特别是康德和黑格尔。它是对德里达转向对政治的思考以及对同时代大陆哲学的政治焦点的及时回应。理查德·比尔兹沃思使用政治哲学的工具找到了一种关于解构的思考方式。该书一经出版便引起不小争议，主要围绕该书所提出并论证的"时间与法律的悖论经验"命题，以及"政治承诺是否可能"的问题。值得一提的是，理查德·比尔兹沃思对西蒙·克里奇利的解构伦理含义有所发展，正如西蒙·克里奇利认为不存在解构主义伦理学，他也认为不能有解构主义政治学，但他同时对西蒙·克里奇利将德里达伦理学比作勒维纳斯伦理学这一点提出质疑，他认同勒维纳斯对德里达解构思想的影响，但将德里达的伦理与勒维纳斯的伦理等同起来是不合理的，这一论述将导致对解构主义政治含义的低估。这一分析使我们更清晰了勒维纳斯伦理学对德里达政治哲学思想的影响程度以及德里达伦理学中的政治指向，在现代科技语境下解构政治的未来。但解构主义的伦理与政治问题仍然没有解决。

克里斯蒂娜·豪威尔斯（Christina Howells）于 1998 年出版了著作《德里达：从现象学到伦理学的解构》（*Derrida：Deconstruction from phenomenology to ethics*），该书对德里达解构的独特性进行了清晰的描述，从他早期关于现象学和结构主义的著作到他对精神分析、伦理学和政治问题的干预，克里斯蒂娜清楚地解释了解构的许多关键术语，包括延异、踪迹、替补和逻各斯中心主义，并展示了它们在德里达作品中的作用。书中最后一章是"解构主义的伦理学和政治学与伦理学和政治学的解构"，她尝试澄清解构主义的伦理学和政治学所引起的巨大争议。首先，德里达的政治思想不能完全等同于解构主义政治学。其次，解构主义本身是否提出或需要某种特定的伦理学或政治学，它是否与任何伦理学或政治学相符？在克里斯蒂娜·豪威尔斯分析看来，既然解构主义是对文本的一种处理方式，而不是一种哲学、理论或分析的固定方法，那么我们在解构主义著作中必然找不到任何伦理的或政治的理论和方法，但是解构主义确实经常处理伦理和政治的事务并提出伦理学问题。克里斯蒂娜·豪威尔斯对德里达解构伦理学和政治学关系的追问为我们的研究提供了一个可借鉴的思路，虽然她最终未能明确这一关系，但起码澄清了解构主义并不是回避规范而去对伦理学的确定性进行破坏，解构主义似乎追求一种十分不同的伦理与政治行为，而如何处理伦理与政治的关系仍然是个难题。

其次，从政治、神学层面入手的研究如下：

约瑟夫·希利斯·米勒（Joseph Hillis Miller）提出了文学解构理论，他是北京大学名誉教授，与保罗·德曼、德里达和杰弗里·哈特曼等学者都是耶鲁学派的一员。2001 年，他的著作《他者》（*Others*）出版，通过 10 位如马塞尔、保罗·德曼和德里达等 19、20 世纪的作家研究他者。米勒以精妙的细读而闻名，他对"他者"有着广泛的理解——这种理解不是通过理论而是通过文学本身。深受德里达"整全他者"观念影响，米勒认为无限他者意味着他者视域的模糊。"他者"，正如米勒所解读的那样，并不是一个抽象的概念，这是特定语言结构的一个难以捉摸的特征，在每种情况下都不同。正如标题中复述的他者所表明的那样，只有尊重这种多样性并仔细阅读才能领略。米勒的部分文章已经有中文译文，如《从主权与无条件性看德里达的"整体性他者"》，文中米勒区分主权和无条件性，前者是以神学基础为幻象的幽灵返回，而后者是以对他者回应为基础的返回；前者是霸权国家合理化自身行为的基础，后者是真正的自由民主国家姗姗来迟的依据。对突然来临的他者的无条件回应，构成意外的事件，从而打乱线性进程的历史顺序。米勒对德里达他者问题的解读，是我们后续读者或研究人员的宝贵参考。

约翰·大卫·卡普托（John David Caputo）的大部分工作都集中在现象学、解构和神学上。作为德里达哲学的重要研究者，2020 年，《简而言之解构：与雅克·德里达的对话，与新导论的对话》（*Deconstruction in a Nutshell*：*A Conversation with Jacques Derrida*，*With a New Introduction*）出了最新版，追溯了自 2004 年德里达去世以来解构主义的发展，从新唯物主义的兴起到回归宗教。卡普托对德里达和解构做了最清晰、简洁和翔实的导论。书中叙述了 1994 年在维拉诺瓦大学举行的圆桌会议上，德里达用英语即兴发言，以异常清晰和雄辩的口吻谈论哲学的任务、正义、责任、礼物、共同体和弥赛亚等话题。德里达驳斥了相对主义的指责，并阐述了他的作品的深刻肯定和政治伦理主旨。1997 年，卡普托《德里达的祈祷和眼泪：没有宗教的宗教》出版，该书提供了对德里达思想的宗教维度的研究，卡普托以宗教为起点和归宿，论述了德里达的许多伦理问题和哲学主张。卡普托对于不可能、决定、事件、伦理概念的宗教维度解释，让我们对德里达所持有的同样概念有更好的理解。1999 年，卡普托同米歇尔（Michael J. Scanlon）一同完成《上帝、礼物和后现代主义》（*God*，*the Gift*，*and Postmodernism*）。书中阐述了超越后现代主义将"理性"和"宗教"置于对立面，抓住机会质疑"现代"的权威，打开可能经验的界限。卡普托的作品反复阐述德里达的"可能"与"不可能"。他探讨有关意图、既定性和可能性的问题，这些问题揭示了解构在多大程度上像宗教一样被构建。其结果是，上帝、礼物和后现代主义阐述了一种激进的现象学，它扩展了其可能性的极限，并探索了哲学和宗教越来越令人惊讶的、趋同的领域。

François Nault 是加拿大神学、伦理学方面研究德里达比较突出的一位教授。他与 Jacques Julien 一同发表了《德里达的神学政治问题》（*Plus d'une voix：Jacques Derrida et la question théologico-politique*），一方面论述了德里达的伦理转向，另一方面阐述了礼物经济和牺牲经济问题，也是本书研究的一个参考。弗朗索瓦梳理了德里达的学术经历，详细分析了德里达的政治伦理转向过程。他认为这个牺牲问题对德里达来说至关重要，正是在这个问题上，他在思考责任方面与海德格尔和勒维纳斯区分开来，还有非经济和牺牲经济的关系问题，也是德里达的难题。

以往的文献梳理总是给人一种英美世界对德里达的研究远超过法国本土之感，实际上差异并非这么悬殊。一方面是由于英美的确比较重视德里达研究，而且英美各方面在世界上的影响力也较大；另一方面是法国本土研究德里达的部分哲学家在英美国家大学任教。实际上对德里达哲学思想中的政治伦理意蕴的考察，法国本土起步较早。

2. 法国本土

首先，关于政治、神学层的研究如下：

吕克·南希（Luc Nancy）对德里达充满了敬意，作为德里达的朋友和学生，他与拉库-拉巴特（Philippe Lacoue-Labarthe）、萨拉卡夫曼 Sarah Kofman 等一道，构成了不同于美国式"解构"的欧洲力量，影响深远。在一定意义上，南希和德里达的友谊以及相互对话的写作构成了法国"解构思想"的重要部分，而南希本人则从哲学的"意义"理论、共通体的"元政治"、解构与基督教或西方唯一神论传统的关系上扩展了解构的领域。他曾与德里达一起讨论"主体之后"问题，二人就清理主体哲学、欧洲中心论、人类中心论等问题交换了看法，并重申解构不是虚无主义，而是一种责任意识。南希有一个庞大的"解构基督教计划"，这也促成了德里达《触碰》一文的形成。南希继续推进德里达的伦理思想，在《不要触摸我》以及《基督教的解构》等著作中回应了德里达解构，从身体角度重新解构了基督教的触感神学。1980 年，南希和拉古拉巴尔特（Lacoue-Labarthe）组织了一场关于德里达作品

《人的终结》（*Les fins de l'homme*）的会议。本次会议是深入探讨政治概念的开始，同时也是提出解构与政治相互关联问题的开始。这次会议从各个方面阐释了德里达政治思想的贡献和启发，扩大了德里达思想在当代哲学的影响。同年，他们还成立了"政治研究中心"，《政治的重演》[*Rejouer le politique*（1981）]和《政治的撤回》[*Le retrait du politique*（1983）]两本书集是该中心工作的成果。当 1984 年中心关闭时，南希继续研究共通体和政治问题。这项研究的成果就是他的著作《无用的共通体》（*La communauté désoeuvrée*），于 1986 年出版，这是对共通体观念的一次检验。2008 年，南希的又一部重要著作《民主的真相》（*Vérité de la démocratie*）出版。《民主的真相》是对法国 1968 年五月风暴的还原与改写，南希以一种通俗易懂、几乎是宣言式的风格书写，提出了一种强有力的诉求，要求我们重新思考民主，不是将其视为一种政治制度或形式，而是一种开启共同体验的方式。南希认为民主的真相是：它不是众多政治形式中的一种，它根本不是一种政治形式，或者至少它主要不是一种政治形式。南希对民主的理解继承了德里达对自由民主体制的批判。德里达去世后，南希提高了我们对民主理解的水平。

作为德里达的学生，让-吕克·马里翁（Jean-Luc Marion）从现象学、神学、伦理学方面与德里达进行思想交锋。他的大部分学术工作都涉及像海德格尔和胡塞尔这样的现象学家，但也涉及宗教。如《无存在的上帝》主要关注对偶像崇拜的分析，在马里翁的作品中，这一主题与爱和礼物密切相关，德里达也详细探讨了这些概念。马里翁和德里达在"礼物"上相遇，他们的许多差异都展示了这些主题是如何成为现象学最紧迫的结构性问题的关键，尤其是关于"解构主义"的问题。马里翁在《作为给予》（*Étant donné：Essai d'une phénoménologie de la donation*）中对德里达《给予时间》中关于礼物的悖谬问题进行了分析，他认为德里达的礼物悖谬源于在场和经济循环，他将礼物脱离出这两个语境。在《礼物的理由》（*La raison du don*）中，如果以不求回报的给予者和不予感激的受赠者这一角度来思考礼物，礼物可以以自身呈现。马里翁的礼物问题对本书从礼物角度进入德里达伦理和政治思想有很大启发。

其次，对现代政治反思的研究如下：

曾参与过吕克·南希创办的政治研究所的雅克·朗西埃（Jacques Rancière），也深受德里达影响。他曾经是德里达在巴黎高等师范学院（École Normale Supérieure）任教时的学生。二人的关注点和方法有诸多重叠，他们都对西方形而上学进行了批判性的谱系研究，推进非同一性哲学并重新思考文学的概念。在 20 世纪 60—70 年代法国对马克思主义有争议的背景下，他们都阐述了一种反威权政治，既不站在阿尔都塞主义一边，也不站在阿尔都塞的大多数革命左派批评者一边。1995 年，朗西埃的著作《不和：政治与哲学》（La mésentente：politique et philosophie）发表，他认为政治哲学这个词不代表哲学的任何流派或领域。这个词代表了一种争议的相遇，其中表达了政治的悖论：其自身基础的缺乏。当统治的自然秩序和社会各部分之间的份额分配被一个多余的部分即民主的出现打断时，政治就开始了，民主将不可计数的部分与整个共同体联系起来。雅克·朗西埃的民主理论与德里达的理论有很多共同之处。两者都认为民主建立在悖论之上，将其定义为他异性的爆发，最值得注意的是，两者都在不求助于政治和社会的传统对立的情况下，解释了经验民主和理想民主之间的脱节。然而，朗西埃在两个决定性的方面与德里达不同。首先，他认为在民主制度中可以理解他异性，因此不应将其理解为在一个弥赛亚的时间性中构成性的脱节。其次，朗西埃保留了"人民"作为政治代理人的理论，同时避免了阶级同一性建构的形而上学。尽管朗西埃没有专门分析德里达的专著，但在其作品以及个别已发表的文章中，还是有对德里达政治思想比较深刻的研究。他发表的《民主会到来吗？德里达的伦理学与政治学》（La démocratie est-elle à venir？Ethique et politique chez Derrida），论述了政治学在德里达哲学思想中的重要位置，尤其解答了德里达政治哲学转向与其之前貌似非政治的研究是否一脉相承的问题。

作为德里达的得意门生，伯纳德·斯蒂格勒（Bernard Stiegler）被称为德里达主义者，他写作中的许多阐述与德里达高度契合。对社会、政治、经济等问题的分析遵循延异的策略。1996 年，他与德里达共同讨论的著作《电视回声》（*Échographies de la télévision*）出版。这本书以新闻媒体对德里达的简短采访开始，并以斯蒂格勒关于数码摄影认识论的一篇挑衅性文章结束。在书中，德里达和斯蒂格勒提出了具有重要社会和政治意义的问题。他们讨论了远程技术对哲学和政治的影响。在镜头前即兴创作时，两位哲学家面临着他们所讨论的技术，因此被迫更直接地解决他们提出的紧迫问题。在"现场"录音的情况下谈论现在是什么意思？当我们知道表达、讨论、反思和深思熟虑的所谓"自然"条件已被破坏时，我们该如何负责任地回答问题？德里达和斯蒂格勒在欧洲当时的政治事件中，探讨了电视和互联网对理解国家、边界和公民身份的影响。他们的讨论考察了法律与技术之间的关系，并展示了操纵和传播图像的新技术如何影响我们对民主、历史和身体的观念。随着德里达和斯蒂格勒讨论的远程技术在现代社会中的作用，德里达思想的政治含义变得显而易见。

伊夫·高罗（Yves Gatien Golo），是研究德里达的解构主义的中非专家，作品基本为法语写作，除了德里达哲学，还关注和平与人权方面的问题，如地缘政治和非洲民主。在其作品《与雅克·德里达和伊曼纽尔·勒维纳斯一起思考经受危机考验的他异性》（*Penser l'Alterite a l'épreuve de la crise avec Jacques Derrida et Emmanuel Levinas*）中，伊夫教授非常重视他者的他异性问题，他认为将思考他异性作为一种危机，只有在时间性中才有可能。如何处理文明危机？只有当人类了解自己并将自己视为一个整体，我们的社会才会复苏。在另外一篇作品《德里达的时间性、伦理、政治》（*Temporalité, éthique et politique chez Jacques Derrida*）中，他提出将时间性作为理解政治、伦理的基础，并尝试以德里达的观点解决非洲问题。该著作的部分研究具有现实启示，但时间其实是为解构提供了新的思想平台，德里达的任何问题都可以在此基础上展开。他者应该是把握德里达政治伦理思想更重要的关键。

博士论文:

专门论述德里达政治伦理思想的博士论文很少,巴黎第八大学2008年曾有一篇名为《雅克·德里达作品中的伦理学和政治学》(*Ethique et politique dans l'oeuvre de Jacques Derrida*)的博士论文,作者名叫Carlos Contreras GUALA,目前在智利大学任教,主要从事德里达研究工作。该论文是用西班牙语撰写的,从德里达文本写作中分析德里达的伦理学、政治学。该论文一方面回应怀疑主义"不道德行为"和"不负责任"的指责,论证德里达作品中存在政治、伦理层面;另一方面论述德里达作品中一以贯之的政治伦理问题,从他早期涉足文学的经验到他对未来民主的反思。

法国一些知名期刊也会定期组织德里达研究的辑刊。2007年2月法国《例证》(Cités)第30期发表了关于德里达政治思想的专号《权力的解构》(*La déconstruction de l'autorité*),其中包括伊芙·查理(Yves Charles Zarka)的《贪婪的君主》(Le souverain vorace et vociférant)、查理·拉曼(Charles Ramond)的《政治词汇的要素》(Éléments d'un lexique politique Politique et déconstruction)、皮提德芒(Guy Petitdemange)的《论纠缠:德里达的马克思》(De la hantise:le Marx de Derrida)、皮埃尔·伊芙(Pierre‐Yves Quiviger)的《德里达:论法的哲学》(Derrida:de la philosophie au droit)、让-吕克·南希(Jean-Luc Nancy)的《阿尔及利亚的独立和德里达的独立》(L'indépendance de l'Algérie et l'indépendance de Derrida)等学者的相关研究文章。另外,2015年五月法国《线路》(*Revue Lignes*)第47期发表了论述德里达政治思想的专刊,汇集了诸多当代哲学家关于德里达政治思想研究的成果,同时也包含马克·科列波(Marc Crépon)和勒内·马佐尔(René Major)等人组织的德里达政治哲学国际学术研讨会的一些论文,重新审视德里达政治思想的价值。这些研究将为本书提供更丰富的理论支撑。

3. 国内

相较国外，国内对德里达后期思想的研究较晚，但是关于德里达的解构思想的一般性梳理作品不胜枚举。在对其政治伦理思想的分析方面，不乏一些精湛的研究。这些相关研究大致可以分为两类。

首先，以政治哲学为主要层面的研究：

尚杰教授以胡塞尔现象学开始他的学术道路，随后转向法国哲学，特别是德里达的思想，他在法国访学进修时跟随的导师就是德里达。除了《从胡塞尔到德里达》《归隐之路》等系统梳理性的著作外，尚杰还以一种实验性的写作方式，大胆地与德里达展开了思想上的对话。《精神的分裂：与老年德里达的对话》的内容呈现与其他哲学著作都不同，在与老年德里达的虚拟对话间，我们同他一道思考将形而上学所形成的万物背后的终极规则打碎，理解他对传统哲学的反叛。该书最后几章是关于马克思主义和德里达政治伦理问题的。与其他单纯谈论马克思主义的文章不同，尚杰在谈论德里达对马克思主义的解构之前首先详细介绍了解构的延异、增补等关键性，也是贯穿后期思想的解构概念，这非常有助于提高对德里达政治思想的理解，也为本书将德里达政治伦理思想与解构策略做贯穿式理解找到了一个支撑。尚杰指出德里达先是发现传统哲学虚拟的意识形态结构，即主体先验设定的对立结构，再在通过延异的不断替补活动造成对立双方的模糊甚至互换，在这一增补链条中时间被空间化，幽灵时间使得历史不是线性发展，没有预设好的理想政治模式。尚杰提醒我们注意德里达思想中"多出来""溢出来"的问题，以及超出结构的问题。德里达的伦理就是在思考超出伦理结构的多余部分。尚杰教授对本书最大的两点启示是：一方面连贯考察德里达政治伦理思想；另一方面重视德里达思想的超越性。

高宣扬尽管没有专门关于德里达的专著，但是由他主持的《法兰西思想评论》中经常出现世界各地学者关于德里达的研究论文，其中也有他本人对于德里达或后现代政治伦理思想的认识。2010 年他的巨作《当代政治哲学》出版，他从德里达的生平开始，通过解构关键策略的介绍进入德里达对传统政治哲学的解构。对于德里达晚年政治哲学思想，高宣扬认为那既是解构主义对当代各种政治事件的批判，又是他解构策略的一种政治实践。高宣扬认为德里达的政治学是一种"事件的政治哲学"，这使我们对德里达政治伦理思想的研究不得不转向他者问题。高宣扬没有说明德里达政治哲学中蕴含的重要伦理概念，但是显然，就德里达政治哲学的分析可以看出其政治哲学的伦理学指向。高宣扬还谈到德里达始终坚持把哲学创造与实际生活结合起来，把自己的解构看成是对现实世界及其历史和未来的批判，并把这种批判理解为哲学创造活动本身。所谓"事件的政治哲学"实际上就是这样一种紧密联系实际的批判哲学。

欧阳英的著作《走进西方政治哲学——历史、模式与解构》通过梳理西方政治哲学历史，定位后现代主义政治哲学。她认为德里达阐述了一种以解构理论为基础的政治伦理思想，这一思想的核心概念是"不确定性"或"不可决定性"，另一个相关概念是"责任感"。而之所以出现这两个概念，是因为他者的存在和对他者的承认。这也支撑了本书从他者出发思考政治伦理思想的研究视角。

陆扬在其著作《德里达的幽灵》第九章探讨了德里达政治哲学转向，他重新思考了德里达与马克思主义的关系。尽管是谈转向，但陆扬并没有把它看作是以某部作品为标志的转折，而是在《马克思的幽灵》以前开始梳理德里达研究过程中的政治学发展。这也佐证了本书贯穿式理解德里达政治伦理思想模式的合理性。

其次，以政治、伦理为主的研究：

方向红同样对德国现代哲学和法国哲学尤其现象学有着深刻且独到的思考。2009 年出版的《幽灵之舞》是方向红凭借对现象学深厚的理解以及重新阅读德里达后期的多部著作后，以幽灵学为框架解读德里达政治和伦理思想的作品。与尚杰相似，方向红并没有局限于对德里达晚期思想的研究，而是将幽灵问题回溯至胡塞尔和海德格尔的现象学，梳理德里达与现象学关系的历史过程，解释德里达后期消逝的现象学和一种幽灵学转向，再根据幽灵学谱系对转向后的幽灵伦理学和幽灵政治学加以分析。幽灵问题的根本是现象学的先验论问题，德里达经过激进的推进，构建幽灵的负在场、准先验、过先验等特点，方向红在此意义上指出德里达的后期思想中存在着一个准先验的维度。而负在场、准先验维度的引入，使得德里达在与马克思主义相遇过程中产生出一种本体论的表征。这是方向红对德里达政治伦理思想的独到解读，对于理解德里达民主、正义等悖谬性问题是很好的解惑，甚至超出我们期待的水平。

冯俊在其著作《当代法国伦理思想》中，清晰地介绍了德里达解构哲学的伦理思想的三方面：首先是反逻各斯中心主义的伦理意蕴；其次是对勒维纳斯伦理学的分析；最后是人道主义与形而上学的关系。德里达认为，黑格尔、胡塞尔和海德格尔把对人道主义的扬弃同对真理的探求联系在一起，而解构主义则追随尼采把对真理的探求指责为本身，即人道主义的愚蠢。冯俊认为德里达并没有清楚地看到黑格尔、胡塞尔和海德格尔对人道主义的扬弃并不是要恢复主体形而上学。

尹树广翻译了德里达《人的终结》，收录于其著作《后结构·生活世界·国家——最新西方哲学原著译评》中，对解构主义思想家的作品进行了分析评述。对德里达的研究主要集中在其政治学伦理学的问题上，尤其对德里达政治学中的民主问题做了伦理层面的分析。他曾在《宽恕的条件和界限》一文中指出德里达对西方伦理和政治概念的解构，并不是要抛弃一切传统政治、伦理或走向乌托邦，而是赋予政治和伦理新的现实能动性。

与国外情况相似，国内也有一批文学、文化或语言方面的学者在德里达政治、伦理思想的研究上非常突出。

李永毅《德里达与欧洲思想经典的对话》一书将德里达与西方十四位杰出的哲学家进行了针对性的比较，对比分析中不乏涉及伦理思想问题。如在与柏拉图的对比中，他认为德里达体现出柏拉图的某些特质并不奇怪，这不仅因为柏拉图被某些学者称为"解构主义诞生之前的解构主义者"，更源于德里达热衷于对柏拉图的研究。这种探寻和柏拉图的探索一样，是在关注伦理、关注正义、关注人类的未来。李永毅后来的一些文章，如《延异政治学——德里达的遗产》还尤其强调德里达政治学中的未来时间维度。

陈晓明对德里达解构主义中的伦理思想有着较为深入的研究。他的梳理性著作《德里达的底线》涉及对德里达整个思想的详尽论述。在"解构的伦理面向"一章中，力图澄清被误解的解构主义与伦理学之间的关系，明确德里达晚年的伦理学转向，并指出期间德里达所涉及的问题几乎都可以归结为他者的伦理问题。解构的伦理性已经是理解解构主义的重要维度，正是在解构伦理学中，解构给予了一种伦理性。值得一提的是他对德里达的政治学和伦理学关系所做的论述。他认为伦理学的态度非常深刻地渗透在德里达的政治学论说中。德里达的伦理学实际上与他的政治学混合在一起，他的伦理学也是一种政治学，政治与伦理要被当作解构的一种本性来理解。德里达政治哲学的出发点和落脚点都是伦理学，也就是哲学。

胡继华作为德里达多个作品的译者，在其著作《后现代语境中伦理文化转向：论列维纳斯、德里达和南希》中，抓住文化伦理转向角度，对勒维纳斯、德里达和南希三位法国哲学家进行比较哲学视域的系统梳理。谈到德里达，他认为德里达在晚年时期对政治化时代的政治危机有着强烈的关注，这一时期德里达的解构思想与其说是解构论不如说是价值论。胡继华对德里达思想历程以时间顺序按照作品主题进行三段划分。陈晓明对此提出质疑，认为德里达只存在前后期的转变，这两个时期以 1987 年为界线。

博士论文：

在国家图书馆学位论文收藏中心论文库中，以德里达思想为主的博士论文主要可以分为哲学、语言学、文学以及翻译几个方向。哲学方面相关论文一部分是以德里达延异等核心概念为研究对象，另一部分是关于解构主义政治哲学与马克思主义的关系问题。关于解构主义政治伦理相关的博士论文有：刘晔骁《异质性时间论与解构主义的马克思遗产继承策略》，主要是对《马克思的幽灵》的评论性解读；曹丽新《解构、友爱与未来民主》，主要是对《友爱的政治学》的解读；岳梁《幽灵学批判法——德里达解构的马克思主义研究》是对德里达幽灵政治学与马克思哲学的再研究。国内博士论文对德里达政治思想的研究在与马克思哲学结合方面有着丰富的成果，且日趋成熟。因此，本书没有从马克思主义基本立场再次解读德里达政治思想，而是从德里达整体思想出发剖析德里达政治伦理问题。

德里达的政治伦理问题复杂艰涩，通过对国内外相关研究成果的梳理，可以看出许多学者为此付出了巨大的心力。但相比之下，也可察觉国内研究的些许缺憾。首先，与丰富的解构理论研究相比，对政治伦理的关注较弱，从解构早期策略进入政治伦理的研究就更为欠缺，忽视了解构策略与解构政治的深层逻辑联系。其次，与德里达的马克思主义问题研究相比，对德里达整体的政治思想研究并不充分，没有充分认识到德里达政治的伦理层面。缺少对德里达思想的开阔性及其文本变革能力的认识。最后，对德里达政治伦理思想的现实启示认识不足，德里达的政治伦理方面的警示是其思想中最具实践性的部分，国内对此主要围绕对资本主义社会的自由民主的批判，很少讨论其对人类关系、人类危机的启示。

三、研究思路与研究方法

（一）前提明晰

自 20 世纪六七十年代开始，政治伦理学同政治哲学、伦理学等学科一起蓬勃发展，在西方哲学界受到高度关注。有人类社会生活就有政治与伦理，二者关系复杂且紧密。为了更好地界定德里达的政治伦理思想，以下从政治伦理学的含义、思考路径、研究对象和主要内容方面加以简要梳理。

何谓政治伦理？政治伦理基于人类政治共同体的政治生活、政治关系、政治活动的伦理规范和道德意义。政治伦理离不开政治和伦理关系的探讨，而政治伦理的历史也是围绕二者关系的发展展开的。

政治伦理学的形成过程是政治、伦理相互关系发展的过程，结合其发展过程，对于政治伦理思想的搭建大致可以划分为三种路径：一、由政治走向伦理，保持政治学视角。强调从政治学出发对伦理的观察，是一种"政治的伦理论"，如洛克从世俗生活、社会秩序出发，在自然法基础上提出人生而具有的自然权利。这一思考维度的政治伦理是政治研究的一种架构，为处理政治问题提供必须遵守的普遍法则。二、由伦理走向政治，保持伦理学视角。强调伦理为政治提供目标、方向和方法，是一种"伦理的政治论"①。它期望把伦理精神转化为一种政治理念和政治规范，在政治理论、政治实践、政治行为中体现伦理追求和伦理原则。如柏拉图从正义理念出发，寻求最佳政体。三、政治、伦理双向互动。这是一种政治伦理的"关系论"，它倾向于政治伦理的相互影响、相互作用，伦理是政治的方向和制约，政治是伦理的保障。如罗尔斯的"正义两原则"，由公平的正义出发以权利和义务的划分为主线的制度保障正义。

如果政治伦理学按照第一种路径出发，只能说是政治学的分支，将伦理视为政治的辅助手段；如果由第二种路径出发可谓一种应用伦理学，是将政治沦为伦理理想的工具。不论是将政治注入伦理，还是将伦理划进政治，都只是把二者叠加的简单处理，这不可避免地导致了对政治伦理价值意义的低估，将其列为一种工具性学科。从第三种路径出发，应该可以更好地突出政治伦理的独特内涵，政治本身的伦理本质使政治研究具有一种伦理维度，这种政治伦理学以政治道德为研究对象，也成为政治伦理学的逻辑起点和归宿，同时关注政治与伦理的相互关系，伦理地审视政治价值理念、政治制度、政治主体行为，关注政治中的道德伦理生成、发展趋势。以第三种路径的政治伦理学作为逻辑参照去表述德里达的政治思想比较合适，因为德里达在面向他者的政治中蕴

---

① 戴木才. 政治伦理的现代视域［J］. 哲学动态，2004（1）.

含着别样的伦理维度。

就解构主义的思想主旨而言，其不会建立任何新的知识体系。因此，尽管德里达对政治伦理问题的研究是其解构思想的重要部分，但并不能称为学说。所以，本书没有采用德里达政治伦理学这一表述，而是使用政治伦理思想。

（二）研究思路

20 世纪 80 年代，德里达的写作中出现越来越多的伦理、政治词汇，人们开始思考这些政治伦理反思是否与《书写与差异》或《论文字学》等作品中明显非政治性的话语一致，认为德里达思想已经转折的观点越来越多，德里达对此的回应是，这是解构概念发展与政治伦理反思的直接结果。尽管解构的转向问题值得论证澄清，但问题的重点应该是解构概念与其政治伦理反思的联系是否呈现了一种新的政治伦理思想。处理这一问题可以通过双重路径解决，一方面可以重新审视构成解构主义思想核心的概念，确定它们是否涉及对政治伦理的特定理解，同时也为政治伦理思想确定明确的语境，并解释德里达政治伦理关切的特殊性。另一方面可以依据政治伦理学中政治、伦理的双向互动，考察在德里达公开处理政治伦理问题的文本中，寻找对他来说不可缺少的政治伦理概念，处理德里达的政治伦理思想。

在明晰思想语境、阐述理论基础、论证逻辑纽带、剖析重要概念、揭示思想特质、给出思想评析这一研究思路下，本书进行如下推进。

第一章主要明晰德里达政治伦理思想产生的语境。任何思想的产生都有其现实语境和思想资源，因此本章首先阐明德里达政治伦理思想产生的直接原因，即解构面临的质疑与误解。其次介绍德里达政治伦理思想产生的现实语境，一方面，现代政治被历史终结论和敌友论所占据，表面光鲜的自由民主政治禁不起现实的追问；另一方面，西方哲学思想的裂变与现实政治局势的突变，让人不得不重新思考当前政治；最后，德里达思想有着丰厚的哲学资源，因此还要梳理德里达对亚里士多德、尼采、海德格尔、勒维纳斯等哲学家在政治、伦理方面的批判和继承，厘清德里达解构的伦理根源。

第二章主要阐述德里达政治伦理思想的理论基础。根据解释学的原则，解释或理解任何事物都需要一个"前见"，对于认识德里达的政治伦理思想的前见就是他者和时间。任何理论都有其展开的思想场域，解构时间观念在存在论立场之外搭建了一个新的思想平台，无论是德里达的政治伦理思想还是其早期思想，都是在这一平台之上展开的。因此，没有这个思想维度，就无法真正理解德里达的政治伦理概念。同时，本研究也力证政治伦理思想并非德里达思想的转变，而是与解构发展一脉相承。首先，论述解构主义的时间观念，一方面时间观念是任何一种思想的内核，另一方面作为他者的时间也影响着对德里达政治伦理思想的理解。其次，在时间观念下重新审视解构重要策略，考察这些核心概念所涉及的对政治伦理的特定理解。最后，思考解构理论的政治伦理意蕴，发现德里达在解构之初对他者的伦理关切。同时，解构策略蕴含的对他者的思考也在一定程度上关涉了伦理和政治内容。至此，构成了德里达政治伦理思想的方法论基础。

第三章主要论证政治与伦理的逻辑纽带——他者。在解构主义锋芒毕露之时，德里达基于他者的伦理思想发现了解构所不可解构的部分，这一新发现使得德里达投入他者的政治伦理之中。延异进入生活世界，进入与他者的政治与伦理关系。首先，德里达他者之思早期出场时，在梳理他者的伦理渊源后，便讨论德里达的他者如何出场，即放弃主体的理性后朝向不确定的他者。其次，论证他者之思的伦理意蕴。在将勒维纳斯绝对他者的立场由形而上学导向政治后，德里达在可能与不可能的经验中解释政治与伦理的关系。最后，阐释他者伦理的政治指向。即将到来的时间与即将发生的事件一样最终都是他者，他者将主体置于共同体或者社会之中，带来政治层面的思考。他者的不确定性使德里达区分了不可能的伦理层面和可能的政治层面。这种立场构成了讨论二者关系的基础，也拉开了政治伦理思想研究的序幕。

第四章主要剖析德里达政治伦理的重要概念。上述敞开的研究序幕可以进一步明晰为：如果解构的时间观念所建立的差异性的思想维度指向不确定的未来和他者，那么伦理和政治将在不可能的经验中被思考。德里达的政治伦理概念包含政治与伦理两个层面，不可能的伦理层面是对可能的政治层面的超越。首先，在朝向他者的悖谬经验下产生的是非经济的礼物、不可能的宽恕和无条件的好客。其次，面对他者、自我中的他者需要一种牺牲经验，那是一种不负责任的责任、一种自我中的他者的决定，即超出理性知识的决定。最后，如此与他者的关系带来别样的解构政治概念，这里正义的与当下脱节的、民主是尚未完善的、弥赛亚是期待之中的。至此，德里达召唤的是一种面向他者的未-来政治。

第五章主要通过揭示未-来政治与在场政治的区别阐明德里达政治伦理思想的理论特质。首先，通过"准先验"维度和"也许"境地来把握德里达政治伦理思想。其次，在这一思考维度下，德里达建立了指向未来的时间逻辑并以未来政治对抗终结论、敌友论政治。未-来政治是即将来临的向他者敞开的政治，而不是预设好的完美的程序化的未来政治。最后，未-来政治具有超越政治的部分，也就是政治理性解释不了的部分，这部分依靠他者伦理的律令。未-来政治替补了终结论政治、敌友政治等在场政治，留下了即将来临的政治踪迹。

第六章主要给出德里达政治伦理思想的立体评析。首先，思考德里达政治伦理思想的基本特征，剖析其思想的超越之处。其次，考察德里达政治伦理思想的理论意义以及现实价值。一方面阐述德里达政治伦理思想对现当代政治的批判以及丰富，为当代政治提供新的批判方式和思考维度。另一方面分析德里达政治伦理思想对现实世界的启示，探索其实践指向。最后，对德里达政治伦理思想的疑难之处进行点滴反思。德里达为我们提供了未来政治思考的向度和可能，但思想的超越与限度同样重要。

（三）研究方法

本书主要的研究方法有如下三种：

首先，文本"互照"的研究方法。具体而言就是将问题意识与解构主义相结合，依靠德里达的策略研究德里达的思想。以延异视角分析德里达的政治伦理概念，以他者伦理解构在场政治。

其次，比较分析的方法。该方法采取一种比较哲学的视域，一方面是大的思想体系的对比，如将解构政治与传统政治对比，又将解构政治置于后现代政治中比照研究；另一方面是不同思想家关键概念的对比，如尼采、海德格尔、勒维纳斯等人对时间、他者思想主张的对比。

最后，历史分析法。该方法强调对问题进行整体、系统的剖析，将研究对象放置在哲学史中加以考察。随着研究的推进，将德里达的政治伦理思想放到现当代政治哲学的历史中考察，能更好地突出德里达政治伦理思想的独特性进而更立体地评价其思想。

（四）创新之处

文本分析讲求务实，要求客观、详实地反映作者本意，因此进行突破性的创新具有一定难度。本书沿袭解构思路，对德里达政治伦理思想的研究角度、研究结构和研究内容努力尝试给出别样见解。首先，本书以德里达关注度较高的他者作为理解其政治伦理思想的基础，在分析大量德里达的相关著作后，可以发现作为时间和事件的他者不仅可以作为德里达政治伦理概念解释的入口，更可以作为处理政治、伦理关系的纽带。其次，由于研究角度涉及德里达解构初期的理论，所以本书在结构上并没有单独围绕德里达后期文本进行阐述，抛弃了切割式的研究。最后，由于上述角度和结构，本书在整体内容上坚持对解构策略的贯彻，将解构思想作贯穿式应用，通过对德里达政治伦理思想的研究丰富对解构的理解。

第一章

德里达政治伦理思想缘起

　　哲学总是离不开对现实世界的反思，二战后动荡的岁月、激变的时代以及纷繁的思想使得德里达愈发关注当时的政治事件以及政治观点，在复杂的思想、现实、历史背景下，孕育了德里达思想的政治伦理指向，这也是进入其政治伦理思想的前提。但德里达的政治伦理思想并非只是针对当下政治困局而凭空产生，其依然有着坚实的哲学基础和丰厚的思想资源。德里达的名字总是与经常被引用但很少被理解的术语"解构"紧密地联系在一起。解构收获的声誉与质疑不分伯仲，当德里达将形而上学的语言观念视为"白色神话"，认为其无法准确把握文本意义，甚至将解读视为误读，解构主义因此迎来了更多的批判。一些人将德里达的解构无底线地应用于文学批评中，加剧了对解构的误解，还有一些人从根本上拒斥解构思想，这些做法最终导致对解构主义理论发展的认识出现偏颇。面对解构理论本身的困境和现实世界局势的动荡，德里达一方面回应质疑，另一方面出于解构实践性发展的要求，将研究视角投入关注度较高的政治领域。但是德里达研究主题的转换以及更为晦涩的政治伦理表述给他带来了又一波声讨，使德里达不得不做出政治伦理的解释。

第一节 德里达政治伦理思想的历史语境

理解和分析德里达的政治哲学思想及其与整体思想的复杂关系，要结合当时的世界政治背景和西方政治哲学语境。德里达之所以将解构拓展至政治伦理领域，除了回应上述质疑外，一方面，主要是当时国际形势纷繁复杂，思想界纷纷聚焦人类危机展开不同角度的反思；另一方面，解构自身的实践性使他敏锐地发现当时世界政治局势下盛行的历史终结论以及敌友政治说存在危险，遂以解构的能动性警示人们政治思维固化所产生的思想危害。无论是历史终结论还是敌友政治思想，都与现实政治发生了断裂，所以德里达当时面对的既有政治思想上的纷争，也有现实政治的困境，德里达要在如此历史局面下思考政治伦理可能的道路。

一、孕育思想激变的现实政治场域

冷战局面结束后，全球化局势下的和平世界却面临新的威胁，如恐怖主义、宗教极端主义、难民移民问题、种族主义等，另一方面全球化以及网络科技带来了时间空间上的巨大转变，在要求消除国家壁垒、种族融合的同时又存在着贸易保护主义与人种中心主义。显然议会民主制并没有带来最后的终结，现有秩序需要重新反思。面对以上种种现实领域的政治事件，西方政治学似乎迷失了方向，德里达却认为这些意料之外的事件为无法到来的未来、面向他者的政治之思提供了可能。因而，解构之思自然进入政治伦理领域。哈贝马斯也曾表达过德里达对形而上学中心主义的解构在政治上表现为欧洲与第三世界之间的新格局，以及对人类中心论的批判。

二战后法国社会积攒的各种政治、经济问题在 1968 年的"五月风暴"中全面爆发。这场由学生罢课开始的社会革命在工人运动的加持下迅速席卷全国，现代经济的飞速发展与人的文化、心理的脱节加速了社会的撕裂，最终导致了巨大的社会震荡。对此，右翼保守主义认为这场声势浩大的社会事件不过是青年人无法适应社会高速发展的一种宣泄，甚至是享乐主义、个人主义的无理要求，他们不过是 18 世纪法国大革命传统的零星爆发。右翼保守主义确实忽略了当时法国从大学体系到教会结构再到政府、军队体制的严重结构僵化，同时也忽视了青年人对旧秩序和权威的反抗。相较而言，左翼对事件的态度自然是欢呼雀跃，激进派心目中理想的乌托邦似乎临近了，想象力似乎真的要战胜权利了，他们在运动中高呼的口号 "l'imagination au pouvoir（想象力当权）" 似乎要来临了①。但事件以政府的微弱让步而迅速平息了，这让左翼知识分子感受到主体在国家权威前的无力。德里达也谨慎地加入了这场关于社会模式、国家权威以及边缘群体的讨论，通过颠覆语言的既定结构来消解政治权利体系。

20 世纪 60 年代末，两极格局逐渐受到冲击，世界格局呈现多级化发展的趋向。进入 80 年代末 90 年代初，东欧剧变改变了社会主义与资本主义对立的世界局势，为资本主义世界带来了前所未有的喜悦。一种乐观的看法普遍传开，认为世界应该建立一个新的秩序，而这种新秩序的理性就是以资本主义经济体系为基础的自由民主政体，世界经济走向全球化的市场经济。自由民主体系下的欧美资本主义国家再次走向巅峰，成为世界政治经济、思想文化的中心，甚至成为许多人心中理想的国度。

遗憾的是，世界并非一直如此理想地发展下去。在二战结束的五十年内，非洲再次爆发种族屠杀，卢旺达八十万非洲生命的陨落再次震惊自诩文明、理性的我们。不同的人类历史阶段总有一些人因为文化、语言、国别等原因被视为异类、外人。极右翼势力依然宣扬种族主义，但一些欧洲知识分子看到经历过被殖民、被屠杀、被边缘化的第三世界国

① 理查德·沃林. 东风：法国知识分子与 20 世纪 60 年代的遗产［M］. 董树宝，译. 北京：中央编译出版社，2017：22.

家，他们开始反思，"欧洲人所宣示效忠的一切普遍理念——如理性、科学、进步、自由、民主，是不是为剥夺非欧洲他人的差异而铸造的特殊文化武器"①？种族隔离和种族屠杀事件发生后，政治伦理领域不断反思宽恕、好客问题究竟是一定程度的宽恕和符合条件的好客，还是不可能的宽恕和无条件的好客。

"9·11"恐怖袭击事件为西方自视完满的自由民主政治炸开一个大洞，突如其来、超出一切预料的恐怖主义事件震惊了所有人。历史终结论者坚信预期的自由民主才是政治的未来，德里达却呼唤对马克思的记忆，至少呼唤关于马克思的某种精神，否则没有真正的民主与未来。支持者认为，当我们考虑"9·11"后世界的政治可能性时，我们应该回到德里达身边去，"当欧洲大陆的人们思考文化差异和他者问题时，他们正在思考他们过去的历史上许多深沉而又令人不安的东西——殖民主义、法西斯主义和大屠杀。让他们难以把握这些历史事件的是在欧洲没有表达这些历史事件的温和节制的思想传统……比如……德里达解构论的海德格尔弥赛亚主义"②。

这些历史事件也是人类历史中的一个个危机，面对复杂多样的世界局势，哲学家自然有着不同角度的反思，他们提出的观点也许是对立的，德里达在这样的政治主张和伦理判断的纷争中会对哪些哲学家的重大政治思想发起挑战，或者说当时哪些哲学家的政治主张触动了德里达？

二、引发思想纷争的现代政治困局

（一）走向末世论的历史终结论

20世纪90年代初期，东欧剧变后苏联解体，两极格局结束。福山、科耶夫等思想家以及多数主流思想都流露出资本主义自由民主制度

---

① 麦克·里拉. 德里达的政治哲学 [M]. 北京：中国社会科学出版社，2003：6.
② 麦克·里拉. 德里达的政治哲学 [M]. 北京：中国社会科学出版社，2003：20.

是最理想的、市场经济全球一体化的实现以及人类历史就此终结等思想。所谓历史终结论，可以大致理解为预先设定了未来历史的必然结论，如黑格尔设定的自由国家和马克思设定的共产主义。

亚历山大·科耶夫（Alexander Kojève）是出生于俄国的法国哲学家，是法国黑格尔主义的代表。通过对黑格尔哲学的解读，科耶夫阐发了更为彻底的"历史终结"论，他认为历史的终结不是历史在未来应验的预见或者纯粹理论，而是将历史作为一个事实或者说是一个已经发生的事实，因此他提出历史的终结不是在未来，而是在过去。科耶夫的历史观基本上继承了黑格尔，将时间与概念等同，概念就是时间，这当然还是由人来实现的。人通过概念认识现实，包括过去与现在的经验，更有对未来变化的把握。科耶夫认为出现这样的时间流动是人的欲望在驱动，寻求被承认是人特有的本质。当我们谈论承认问题时，指的就是在多元的人类社会中，寻求对他者的认同。科耶夫的主奴辩证法主要是奴隶争取承认的过程。"当主奴之间的差异、对立消除，主人停止为主人，因为他不再有奴隶，奴隶也停止为奴隶，因为他不再有主人。"[1]科耶夫认为现代民主制度完全满足每个人的承认欲望，历史因失去动力而终结，未来不过是一个实现的时间进程。

福山（Francis Fukuyama）的历史终结论一定程度上受到科耶夫历史哲学的责任伦理的影响，同时吸收了黑格尔和马克思的部分内容，他指出"黑格尔和马克思都曾相信，人类社会的发展是有终点的，会在人类实现一种能够满足它最深切、最根本的愿望的社会形态后不再继续发展。这两位思想家因此断言，会有'历史的终结'阶段"[2]。福山清楚地知道黑格尔的社会历史终结于一种自由的国家形态，马克思社会历史的终结则是共产主义社会。历史的终结是指历史的发展止步于一切主要社会问题的解决，福山认为人类追求的完美制度已经出现，即今天西

---

① KOJÈVE A. Introduction to the reading of Hegel［M］. London：Comell University Press，1969：43.

② 福山. 历史的终结及其最后之人［M］. 北京：中国社会科学出版社，2003：2.

方的自由民主制度。与科耶夫相似，福山也受到黑格尔"获得承认"的思想影响，并以此来论证他的历史终结论。人类追求自由民主制度是为了获得普遍充分的承认，因此为了获得承认，人类必将追求自由民主。福山也指出民主制度目前的局限性，但他依然认为民主是满足人类需要、解决社会发展问题的唯一之选。福山的历史终结论尤其到后期将自由民主制度与自由市场联合看作绝对的历史趋势，已经距离政治哲学越来越远了，反而接近政治科学。

面对民主政治的趋同化，德里达不仅看到了自由民主政治制度的困境，还从存在论角度反思这种制度的起点。他重新呼唤"马克思的幽灵"，"不能没有马克思，没有马克思就没有未来。没有对马克思的记忆，没有马克思的遗产，也就没有将来：无论如何得有某个马克思，得有他的才华，至少得有他的某种精神"①。

科耶夫的承认伦理以及历史终结问题，显然与倡导多元的解构思想有着巨大差异，在德里达看来，"在同一个地方，同样的限度内，历史再次完成了，历史只有确定性的概念在此寿终正寝，而正是在那里，历史的历史性开始了，在那里，它终于有机会预示自己的到来——允许自己的存在了"②。

德里达更是对福山的理论发起了正面的反驳。他略带讽刺地说这是预言马克思主义灭亡的福音书，这也直接促成其《马克思的幽灵》的问世。德里达依然保持他的解构风格，既没有直接指明福山的理论缺乏依据，也没有从现实问题反驳，而是巧妙地将福山的"福音书"与弥赛亚结合，使福山的历史走向基督教的末世论。如西姆所说"福山看到人们对自由民主理想热烈欢迎和接纳，世界潮流对其倍加拥护，而德里达则正相反，他看到的是备受困扰和围攻的意识形态"③。

---

① 德里达. 马克思的幽灵 ［M］. 何一，译. 北京：中国人民大学出版社，2016：15.
② 德里达. 马克思的幽灵 ［M］. 何一，译. 北京：中国人民大学出版社，2016：75.
③ 斯图亚特·西姆. 德里达与历史的终结 ［M］. 王昆，译. 北京：北京大学出版社，2005：91.

（二）割裂现实政治的敌友政治

同样是在 1989 年，在柏林墙倒塌之际，冷战敌对的两极格局也随之砰然倒塌。一元格局的历史终结看起来没有敌人，但冷战后的冷战思维并没有停止，重新划分敌友仍然是冷战后国际政治的主要问题。在这一背景下，施密特的敌友政治理论被重新拉回到主流视野。

施密特（Carl Schmitt）在其最受关注的作品《政治的概念》中，讨论了人类事物的秩序，即政治的基础，大胆提出了敌友论。依照施密特的理论，政治概念的界定就在于敌友划分，寻找不到敌人也就意味着没有了构成政治的基础，因此要通过战争的可能性预设敌人，再进入政治。施密特主张找出能使政治最大限度地区别于其他领域的本质性因素，对政治进行本原性的还原，也就是通过界定政治的范畴来定义政治，如道德中的善恶、经济中的盈亏等均不属于划分政治的标准。施密特给出政治的本质在于划分敌友，其划分对象便是他者，对他者的敌友划分是独立且对立的。在"所有政治活动和政治动机所能归结成的具体政治性划分便是朋友与敌人的划分"① 这一划分基础上，施密特将政治概念根植于敌对中，通过敌人来理解与其对立统一的朋友概念。在明确了敌友问题后，施密特进而将这一概念引入生活世界，展现了敌对性如何体现在人类生活中。施密特反复强调敌友的划分是在公共层面，他认为"敌人只以为公敌"②，施密特依然通过寻求绝对敌人来建立一种纯粹政治。

施密特的政治哲学观点引起了从欧洲到美国甚至中国的众多知识分子的关注，围绕施密特的政治主张及纳粹经历，学界给出了强烈的反响。曾经历纳粹统治的著名学者汉娜·阿仑特就对施密特的观念有过鲜明的批判。关于这种非敌即友的二元对立模式的政治概念以及对他者的态度，德里达展开了他与施密特的对话。二者的核心分歧就在于对敌与

---

① 施密特. 政治的概念 [M]. 刘宗坤，译. 上海：上海人民出版社，2004：106.
② 施密特. 政治的概念 [M]. 刘宗坤，译. 上海：上海人民出版社，2004：110.

友的划分，在此基础上探究政治的本质。在德里达看来施密特的敌友政治过于武断，尽管施密特一再强调他是从纯粹学理角度出发的，但实际的政治远比这复杂，政治的任何内容也无法完全脱离现实。

那是什么使得专注于反叛形而上学的解构进入政治伦理之思呢？一方面是遇到了上述政治困境，另一方面也是回应对解构的质疑。

第二节　解构主义的理论危机

许多学者认为20世纪末的决定性事件之一是伟大的形而上学体系出现衰落，甚至走向死亡。作者之死、主题之死、哲学终结的分析不绝于耳。由此，伴随着20世纪下半叶的结束，越来越多的指责指向提出这些主张的解构主义代表人物德里达。他本人甚至还受到了某种虚无主义、怀疑论以及对伦理和政治领域漠视者的质疑。即便在一些进入德里达政治伦理问题的学者中，由于将德里达思想截然分开的研究方式，也不同程度地出现了对其思想的误读。划分思想时期并不是研究哲学家思想的谨慎做法，由于大部分质疑来自基于思想切割造成的误解，为回应质疑，我们只能尝试大致划分一下德里达思想进程，在对其各个阶段的误解加以分析的同时找出回应点。但本书坚持德里达解构思想的连贯性，在后面的论述中会减少或回避这种思想切割的表述。

纵观德里达思想进程，确实存在一次较为明显的主题转变，以1987年德曼事件和德里达的两部著作《论精神》《心灵，他者的发现》为界限，大致可以划分为前期的形而上学解构和后期的伦理、政治思考。由于要阐明针对德里达不同时期主题思想的不同质疑，故将德里达的前期思想又进一步细分为两个阶段。以《论文字学》的发表为界限，在此之前，德里达主要对逻各斯中心主义的形而上学进行批判；在此之后，则是对文学哲学界限的探讨。

一、对解构理论本身的质疑

（一）彻底消解形而上学的虚无主义

德里达早期思想的主要作品几乎都在针对西方逻各斯中心主义和语音中心主义。德里达的思想与传统追求完整性、同一性的思维不同，他一直在消解中心、本原这种形而上学传统中的核心。从《声音与现象》到《书写与差异》，他以延异的思想不断冲击着形而上学的根基以及其二元对立的模式。德里达认为在长达二十个世纪之久的形而上学历史中，所有那些哲学主题"或多或少直接与逻各斯的要求或与逻各斯谱系中的理性要求密不可分"①。

因此，德里达对结构主义、现象学本体论的不断拆解，最终为他带来彻底摧毁一切传统形而上学之思、结束哲学的指责。解构被认为是为批判而批判、为否定而否定的思想，消解了逻各斯中心主义以及语音中心主义。解构理论被认为是只有解构没有建构，甚至是一种怀疑主义、相对主义或虚无主义。

德里达并不认为解构会导致哲学的终结，在解构理论创建初期他就曾说："超出哲学的路子并不是把哲学这一页翻过去而已（这样做常常沦为拙劣地卖弄大道理），而是继续以一定的方式来阅读哲学。"② 德里达非常清楚他的解构也会解构其自身理论，但这并不等于说多元解释可以理解为任意解释，终极的虚无主义也是解构批判的对象。作为后现代开创者之一的尼采就曾表达过：某种程度上而言，一直寻求一种更可靠的根基的形而上学就是一种虚无主义。那么作为后现代代表的德里达对形而上学的拆解为何被武断地归为虚无主义呢？我们在质疑德里达解构思想的同时，为何不紧接着再追问一下他反对在场形而上学的深层原因，或者德里达为何一定要剔除传统哲学预设的那个前提呢？因为德里

---

① 德里达. 论文字学［M］. 汪堂家，译. 上海：上海译文出版社，2005：13.
② 德里达. 人文科学语言中的结构、符号及游戏［A］. 王潮. 后现代主义的突破——外国后现代主义论［C］. 敦煌：敦煌文艺出版社，1996：261.

达质疑任何一个形而上学概念是如何在场的，不能说现成有这样一个概念，然后接下来解释这个概念即可。他那不可能的可能性带来的未来时间和永远无法忽视的他者提醒着我们看向另一种别样的哲学。德里达的解构主要针对的是"传统哲学主体-客体、内容-形式、偶然-必然、现象-本质、能指-所指之间两级对立的'概念'结构"。德里达不是要与全部传统哲学对立，相反他的很多问题都来自对传统哲学的思考。他要揭示的是这种对立结构并不能完全解释纷繁世界的多样性，尤其是在传统形而上学思维中，二元对立结构中还存在着一个中心或本原，即对立双方一方对另一方的绝对压制，这种固定、封闭的思维模式是要被打破的。德里达要我们要看到语言的界限，概念的真理、事物的本原不可能完全表达出所有内容，例如我的身体感受是无法准确传达给他人的，反之亦然，真理的概念也是一样。因此，传统哲学的同一性、确定性思维就已经穷尽了，我们未说尽的内容、那些新问题就要在另外一个思想平台展开。

如同本宁顿所说，"可以说，过去三十年间，至少是在法国，德里达的哲学贡献是最突出的，……就哲学而言，德里达思想最为显著的特点或许就是：这不是确切意义上的哲学，它永远在驳斥、超越、挫败。与其说他重新规定了哲学，不如说他使哲学永远处于不确定的状态"[1]。德里达对传统哲学思路的超越为我们提供了另外一个思考维度，一个完全独立于思维存在同一性之外的立场。

（二）文本中的语言游戏

还有一种对解构主义更为深刻又较易澄清的误解便是认为解构是一种单纯的文本游戏。《论文字学》之后的德里达对文学与哲学之界有了更多的关注，他认为文学是一个特殊的、具有权威性的认识论现象。德里达主张"一切都在文本中"，而文本的解构意味着其意义无法得到确定。所以很多人阅读德里达早期的思想文本时，认为德里达的解构就是

---

① BENNINGTON G. Interrupting Derrida [M]. New York：Routledge，2014：7.

在文本中寻找语法矛盾、使用双关词语的语言游戏，很容易就将德里达的哲学归为解构主义，将德里达归为解构主义的一些人认为通过解构式的批判性阅读可以得出任何结论。这种误读趋势也表现为控诉德里达对一些有着强烈共鸣的当代哲学思想或观点的冷漠，以及远离政治、现实，缺乏对社会伦理、现有机制的关注。20世纪80年代德里达的解构思想面临前所未有的指责，如福柯等人批评解构理论只局限于文本而不进入政治伦理的现实领域，这使德里达进入关注度较高的政治问题领域，以其政治哲学的观点回应当时的各种质疑。保罗德曼纷争与1992年剑桥事件是这些质疑声的集中爆发。

事实上，首先德里达阅读的文本大都是哲学主题的，虽然他反传统的写作范式和强烈的解构式的写作风格让读者因难以抓住中心而感到愤懑，但并不能说他的思想是没有主旨的无底游戏，德里达解构的目的是批判形而上学传统、消解中心主义，从反语音中心主开始逐渐延伸至逻各斯中心主义、欧洲中心主义、男性中心主义等，最终撼动整个形而上学体系。也是"以颠覆语言的既定结构达成对政治权力系统的偷袭"①。德里达在消解了哲学与文学的对峙后进入了解构策略的实践，德里达开始关注文本阅读之外的伦理责任、政治未来。德里达曾表达过他所做的一切都直接或间接地与政治相联系，如果深入分析可以看出德里达解构的目的在于批判形而上学，形而上学的形成来源于它的文化传统和政治机制，因此反对形而上学最终还是要有文化批判、政治批判。任何哲学都有某种政治可能，德里达的思想本身也带有反传统、反意识形态的民主特色。德里达思想行进中的转型以及我们感兴趣的"政治伦理"已经酝酿了很长时间，直到80年代末90年代初变得众所周知。早在70年代法国哲学机构就已经意识到了这一点。甚至可以说，在1964年关于伊曼纽尔·勒维纳斯（Emmanuel Levinas）思想的著名论文《暴力和形而上学》中德里达在这一主题上的动机和道路就已经被宣告了。

---

① 德里达. 马克思的幽灵［M］. 何一，译. 北京：中国人民大学出版社，2016：4.

二、对解构思想发展过程的误解

尽管随着德里达在20世纪80年代末90年代初的几部政治主题的专著相继问世，上述质疑得到了部分回应，但进入政治领域后的德里达思想依然遭到误解。一部分误解源自德里达作品突然放弃现象学表述，进驻政治领域探讨，让相当一部分人认为解构主义已经彻底转变了。另一部分误解在于即便进入政治伦理领域，由于解构悖论性的表述以及不确定性的呈现，使得许多学者认为德里达进入政治领域简直是灾难。

由于解构主义颠覆性的哲学行动，不确定性和否定性的哲学主张被视为冷漠和不负责任的。此种情况下，一些研究并没有本着审慎的精神，而是为了阐明德里达对政治、伦理的关注，直接讨论了政治、伦理与解构之间的关系。简言之，某些研究假定在德里达著作中会有一个伦理和政治上的转折点。的确，从1987年开始，《法的力量》等政治性质的著作相继问世，德里达开始关注当代民主政治、正义及马克思主义等问题。在研究方法、重点和时间顺序方面确实存在差异，但对他们而言，根据德里达著作中出现的转向和变化，可断言德里达晚期思想发生了彻底转变。从德里达解构理论建立之初便可以发现其中的伦理意蕴，尽管在德里达的著作中肯定阐述了政治伦理法律的含义和复杂性，但这些并没有使政治伦理产生转折甚至是彻底转向，其更像一种介入到政治伦理难题中的思想发展变化。这种伦理关注贯穿于这位法国哲学家的作品中，至少是从他早期涉足文学的经验到他对未来民主的反思。

解构不是一个行为，不是一个个体主体的行动，它是一个持续的转变，一个事件过程。然而，这种被称为"解构"事件的解构之余，却时常出现令人惊讶的，有时甚至是令人恐惧的部分：问题的悖谬、不可能的形象与无法到来的未来。而解构进入政治领域后带来的这些问题，有时更是让人疑惑。对于进入德里达政治伦理领域的种种研究当中，由于对前期思想没有深刻的理解或者带有上文所述的对解构主义的偏见，导致对德里达政治伦理思想产生了两种方向的误读。一部分学者认为德里达在政治领域开展的解构思想依然是虚无主义的体现，仍然停留在语言斗争中，并不能给西方政治形态带来任何改变。如特里·伊格尔顿就认为"后结构主义无力动摇国家的结构，于是转而在颠覆语言的结构当中寻得可能的替代"①，另外一部分学者则认为德里达的解构思想在政治领域上只有控诉没有建设，并没有给西方政治哲学提出直接可行的建议。

面对质疑，德里达曾表达过一些回应："解构决不限于文本的内容，所以它不可能与对政治—制度的关注不相干；应该说，它是在从一个新的角度来研究责任感，它是对内在于伦理和政治的种种法则之质疑。对某些人来说这可能太政治化了，而对那些只认同于现行政治的人来说这似乎是难以想象的。"② 德里达还是煞费苦心地迂回进入政治伦理领域，但他进入政治伦理领域并非因风向突转，而是其有着深厚的思想资源。

第三节 德里达政治伦理思想的理论资源

德里达解构思想的一个突出特点在于他的思想阐发是以诸多思想家的理论去批判或者拆解其思想，所以德里达与哲学史上诸多学者有过思想交锋，这使得他的解构思想有着丰富的理论根源。当德里达与那些根植于西方传统形而上学之上的思想交锋之时，便是解构文本展开之际。他并不是出于传承而解释这些思想，而是为新的发展去质疑这些似乎不可辩驳的思想的合法性。德里达让最为深信不疑的观念成为需要反思的问题。德里达与众多哲学的思想交锋，是他以自己独特的理解去阅读这些经典理论。从亚里士多德的政治哲学开始，到奥古斯丁的神学政治、

---

① 张隆溪. 结构之后——后结构主义消解式批评［J］. 读书，1983（12）：103.
② 德里达. 解构与思想的未来［M］. 夏可君，译. 长春：吉林人民出版社，2006：101.

蒙田的神圣友谊、卢梭的文化反思、克尔凯郭尔的责任伦理等，都在德里达的政治伦理思想中留下了痕迹。要了解德里达对传统政治、伦理有着怎样的超越，就必须厘清哲学家们对德里达相关方面的影响，但要解决这样的问题显然是困难的，这里我们抓取的是与德里达政治伦理思想密切相关的理论资源。

一、亚里士多德政治哲学的影响

在强调主体形而上学的西方近现代政治哲学中，友爱是一个边缘化的问题，但在 20 世纪中叶从海德格尔到德里达的许多哲学家在批判西方以主体中心论为底色的民主政治过程中，将目光转向了亚里士多德的友爱政治伦理。德里达在《友爱政治学》中曾反问："不论我们是否知道，从什么时候开始，我们不再是亚里士多德的继承者呢？我们有多少人已经在他的指点下转向了这份遗产本身，转向了关于某些遗嘱的主题？"① 德里达开启了对亚里士多德政治哲学的重思。

亚里士多德的友爱和民主问题与德里达政治伦理思想有着较为直接的关联，德里达看到亚里士多德友爱中的政治影响及其民主中的道德价值，并促成他产生与程序化、制度化并充满算计的现代政治相对抗的政治哲学理解。

对于亚里士多德来说，真正的朋友是"另一个自我"，而友谊是一种必要的美德。亚里士多德确定了不同类型的友谊。实用或快乐的友谊更常见，价值更低。最高等级的友谊类型是无条件地为对方好的好人之间最完整、最善良、最完美的友谊。美德与善良的平等对于这种完美或真正的友谊至关重要。亚里士多德对平等的要求意味着他不能接受完美的友谊可以存在于夫妻之间。由于男女在价值和美德上天生不平等，所以两性之间的友谊不可能是最高的。男女之间不可能有完美的友谊，其他一些家庭关系也是如此，如父亲和儿子、母亲和孩子之间，这同样基

---

① 雅克·德里达. 友爱的政治学及其他［M］. 胡继华，译. 长春：吉林人民出版社，2006：19.

于爱和权力的不平等。然而，亚里士多德认为只要兄弟俩的年龄相差不大，他们能有相似的感受和性格，兄弟情谊就有能力构成最平等的友谊。兄弟彼此相爱，因为他们"来自同一个父母"。虽然同样的论点可以用于姐妹，但亚里士多德没有提到这一点，也没有提到女性之间存在友谊的任何可能性。因此，女性又被排除在外，而仅用兄弟情谊来表示友谊。

亚里士多德还探讨了理想政体和民主，他在《政治学》中对政体划分出两类六种，其中变态的三种政体为僭主制、寡头制和民主制。由于现实情况的复杂性，这三种政体都不是完善的体制，都有各自的缺陷和弊端。尤其对于民主，亚里士多德特别指出，需要按照预先方案将权力定期转移，也就是轮流执政。为避免各种政体的缺陷，亚里士多德认为理想政体是一种混合政体，民主建立的本质要素在于看到民主中的异而不是同。如果是基于数字的平等而建立的民主会遭遇技术化而导致政体僵化，那么民主体制将陷入困境。

亚里士多德的政治哲学中有一个线性时间的连续性作为先决条件，亚里士多德认为时间是由以现在为点构成的一条直线，以现在这个时间点之前和之后构成的线性时间就是持续性的，而同质性的每一现在构成的时间也是静态的。根据亚里士多德的潜在性和现实性，潜在性的现在产生现实性的线性时间。作为结果的线性时间已经预设了同一的现在，现实性已经剔除了潜在性的偶然和差异。在德里达看来，在这种在场时间观念下，亚里士多德的友爱概念带有形而上学特征。

首先，友爱概念的等级性。亚里士多德将友爱分为三种等级，"三种友爱，分别建立在（1）德性（这是本源的友爱），（2）实用（如政治友爱），（3）快乐之上"①，而且还把基于善的德性的友爱视为最高级别的友爱。亚里士多德预先设置了一个终极的友爱，"善良人们的友

---

① 雅克·德里达. 友爱的政治学及其他［M］. 胡继华，译. 长春：吉林人民出版社，2006：272.

谊是高尚的"①，完善的友爱产生于善的德性相似的人之间。在德里达看来，亚里士多德友爱体系的潜在性失去了作为变化本源的能力，完善的友爱概念是现实性规定了潜在性，这样现成的友爱概念抽空了时间，成为既定不变的。真正的友爱是不能当下在场的，它包含两种时间向度，即无法回忆的过去和难以重现的未来，这样的友爱必定包含自身的相异性因素。德里达超越亚里士多德友爱的字面意义，指出友爱与这样一种时间逻辑相一致。"友爱之中的誓约索取，也给予了时间，因为它远远超越了现在时刻，如其所期待地保留了记忆。它既给予又索取时间，因为它比活生生的此刻活得更长。"② 真正的友爱应该超越现成友爱，它应该朝向未来和他者。

其次，友爱概念的同一性。亚里士多德除了对友爱进行分级，还以家庭形式对友爱加以分类，即父子间、夫妻间和兄弟间。亚里士多德的友爱看似平等、民主，但这种"以雄性为轴心的家庭单元"③ 的友爱是强调以兄弟友爱为基础的，具有相同亲缘、相同性别的特点。这在德里达看来是具有排他性的，而且十分有限。另外，亚里士多德还在自爱与他爱之间寻求友爱，通过自爱转向他爱来拓宽自爱的维度。亚里士多德认为友爱"似乎就是朋友的德性"④，将朋友看作另一个自我。这里有两层理解，一层是从自我中分离出作为另一自我的朋友，另一层是自我之外的作为他者的朋友。亚里士多德认为友爱具有亲密性，我对朋友的友爱一方面是对自身的爱，另一方面是对与我具有相似特点的他人的爱。友爱在本质上是爱与我同一的他者，或者说可以将他者与自我找到本质同一。在德里达看来，亚里士多德对友爱的理论规定排除了其中的

---

① 亚里士多德.尼各马科伦理学［M］.苗力田，译.北京：中国人民大学出版社，2003：209.
② 雅克·德里达.友爱的政治学及其他［M］.胡继华，译.长春：吉林人民出版社，2006：29.
③ 雅克·德里达.友爱的政治学及其他［M］.胡继华，译.长春：吉林人民出版社，2006：271.
④ 亚里士多德.尼各马科伦理学［M］.苗力田，译.北京：中国人民大学出版社，2003：175.

异质性因素而肯定了其中的共性因素，这使我们必须去挑选和偏爱，在选择的过程中主体具有一种在场性和同一化能力。但在这些具体行为前，已经先行设定了一种友爱经验，这一经验是对任何一个他者都有可能的友爱关系，所以不能保证朋友的同一性。德里达认为，无论是对友爱种类的划分还是对友爱等级的划分，抑或是对友爱自身的不同理解，友爱概念最终都保存了最为本质的同一性部分，以预先设置的友爱经验作为各种友爱之前的友爱。

最后，友爱概念的矛盾性。亚里士多德把最高层次的友谊比作同一灵魂分别住在两个身体中，德里达却在其中发现逻辑矛盾，以至于"完满的友爱自我毁灭"[①]。如果朋友彼此在本质上高度相似，甚至具有同一灵魂，那么友谊中的他爱其实就是一种自爱。这与倡导的友谊最高境界，即为对方奉献甚至牺牲的慷慨与义务就全然矛盾了，也消解了友谊的意义。另外，在亚里士多德看来，友爱"似乎就是朋友的德性……尽管朋友双方有着很多不平等之处，但可以使之平等……平等和相同性至关重要"[②]。亚里士多德认为友爱应该以对称、平等为关系基础，要为朋友给予祝福和支持，并推出为一种近乎神的目标。但神与人的关系并不具有对称性和平等性，所以这样的关系基础与友爱理念相悖。尽管亚里士多德认识到了该矛盾，并将朋友界定在本质为人的他者范畴内，但朋友仍然在一种对等互惠的循环结构中。德里达认为非对等关系才是友爱可能的前提，作为朋友的他者是自我所不可知的、无法掌控的，在一种不可预期的自由关系中，我对他者才具有无条件的伦理责任。在德里达看来，亚里士多德的友爱最终是政治的，"如果政治在友爱的进程之中完成它的任务，那么这两个主题以及这两种运动显然是同

---

① 雅克·德里达. 友爱的政治学及其他［M］. 胡继华，译. 长春：吉林人民出版社，2006：297.

② 亚里士多德. 尼各马科伦理学［M］. 苗力田，译. 北京：中国人民大学出版社，2003：175.

时存在的，有共同本原和共同外延。在任何一方面，友爱都是政治"①。德里达也是在这一基础上展开了他的友爱政治。从某种程度上说，德里达对亚里士多德政治中的伦理部分的关注，使他的政治区别于程序化、秩序性的现代政治，更为强调政治的伦理维度。

关于民主问题，亚里士多德重视民主伦理价值的主张与德里达的主张是比较契合的，但数字计算的民主、程序化的民主在德里达看来不能成为真正的民主。另外，德里达认为女性是政治性的和非民主的，通过将友谊和民主与兄弟情谊和博爱联系起来，从而使男性享有特权，这被认为是自然的、真实的，因此是良好的政府模式。虽然姐妹情谊可以以同样的方式在逻辑上与民主联系在一起，却极少被提出来，因此女性在民主话语中被忽视了。在德里达看来，以兄弟友爱为基础的民主政治终究是强调同质性排斥与之冲突的异质性、不确定性。民主自身蕴含的缺陷并非完全是一种威胁，它也是一个机会，它虽然蕴含着一种自我摧毁的因素，但也证实了异质性因素的重要存在。这使得民主突破自我封闭的同一结构，必须面向未来和他者，趋向一种即将到来的民主。

亚里士多德友爱哲学的政治意蕴开启了德里达友爱政治学，德里达对亚里士多德友爱的解读将传统政治哲学对伦理的关注引入带有形而上学逻辑的现代政治中。亚里士多德民主的伦理价值也引发了德里达对民主话语的解构。

二、尼采未来向度伦理思想的影响

德里达与尼采的关系既直接又迂回，德里达关于尼采的文章多是理解性而非解构的，但在二者较为契合的思想中又隐含着差异。德里达并没有以他批判的风格直接解构尼采，还经常援引尼采，可见了解二者关系是走进德里达思想的重要一环。在德里达为数不多的专门论述某位哲

---

① 雅克·德里达. 友爱的政治学及其他［M］. 胡继华，译. 长春：吉林人民出版社，2006：267.

学家的著作中就有关于尼采的论述,《马刺：尼采的风格》是他 1972 年在关于尼采的一次学术研讨会上所做的演讲。德里达以轻松、讽喻的方式对尼采的主要问题进行解读,如对代表真理概念的质疑、主动解释等思想。1976 年在弗吉尼亚大学的尼采哲学研修班上,德里达宣读了题为《尼采的听闻传或专有名词政治学》的文章。德里达以署名问题对尼采的批判主要是为了阐发其文本理论,但同时也涉及了尼采讨论的妇女问题的政治含义。1981 年,在一次德里达与伽达默尔共同出席的研讨会上,德里达发表了《解释署名（尼采/海德格尔）：两个问题》,该文章对前面两篇文章中的尼采问题进行了继续解读,在解读尼采的同时讨论并批判了海德格尔,他更是尝试理清与两位哲学大师的关系。

　　哈贝马斯认为尼采是后现代开始的标志,而德里达则是尼采后现代意义层面的突出展示者,因此尼采既是步入后现代的端口,也是步入德里达思想的端口。尼采哲学对德里达的影响体现为德里达对尼采的解读,德里达在解构思想的发展进程中透露出与尼采在方法论与立场上的契合,尤其是尼采哲学中的未来向度和自然伦理对德里达的政治伦理思考起着关键性作用。德里达与尼采在时间观与伦理思想上有着怎样的契合、他们差异之处何在、后者如何以及多大程度上影响着前者,这些问题虽然有一些相关研究,但仍是尚未厘清的难题。

　　在尼采以非理性颠覆传统哲学的逻各斯中心主义的过程中,他一直极力摒弃二元对立的方法论,他质疑在对立矛盾中寻求真理的根基,他认为"无价的事物须有另一种独特的起源……在存在的怀里,在永恒之物中,在隐蔽的上帝中,在'自在之物'里产生……一切时代的形而上学家们都以这种偏见的面貌出现……"[1],这成为形而上学家们的信仰,"他们千方百计地去'知',去追寻那最终会郑重其事地命名为'真理'的东西"[2],在尼采看来对真理概念的追求成为形而上学哲学家们较为固化的思维方式,而这一思维方式的基本结构就是二元对立。尼

---

① 尼采．超善恶［M］．张念东，凌素心，译．北京：中央编译出版社，2005：3-4.
② 尼采．超善恶［M］．张念东，凌素心，译．北京：中央编译出版社，2005：3-4.

采以反西方传统逻各斯立场论述了非理性在历史发展中的作用，他认为传统形而上学将理性本体论作为历史发展的基础，错误地将时间看作无数现在构成的具有线性、连续性、规律性的进程。这种理性本体论预设了一个主体，它能跳出过去与现在、现在与未来，在把握行动意义的同时自由选择行为，它历经过去到现在的自我的行为，预测现在到将来的自我的行为。尼采指出形而上学思想中在场的主体是被构建的，要使其铭刻在记忆中最好的手段便是疼痛，宗教、法律可以完成此效果。将思想灌输到人的意识中，"在这一种记忆的帮助下，人们会通达理性"①。人们在道德规范中展开自己的行为，并以此判断自己的行为价值。尼采对形而上学的道德批判呈现一种自然伦理的主张：如果人的未来行为是在过去约束或规划下的，未来是过去时刻的重现，未来何以是未来。尼采否认历史事件间存在的客观性的因果联系，他认为这是人虚构的，他呼唤"超人意志"来代替这种主体概念，历史是超人（overman）的活动，没有规律，也没有确定性。

尼采的时间观贯彻到伦理思想中即体现为他对伦理学动态发展的主张，反对预先设定的规章制度或道德规范为基础的伦理思想，他主张以狄奥尼索斯和阿波罗的冲动作为自然的基础冲动，再以自然作为伦理的基础。尼采认为自然具有进化欲望，人就体现出了这样的欲望或者爱欲，也就是权力意志。自基督教乃至启蒙哲学以来，生命愈发远离自然，权力意志在强大的宗教驯化和社会规训下宗教化、道德化。尼采要将以上帝、真理为基础的伦理返回到以自然为基础的伦理，否则人类生命力将会衰退而呈现病态。尼采将债务关系看作传统伦理学在长期宗教化、道德化中形成的重要出发点，他指出"来自债务人和债权人之间的契约关系，这关系跟自古的'权利主体'一样古老，其本身则可以追溯到买、卖、交换、通商贸易哲学基本形式"②。一种对上帝的亏欠感和内心不安刻入人的道德意识中，上帝牺牲爱子补偿人类的罪，使得

① 尼采. 论道德的谱系［M］. 赵千帆，译. 北京：商务印书馆，2018：63.
② 尼采. 论道德的谱系［M］. 赵千帆，译. 北京：商务印书馆，2018：64.

上帝成为绝对债权人而人成为永远无法偿还的债务人。人既不能背离信仰也不能违反道德，尼采更多的是揭示债务人的心理基础。

尼采反对一切形式的权威，批判如道德规范的权威，他认为，人在道德权威下不能充分思考、言说，只能服从。"只要这个世界存在一天，就不会有权威愿意自己变成批判的箭垛。"① 尼采反对将作者与作品同一起来，他认为作品完成即生成自己的意义，应进入读者领域继续发展其意义，他质疑作者单一的主体性，甚至将自己作为作者的权威进行解构。他认为形而上学习惯于在原初就赋予主体以理性的合法性，赋予主体君主般的自由支配行动的权利。

德里达对尼采哲学有着独特的解读和应用，他对尼采的理解直接促成了后来的解构策略以及非在场的时间观，对尼采哲学的应用则为提出未来向度的他者观念做了充分的准备。在德里达的诸多主张中可以看出对尼采反在场中心、二元对立的思想的延续，这也是较为显性的层面，如果要深究二者在伦理层面的联系，就应该看到他们向未来敞开的时间观念。

德里达将尼采对善与恶、真与假、存在与生成等问题的理解应用于他的延异、替补等策略中，以反叛二元对立的结构以及其中一方在场的优势地位。这也侧面解释了德里达早期解构思想中带有的伦理指向。德里达对延异问题的思考使他追溯到尼采，他曾明确指出，"也许，我们必须根据一种尼采的而非海德格尔的方式，在通向这一存在真理的思想的终端的过程中，向在西方语言中尚未被规定未存在与存在者之间的差异的延异开放"② 尽管德里达承认这是极为困难的，但他坚持以延异消解真理概念的确定性，揭示二元对立的哲学历史中被压抑、遮蔽的部分。德里达的关键解构策略就是针对这种典型的二元论，这也是二者思想重合的基点，在此基础上二者形成了较为近似的脱离传统、弱化历史

---

① 尼采. 朝霞［M］. 田立年，译. 上海：华东师范大学出版社，2007：31.
② 德里达. 多重立场［M］. 佘碧平，译. 北京：生活·读书·新知三联书店，2004：11-12.

性、消除主体性的时间观。这种时间观主要是反对线性因果论和先验目的论提倡的历史客观规律及进化观念，反对人在历史中主体地位的人类中心论，反对抹去未来可能性的传统逻各斯、上帝等概念所代表的决断论时间观。对于尼采放弃规律和确定性，德里达曾对其有过这样的解读："所有的本体论在'它省视、占有、认同和确定同一性的过程中'都在提出假设的同时把'不确定性'隐藏起来。"① 如果梳理德里达的时间观念，不难看出诸多尼采的痕迹，在德里达的解构思想中总能看到尼采呼唤的酒神狄奥尼索斯所具有的那种张扬的、无目的的、无限释放的精神，最明显的继承就是面向未来的态度，即德里达反对现在在场中心论的时间观，呼唤时间的非线性、非规律性、非确定性等观点。

　　伦理思想可谓是德里达和尼采的核心部分，在德里达的著作《他者的耳朵》中，德里达赞扬了尼采的伦理学、政治学思想，但"德里达在尼采那里触摸到一种在解构中抵抗解构的东西，这种东西就包藏在尼采的政治学和伦理学中"②。可以说，尼采不仅给予了德里达政治伦理思想新的启发，甚至对解构而言，也提供了新的思考视域。德里达则从债权人角度思考宽恕的伦理含义，德里达将无条件的宽恕作为宽恕的可能，即不可宽恕的宽恕才是真正的宽恕，宽恕不应该落入利益计算的交换经济，揭示了宽恕概念的悖谬。与尼采相同，德里达认为相对于伦理知识，伦理实践更为重要，他们更强调伦理上的能动性。与尼采不同，德里达不认为伦理悖谬造成的荒诞意味着必须否定，真正的伦理就是要跳出等价的经济循环。尼采在《道德谱系学》中对传统伦理概念进行了谱系考察，其中对基督教道德化的批判直接影响了德里达后期关于宗教道德、宽恕问题的反思。另外，如同反二元对立的逻各斯中心主义一样，他们同样反对柏拉图以来以追求真理为目标的生活。尼采对于道德、宗教等形而上学权威的反叛不仅给德里达提供了解构文本权威的

---

① 恩斯特·贝勒尔.尼采、海德格尔与德里达［M］.北京：社会科学文献出版社，2001：128.
② 方向红.幽灵之舞［M］.南京：江苏人民出版社，2009：10.

思路，也促使德里达戳破主体的虚构性发展了一种他者的伦理同时还阐发了带有政治意味的论述。

对于文本主体的解构，德里达从作者的权威入手，通过第三方阐明主体的多元性和文本意义的多样性。德里达以署名问题切入尼采的写作，认为"署名产生于接受者一方……这其中包含着政治任务，因为'我们对他人的文本、对我们已经继承下来的文本的署名负有责任'"①。德里达通过读者的差异性阐释写作过程中文本意义的多样性，也将署名与作者分开，作者写作的过程也成了作者作为读者的过程，这个作为第三方的他者动摇了作为主体的作者的权威。通过对尼采文本的解读，德里达揭开了主体概念的政治意蕴，作者作为主体的专治色彩被揭示出来，对作者的专治权威的质疑就源自作者概念自身的异质性导致的这一概念的虚构性。德里达不再相信作者对文本意义的表态，署名与作者的分开也要求署名者的责任，在其后期作品《马克思的幽灵》中谈到《共产党宣言》的署名问题时，德里达就表达了一种解构主义伦理诉求。主体问题的揭示同时开启了德里达的他者思想，除了勒维纳斯的他者伦理外，另一较为重要的思想源头就是尼采的具有无限可能的、面向未来的他者。后者让德里达看到了与自我相异的未来维度的他者，这样的他者弱化了主体性，建立了主体的平等，"既没有主体也没有交互主体的主体之不可算计的平等"②。尼采的这些不可算计的主体是他所呼唤的真正的朋友。由于即便最亲密的朋友也不能完全了解你，所以尼采对友爱持有疑虑，他认为维系友谊要保持沉默和间距。德里达在这种沉默与间距中试图将朋友转向敌人，爱朋友却遭到伤害进而在孤独中获得自我意识，而把敌人看成朋友则更容易从中获得爱的纯粹意志。德里达在尼采的基础上消除了敌人与朋友的界限，在其后期政治哲学中对抗施

---

① 恩斯特·贝勒尔. 尼采、海德格尔与德里达 [M]. 北京：社会科学文献出版社，2001：140.

② 德里达. 友爱的政治学及其他 [M]. 胡继华，译. 长春：吉林人民出版社，2006：68.

密特的敌友政治。

总之，尼采对德里达的影响直观体现在消解理性、同一性问题上，德里达对尼采的未来的时间观念以及反主体性、反确定性的自然伦理的继承大于批判，德里达面向未来他者的思考维度、走出债务关系的伦理观点以及对政治概念的异质性思路都与尼采思想交错相关。

三、海德格尔存在论的影响

尼采以及20世纪其他一些重要思想家都与德里达有着各种交织，这中间有位绕不开的人物，就是海德格尔。海德格尔一定程度上影响了德里达对尼采的理解，德里达也通过对尼采的解读回应海德格尔。德里达在很多思想主题上都与海德格尔交锋，在过程中我们可以看到德里达对在场、存在本体论差异、符号等问题的独特见解。因此，在他本人的思想资源中，海德格尔可谓是极其重要的一位。他曾说过："我确实认为海德格尔的文本对我是极端重要的，它带来了一个新颖的、不可逆转的进步，他的全部批评财富，我们还远没有利用过。"① 德里达承认了海德格尔对其非凡的引导，但他更是以海德格尔已经表达的思想去解构海德格尔。海德格尔对德里达解构思想有着多方面的影响，这里我们更想谈一下海德格尔的时间问题以及其存在论的伦理意义与德里达政治伦理思想的联系。

以1930年的《存在与时间》为标志，海德格尔早期思想主要以时间问题为切入点解释存在的状态。海德格尔将存在与时间紧密关联在一起，认为存在本身就包含着无法剔除的时间维度。海德格尔的时间强调对存在者的想象和体验，在他看来，"不仅是在尚未当前的到来中，而且在不在当前的曾在中，甚至在当前本身中，都嬉戏着一种关涉和安置，也就是说在场"②。他理解的时间是过去、现在、未来以及将三维

① 德里达. 多重立场［M］. 佘碧平，译. 北京：生活·读书·新知三联书店，2004：61.
② 孙周兴. 海德格尔选集：下［M］. 上海：上海三联书店，1996：677.

统一起来的三者之间的互相让出，让出即为在场，而这种在场就是第四维。因此，时间意义上的当下同样需要其他的时间维度，通过过去或未来的差异维度来定义自身。正是由于引入了对于时间问题的思考，海德格尔重新思考存在并提出了许多与时间有关的新概念，如事件、出神、此在等。时间不再是形而上学中所思考的永恒时间，空间化的时间是当下的，它有自己的界限。海德格尔想要跳出传统形而上学的时间观，即本原的东西总是永恒在场，脱离时间距离能够居有本原。在形而上学传统中，本原或类似的东西都已经是现成的可以把握的东西，它们都是存在者。这里没有时间变化，从本源处形成的封闭扼杀了未来时间，未来时间成为海德格尔一再强调的时间问题。尽管开启了未来面向，但海德格尔的思想深层依然想回到源初。正是通过对时间概念的思考，海德格尔提出了存在与存在者的差异。海德格尔的存在哲学是以存在者与存在的差异为基础的，他反复论证的是现在的事物与现在本身的区分。海德格尔不能接受的是西方思想史对存在者的表象思维方式，也就是客观思维，这使我们意识到对存在的忽视，他认为对"存在之思"的忽视直接导致我们用存在者来表述存在。海德格尔以差异之思尝试超越形而上学，他强调不确定性，突出存在的优越性。

虽然海德格尔在追问本源的过程中一度排斥认为规划的伦理学，但海德格尔的存在论思想具有一种伦理意蕴，而他的伦理维度并不能称为一般意义上的伦理学，称其为伦理思想更确切一些。在《论人道主义的信》中，海德格尔批判形而上学的人道主义，即追求人的主体性以及人与上帝的形而上学同一性，他认为形而上学不区分存在与存在者的结果是不追问存在本身的真理，以及与人的本质的关系。在海德格尔看来，人的本质就是存在，而不是形而上学中对象化的理性生物，也就是说本质本不在于生物性的人，而是人的存在方式，是人的生存，即处于存在的绽出状态中。人处于存在的真理中，人的绽出的生存就是居住在存在的近处。因此，海德格尔在批判以往人道主义的同时，却将存在的思想、人的本质的思考称为一种更为充分的人道主义。海德格尔把人的本质归结为存在，那么它的伦理思想就是在一种更为本原的基础上的伦理思考。海德格尔的伦理之思不能在传统伦理学的既有框架下理解，他拒绝科学规划的伦理学，但并不拒绝对人的伦理维度的思索，他要返回源初开端去探索思想本质的可能性。他将赫拉克利特哲学中的 ethos 理解为伦理的源初所在，人的存在之思就要这一境遇中展开。在古希腊 ethos 有居住之意，海德格尔把伦理与居住建立起紧密的联系，并将 ethos 理解为人在其中居住的敞开区域。在居住区域中栖居即为伦理生活的展开，居住区域怎样敞开，伦理活动就怎样进行。在海德格尔的伦理思想中并没有确定无疑的美好生活的完美答案，所以一方面人只能通过自己的行动回应好生活的问题，即栖居在自然中，在存在中生发意义；另一方面人要面对无法被预料到的未来以及突发的事件。可以说海德格尔的这种伦理之思是极端解构的，他看到形而上学的本原之思投射在伦理领域即形成一种以已知的、现成的普世原则来衡量、判断一切是非善恶。面对一个活生生的生活世界，人的绽出自身的、不可预测的生存以某一现成化的存在者为衡量标准。因此，本源处的未来以及他者都被无视而排除在外。

对德里达思想影响最深的是海德格尔对传统形而上学的拆解，他关于差异性的论述正是德里达延异思想的直接资源，但德里达认为海德格尔没有坚持对本体论思想的反叛，所以德里达倾注了大量精力论述对在场的剔除以及未来对于现在的重要性等问题，他在吸收了海德格尔关于时间、差异性思想的同时又与之分歧，德里达的时间、他者等概念一直贯彻到其政治伦理思想中。

海德格尔在时间思考下提出的事件等新想法对德里达的影响非常大，如果继续发展海德格尔的这一思考，也许就会遇到德里达的思想。但海德格尔为何止步于此的重要原因在于，他终究没有彻底敞开另一个时间维度，即根本上区别于形而上学领域的时间。德里达认为这是他与海德格尔之间"在时间问题上的差距"①。正是由于海德格尔的思想并没有在真正意义上的新的维度展开，所以他无论如何强调存在者与存在的差异，都是在形而上学的思维中进行的解释。海德格尔试图走出形而上学时间观的想法与德里达的时间观都十分契合，可以说海德格尔早期的"拆构"与德里达的"解构"在问题的出发点上颇为一致。德里达在批判在场的时间观时就提出不可能返回本原并重新居有，遗憾的是，海德格尔却想回到源初重新开始。德里达认为我们可以回顾过去，却不可能返回到源初，"它已经太晚了，总是太晚了"②。形而上学预设的本原是可以原样重复或再现而被居有的，但在德里达看来，我们可以回应、应允这个本原却无法把握它，它的显现并非在当下而是过去，甚至在过去的过去。海德格尔所强调的存在，在德里达这里就是踪迹，本原永远不会在场，也无法返回。海德格尔在时间问题的理解上已经看到差异，只是他并没有彻底坚持一种彻底别于形而上学的差异。

　　在德里达看来存在与存在者都是派生的，只有延异才是更为本原的。"不能说某种在场的和无差异的存在先于延异而存在，转化为延异，比喻说不能说存在者一个主体，它是延异的原动力、创始者和主人，也不能说延异穿刺在它之中。主体性是延异的一种效果，是在延异系统内部出现的一种效果。"③德里达对海德格尔在场的解构首先是对存在痕迹抹去，因此，"存在"一词在延异中发生了意义的变化，给出了不同的存在者，德里达认为形而上学的历史就是存在与存在者的差异被掩饰、压抑的历史。德里达的延异思想是以海德格尔的差异学说的内容冲破了对存在之思形而上学的一面。德里达在论述了痕迹与时间性的关系这一问题后，指出了一种"无意识的"他性，让人跳出了存在者

---

① 德里达.多重立场［M］.余碧平，译.上海：生活·读书·新知三联书店，2004：61.
② 德里达.论精神：海德格尔与问题［M］.朱刚，译.上海：上海译文出版社，2014：149.
③ 恩斯特·贝勒尔.尼采、海德格尔与德里达［M］.北京：社会科学文献出版社，2001：72.

的视域。出于对海德格尔的存在哲学的接受和质疑，德里达在《论精神，海德格尔与问题》以及后来的《心灵，他者的发明》中都阐发了他者的解构性。德里达的在场与不在场跟海德格尔的存在和存在者有着一种内在的联系，德里达在借鉴海德格尔的时候也是在批判海德格尔，当海德格尔把存在划掉时，实际上德里达已经把延异用其他字母改写了。德里达的问题是从海德格尔而来的，要跳出形而上学传统，即一种思维与存在同一性的传统。德里达与海德格尔细微且根本的差异在于德里达的解构是在一个存在论立场之外的思想平台上展开的。这一平台搭建在德里达对同一性问题的解构之上，形而上学中那个能够被把握的可以返回的本原就是由于同一性一直以来被认为是一种再现，也就是重复，当加入了时间与空间维度后，这种重复就出现了非同一性，本原的概念就应该被质疑了。一种差异性的重复被解释为再现，这是德里达来自海德格尔又不同于他的地方。

提到伦理影响时，很少能想到二者的联系。一方面海德格尔并没有专门的伦理学著作，另一方面由于伦理学具有过多的形而上学规范甚至遭到海德格尔的拒绝。海德格尔在存在论中展开的伦理维度对德里达的非伦理有着迂回却关键的影响。在德里达看来，海德格尔对人道主义的批判与对真理的探究有着直接的关联，这使得他的伦理思想带有某种目的论意义。德里达认为海德格尔在存在论思想中预设了人的目的，使存在的思想成为人的目的。这种带有预设的、目的性的伦理之思，在德里达那里都不能成为真正的伦理，伦理是要跳出目的思维的循环，面向不可预测的未来和回应不可知的每一他者。如果说尼采以自然为伦理奠基，那么海德格尔则以存在论为伦理奠基。

海德格尔非传统意义的伦理思考对德里达的影响是源初意义的，德里达的伦理就是在伦理最不可能的地方发现真正的伦理，尽管身处当代社会的人很难彻底践行二者的伦理思想，但他们的伦理启示依然值得反思，以免陷入一种形而上学的伦理逻辑中。德里达认为海德格尔重视未来的优势地位而忽视了过去的过去，那个我们回应的他者既是作为未来的他者也是作为绝对过去的他者。我们不能返回本原，只能回应它，回应差异化的本原其实就是对他者的回应。回应就是承担责任，因此，以根本责任的名义怀疑责任，这种责任属于"超伦理（ultra-éthique）"①或"始源伦理（l'archi-éthique）"，德里达的解构思想可以说是一种始源的伦理思想。

海德格尔对德里达伦理思想的影响虽然并不显性，却是本原意义上的。这体现在两方面，一方面受海德格尔对伦理学排斥的影响，德里达的著作中也鲜少出现伦理学字样；另一方面与海德格尔的伦理思想相似，德里达以伦理的根本规定怀疑伦理，所以他的伦理之思可以称为非伦理（l'an-éthique）或始源伦理（l'archi-éthique）。

四、勒维纳斯他者伦理学的影响

相对于海德格尔在伦理层面上给予德里达的隐性影响，勒维纳斯的他者伦理可以说是德里达伦理思想的直接理论来源。二人有着颇为相似的人生经历，同样有着犹太传统、童年的异国记忆，又活跃于法国思想界，在多重文化影响下，二人的思想领域跨越哲学、文学等多方面，更重要的是他们的主要思想问题都来源于海德格尔却又尝试走出有别于海德格尔的道路。德里达和勒维纳斯的知识关系以复杂而矛盾的交锋为标志。勒维纳斯《别样存在》（1974 年）中的部分内容可以看作是对德里达《暴力与形而上学》（1964 年）中对其批评的回应。同时，德里达后来的政治伦理著作更是对勒维纳斯思想的延续。然而，这种相互阅读并没有使两位思想家的主张更紧密地联系在一起。尽管勒维纳斯在他者、存在以及绝对好客问题对德里达有着深刻的影响，但德里达对勒维纳斯这些问题的解读使他重新表述了他的论点，从而为其后来对勒维纳斯思想的批判提供了依据。

勒维纳斯作为将现象学引入法国的关键人物，海德格尔对其思想形

---

① FRANÇOIS NAULT L'éthique de la déconstruction ［J］. Revue d'éthique et de théologie morale Paris：Cerf, juin 2005, 234.

成有着重要意义，可以说勒维纳斯是在阅读海德格尔、批判海德格尔的同时建构了他者理论。勒维纳斯以他者视角揭示出海德格尔存在论中作为存在者的存在对存在者的暴力，即海德格尔思想中的逻各斯中心论倾向。勒维纳斯对现象学存在论的超越则走出一条反向道路，由海德格尔的存在者向存在归一，转为《从存在到存在者》①。存在，是因为存在者是存在的，存在者，却并不是在存在的给予中。显然，存在论哲学是寻找根、寻找存在的哲学，而勒维纳斯悬置了存在，他要在存在之外思考。存在论中的存在是让存在者存在的行动，是存在者服从存在的语言，勒维纳斯却要寻找在存在之外的语言源头，那一定不是存在，而是他者。这是勒维纳斯的形而上学，与传统形而上学由于思想对象的可见而确立的思维与存在同一性相反，勒维纳斯的以异质的他者作为根基的思想对象不可见，思维与存在是分离的。可以说，勒维纳斯并不是单纯地抛弃形而上学，而是在压制存在论的同时创新了形而上学，在形而上学的根基上制造了巨大的断裂。

勒维纳斯以强劲的思辨意志走出希腊哲学的同一性，以现象学为入口，超越现象学认识论，勒维纳斯的路径是由主体转向他者。他通过现象学的根本研究路径的"时间性"，将主体哲学呈现为他者伦理。勒维纳斯认为主体性与时间性密不可分，而时间又与他者密切相关，时间让我认识我的命运，时间是又由他者给予的，而时间的他者就是未来。因此，时间性使主体的外部世界总呈现一种外在性、超越性，我要向他者敞开，期待他者的来临。勒维纳斯主张把他者看作绝对他者，看作无限或上帝，由此颠覆了将一切纳入我思的整体性的认识论。他主张他者总是外在于自我的同一性，他者不能被自我的认识所吸纳，他是超越整体中的无限。他用"面容"描写他者，更确切地说是他者的他性，与他者的面对面就不是一种认识的过程，他者不会成为认识对象，而是一种

---

① 勒维纳斯．从存在到存在者［M］．吴蕙仪，译．南京：江苏教育出版社，2006．

伦理关系，"面孔的通道一开始就是伦理的"①。勒维纳斯进一步强调自我处于与他人的社会关系中，在我与他人的相遇中，弱势的他者发出不可害人的警示。这种伦理关系从根本上来自他者，自我要回应他者的请求，对他者的责任是无限的，这种源初伦理即为形而上学。

勒维纳斯并不像德里达那样有专门的政治著作和明确的政治思想，但他的思想中也有一定的政治关切。勒维纳斯提出了主体的去中心化，因为它不是由其自治、自由或权力来定义的；相反，它是由他律和对他者的开放来定义的。因此，勒维纳斯对西方政治为对抗暴政所提供的普遍的立场并不赞同。这些立场的失败在于它们都基于不尊重差异性的人类观念，因此导致了和平的不可能，因为他们将他者定义为敌人并使用暴力行为，就好像他者不存在一样。勒维纳斯将道德定义为放弃暴力与他人形成社会并接受他人的绝对差异性的能力。勒维纳斯认为不仅要尊重他者，而且由于承认他者的异质性，故他者具有优先性。这种将他者的首要地位转变为政治的理念，就是勒维纳斯的绝对好客。

德里达正是在勒维纳斯于形而上学根基上开启的断裂处确立了批判形而上学的立场。勒维纳斯悬置了存在，这也直接影响了德里达的延异思想。但德里达认为勒维纳斯在超越现象学存在论的同时依然深陷存在论语言之中，是勒维纳斯思想的矛盾之处。德里达拆解了勒维纳斯对他者概念解释的逻辑结构，并坚持认为勒维纳斯在他者与同一者之间引入的对立本身就是矛盾的，除非与同一性相关，否则永远不会定义异质性。德里达犀利的批判破坏了勒维纳斯摆脱西方哲学体系的整个尝试。

德里达则将勒维纳斯的时间推向更为激进的处理，他把时间看作即将来临的他者。德里达在对勒维纳斯他者伦理反思的基础上，认为异质性伦理成为一种绝对好客的政治，但这种政治仍未被定义。德里达的好客、宽恕等伦理概念都是在概念的非真理基础上展开，从而形成了德里

---

① 杨大春. 身体、语言、他者 [M]. 北京：生活·读书·新知三联书店，2007：297.

达的非伦理的伦理。也就是说，将勒维纳斯的他者踪迹及其异质性思想加以更为激进的思考，就会走向德里达非伦理的伦理，即一种对他者的无条件的回应、对异质性他者的伦理责任。但与勒维纳斯不同，德里达将这些伦理概念引入政治领域，成为一种向未来敞开的政治并进行专题化讨论。

让德里达颇为震撼的是勒维纳斯对海德格尔颠覆性的批判。勒维纳斯制造的形而上学根基的断裂开启了德里达对形而上学的反叛，而德里达对勒维纳斯的犀利发问也促进了勒维纳斯他者问题思考的深度。在吸收了勒维纳斯的绝对他者理论后，德里达哲学思想中先前经常出现的现象学、存在论表述便鲜少出现，勒维纳斯是带领德里达走向伦理之思的关键人物，可见他对德里达思想发展过程的影响之大。德里达对勒维纳斯的具体解构可以参见本书第三章。

本章小结

德里达政治伦理思想的产生与具体的历史语境、解构自身的发展困境以及相关的理论资源密不可分。

首先，与当时的思想纷争和现实背景有关。一方面，伴随着苏联解体、冷战结束，渲染西方自由民主制为历史终结的政治主张和延续冷战思维的敌友政治成为思想界的主流看法，而倡导多元及差异的后现代思想家们对此并不赞同，这其中的先锋人物德里达就与之有着激烈的思想对抗。另一方面，尽管二战后对国际正义、自由民主、人类解放等问题进行了前所未有的关注、批判与反思，以至于某些时刻我们认为人类进入了更理想的政治社会。但世界各地一次又一次出现的人类罪恶让德里达这样的哲学家意识到这并非完美政体的"乌托邦"。

其次，回应对解构的误解，促进了解构理论的发展。一方面，专注于解构在场形而上学的主旨思想，为德里达带来漠视现实世界、回避政治实践的批评。另一方面，德里达后期连续、集中的政治主题著作，对一些不太谨慎的研究而言，意味着他思想上的彻底转变。为了论证这一转折的存在，这些研究便抛开解构早期理论基础，直接讨论了政治、伦理之间的关系。这样做一方面无法真正理解德里达使用这些概念的真实意义，而且在澄清部分问题的同时，又为自己和读者带来了新的误解，因此，无法真正体会德里达文本深厚的变革能力。为回应质疑、推动解构的进一步发展，德里达将思想转向了关注度较高的政治伦理领域。

最后，丰厚的政治伦理思想资源。尽管一直备受质疑，德里达仍然是严格意义上的哲学家，他有着坚实的哲学基础，并形成了自己严格的哲学逻辑。亚里士多德正政治哲学的主张对德里达友爱政治学的产生有着深层的影响。尼采在某种意义上说是带给解构惊喜的哲学家，德里达在他那里发现了时间的未来面向以及尼采政治、伦理学中所触及的解构意蕴。海德格尔可以说是德里达思想的直接来源，德里达思想中的许多关键问题如时间、差异都是对其相关思想的批判继承。尽管德里达在政治伦理方面的著作少有提及现象学，但在许多表述上仍然是现象学词语的另一种说法。勒维纳斯的他者伦理更是成为德里达政治伦理研究的基本视域，对德里达政治伦理方面的思考起到了直接的思想基础的作用。

解构确实受到了上述种种的指责与质疑，类似的误读如此广泛，某种程度上也反映了一点事实，那就是德里达解构思路的晦涩难懂。因此，不从解构理论构建之初开始，就无法澄清人们对解构及其政治伦理问题的误读。所以，要解释解构的政治伦理思想，我们应该返回一些基本的解构策略和时间观念，明确解构不同于传统思维模式的思想平台，再展开对政治伦理问题的论述。同时，在解构理论建立之初是否蕴含了政治、伦理的可能？在解构的发展中如何提出政治伦理问题？这些问题都需要进一步明晰。

第二章

德里达政治伦理思想的解构论基础

德里达在众多深刻的思想家影响之下，通过提出对西方哲学的新解读，扭转了传统形而上学的面貌。传统形而上学强调存在而遗忘了他者的存在，偏爱同一性以致抹去同一之中的差异。形而上学的哲学传统重视逻各斯，尤其是主客、善恶等对立的概念结构被认为是解释复杂世界的基础。德里达之所以颠覆这种本体论的思维，是因为他敞开了一个新的思考维度。德里达在同一性问题中引入时间，他的时间是一种异质性的时间，使原本原样的重复成为有差异的再现，由此便解构了同一性概念，揭示了差异。这样原本空洞的概念就不再是在场的，意义发生了变化。因此，称谓便无法代表所指事物，我们无法将其强行统一。这就是解构的意义。① 也是在阐述解构思想的过程中，德里达提出了一系列解构策略。德里达在文本中思考了存在未提及的他者的存在，使解构的延异跳出与存在的对立，指向独特的他者。这与传统哲学有着较大的区别，传统哲学的根本问题是存在、同一、在场和生活的问题，而德里达的缺席和差异将他者带回到了哲学世界。因此，德里达的时空观念蕴含着他者视域，强调时间的未来指向，将其视为不可预计的他者，我们可以看到他的解构策略体现着德里达的时间观念和对他者的思考，而这种思考某种程度上也蕴含伦理与政治的设想。

---

① 德里达早在 1967 年就使用了"解构"（déconstruction）一词。在德里达的定义中，借鉴于结构一词的解构是指在不破占主导地位的思想体系的情况下对结构的拆解，解构以某种方式抵抗同一性、逻各斯以及西方形而上学的暴政。

为了回应上文对解构的质疑以及更全面深入地了解解构思想，我们努力在解构的早期思想中寻找伦理、政治问题的痕迹，也为接下来的政治伦理问题的研究提供思想框架。

第一节　德里达的时间观：作为他者的时间

时间观念是认识世界的基本坐标，也是哲学与科学的重要区分维度之一。解构性的时间观念，作为德里达思维运作的根本内核，贯穿于他的整个解构理论之中。因此，对具有强烈批判色彩和反思风格的德里达哲学而言，探索他的时间观念对准确把握其哲学重要内容和思想核心起关键性作用。解构的时间观念是对在场形而上学的消解，解构并不是封闭在语言符号或文本结构之内，而是无限开放的，对边缘与他者的提升以及对未来的不确定性的强调直接影响了德里达政治伦理思想中的一些核心概念。

德里达的时间观念建立在对西方传统时间观念，特别是近现代哲学时间观的批判与继承之上。近现代哲学时间观很大程度上受到科学时间概念的影响，如主张时间均质的、线性的牛顿纯粹客观时间论和时空分离的三维空间与一维时间理论，使近现代西方哲学对时间的处理上呈现出客观性、二元性和理性中心论的特点。尽管如此，随着社会发展以及人类认识方式的更新，陆续出现了对传统时间观的质疑。伯格森通过其绵延概念中纯粹的"生命时间"将不可逆的线性时间转化为绝对连续的瞬间；胡塞尔通先验的内时间重新思考了时间；海德格尔从存在论角度探讨了时间问题；本雅明反对均质的空洞的时间观念；在批判历史线性时间观和进步性的同时，主张将历史的线性发展流切断；德里达在对传统绝对的、同质的时间观念进行批判的同时，继承和发扬了现代哲学中新出现的非线性、多元开放的时间观念。

在德里达看来，时间是非线性的、空间化的，因此被分成时间块，这就打破了人们的线性思维和同一性思维，时间的引入带来了新的事物，在人们的既定思维之外的来临中的事物，这样的时间如同他者。所以，德里达并没有将时间作为认识的客观对象，更没有将时间作为他阐释解构思想的本体论基础。如果笼统地解释是因为解构的思维，更具体地说是在德里达的时间观中始终有一个不可回避的他者，作为他者的时间成为一种贯彻的解构式论证，这样的时间成为剔除在场形而上学的实践根据。德里达解构的时间观念直接影响了他的解构策略，也贯穿于其后期的政治伦理思想，理解解构的时间观念可以使民主、正义、弥赛亚性等概念与延异、踪迹、替补的解构思想呈现出一个较为清楚的逻辑关系。

一、与空间交织的时间

海德格尔在其代表作《存在与时间》中对时间展开了新的思考，时间不再作为永恒来思考，它被空间化、场所化，因此时间有了自己的界限。这导致了对存在的重新思考。海德格尔的时间问题对后现代主义思想家影响巨大，利奥塔、杰姆逊等人都讨论过时间的空间化问题。德里达的时间观念自然也受到海德格尔的影响，正是由于时间与空间的引入，思维与存在的同一性问题被颠覆了，时间被分成小块，不再是线性连续的。

空间化的时间观念体现在德里达创造性地提出的延异（différance）问题中。延异作为德里达解构的关键策略，将在下文详细交代。这里我们要厘清时间与空间问题是如何出场的，这就需要回溯到延异一词的词源différer。尽管德里达强调延异不是一个词也不是一个概念，但他还是在《延异》一文中对他所创造的différance从构词上进行了一定的解释。德里达想摆脱语法或普通语言带给我们的思维定式，所以他在以一种独特的言说方式呈现自己的工作。从词形上看，很明显différance与différer是同一词根，但德里达并没有从法语意义上解释différer。他是从拉丁语与希腊语的比较中给出différer的第一种含义：延宕

（temporisation）。在德里达看来，延宕包含了"经济计算、迂回、延迟、接替、持存、再现"等概念，而这些概念暗含着差异性的产生，差异的产生使自身作为居有者展现出来，成为"主旨"，"主旨"的原初存在延迟、持存。德里达将时间空间作为延异活动的方式，延异使时间与空间显现出来。他指出："我们以后会看到，这种延宕如何也是一种时间化和空间化，如何是一种空间的时间-变动（devenir），一种时间的空间-变动，一种时间和空间的'原始构造'。"① 德里达在延迟中展现了时间与空间同在。

德里达为 différer 确定了第二种含义，"'différer'的另一种意义更常见也更容易确定：非同一性、他者性，可辨识性等。关于 differen (t)（d）s，一个词尾可以随心所欲写成 t 或 d 的词，无论是不同的他异性（altérité）问题还是敏感和争议的他异性问题，都应该主动地、动态地在他者因素间产生，以空隙、距离、间隔中锲而不舍的重复方式产生"② 。也就是 différer 还有一个更为显现的意思，也就是非同一、他者和可辨识。关键在于他者，在他者性中空隙、距离、间隔产生出来，而且重复产生。没有他者就没有差异，没有差异就不能确定意义，也就没有前面说的"主旨"可辨识出来。延宕，说明延异是一种历时性的动态结构，这种与当下的距离、当下与自己存在中的距离解构了海德格尔的此在，存在者的时空感受不再是单一的、割裂的。

德里达还通过死亡问题阐释了我与他者密不可分的时空关系。如他所说："死亡是我与他者关系的连接形式。我只因他者而死：借助他者、为了他者、在他者身上，我的死亡得到再现……"③ 我与他者的关系在时间延异的影响下相互交融、不断变化，我与他者存在的时间界限也不断被超越，共时性或者当下的在场不能体现出主体在认识、理解世

---

① DERRIDA J. Marges de la philosophie ［M］. Paris：Minuit，1972：8.

② DERRIDA J. Marges de la philosophie ［M］. Paris：Minuit，1972：8.

③ 德里达. 书写与差异［M］. 张宁，译. 北京：生活·读书·新知三联书店，2001：326.

界的过程中所体验的时间意义。德里达的延异策略中包含着他的时间观念，他的延异思想最终向不在场的他者敞开，超越不会成为现在的绝对过去以及不曾经过现在的绝对未来。

德里达之所以在本体论思维中引入空间化的时间根本上还是要解构形而上学的同一性概念。一般来说同一性就是再现或者重复，传统上的原样的重复在引入时间、空间后，其实是一种有差异的重复。由此，思维与存在的同一性就被撼动了，我与他者关系、我对他者的认识也不是可以为我所把握的、确定的。这种关系在伦理层面的展开就是对他者的无条件敞开，而这样的伦理关系就是非经济算计的关系。

二、去在场中心论的时间

德里达的时间问题源自对胡塞尔现象学的解构，现象学将时间作为活生生的存在与有限的思维联系在一起。德里达将现象学看作在场形而上学，他依赖于对自身的在场概念以及确切的、同一性的可能性。德里达要做的是将时间与当下在场脱节。把握胡塞尔现象学的意义就是要看到他所说的现象是对本质的显现，而在本源显现的问题上德里达有他自己的疑问。胡塞尔认为显现中的事物与声音之间是存在直接性的，而德里达中断了这种对直觉主义原则的信仰，他认为只有这样才有可能讲述时间和他者。他以过程代替了直接性，而过程的叙述需要时间的缝隙。德里达在胡塞尔的直接性中击开裂缝，质疑意义起源处并非胡塞尔所述的那样是纯粹的、直接的自身显现。历史也不能"展开自己、产生自己、完成自己"，因此历史的发展方式不可能保持一个直线或环线形式。在德里达看来那种线性的、连续的时间观是形而上学历史观深信不疑的预设条件，传统本体论的历史就是将历史当作意义的历史。

西方传统形而上学核心就是本原的"在场"问题，这种由逻各斯中心主义和语音中心主义构建起来的在场的形而上学的主要特征就是强调本原的完满性、同一性，由此建立了二元对立结构，如真理与谬误、同一与差异、实体与虚无甚至声音与文字、男人与女人、中心与边缘等两级结构。德里达反对这种二元对立的基础主义，在他看来这些两级概念并不是平等独立的，这中间存在着一方对另一方的排斥、统治以及边缘化。德里达的解构并不是二元结构的转换，而是对二元结构的颠覆。德里达认为转换只是树立了新的中心和权威，且仍然停留在二元论结构内，而解构要做的是拆解后的重新思考。显而易见，解构形而上学，并不是要摧毁形而上学，而是建立对传统哲学新的视角和解释，因为德里达对传统形而上学本原问题的质疑，实际上是对本原或者形而上学可能性的解构。在西方传统形而上学中，本原的同一性、完满性和在场性是其无须思考的前提，差异、缺陷和非在场均外在于本原，德里达的解构就是要思考这个前提的可能性。

德里达对在场问题的讨论关涉解构的一些关键词和一些基础关系，在德里达互相阐释、互相关联的表达中，在场可以看作延异呈现的结果，同时它还与其他一些解构策略以及时间化与空间化相关。在对作为延异基础词 différer 的探讨中就提到了他异性，以及由他异性所带来的空隙、间距等空间化问题。可以说没有他者就没有差异、没有空间化、没有异质性。在场的因素是延异的意义的运动的结果，是与自身异质性的其他什么东西相较而言，意义在差异化运动中成为可能。在场者包含了过去不在场者的在场，与过去不在场者的关系形成了一种"踪迹"（trace）。间隔使现在当下的在场者与那个"不是什么"的其他东西分隔开来，构成了传统形而上学中的主体或实体。这也就是说间隔将在场单独分离出来，在场者就成为主体、实体。因此，德里达认为在场者是被构成的，而这一过程既可以是始源的也可以不是始源的，是延异的踪迹。

德里达通过对书写问题的讨论颠覆对时间的在场认识。书写概念是意义之为意义的时刻的延异，他以书写代替了在场的语音中心主义。德里达认为自苏格拉底以来的西方传统形而上学一直树立语音的中心地位而压制书写文字，如亚里士多德就认为心灵高于声音，而声音高于文字。这种逻各斯中心主义的时间观念强调在场对不在场的统治，它使声音、意义呈现在当下的现在，使意义具有本质上的同一性。这就是对当下存在或者在场的中心主义的体现。如果从时间观念上而言，声音代表的是在场的现在，而文字则是过去或者未来的不在场，那么西方历史上一直存在着对当下在场为中心的本体论的强调，而压抑或排斥了过去、现在、将来时间的糅合。另外，德里达还指出在声音与书写、意义与文字、在场与非在场二元对立的结构中存在一种等级观念。传统形而上学思维强调要在在场事物内和本质中把握意义，文字只是表达意义的符号，对表达存在的意义而言，书写文字只处在次要的、从属的位置。在西方传统形而上学思维中，人们追求概念来表达作为事物本质的意义，而概念是对事物当下的抽象的提取，概念化的分析最终得到的是意义的同一的、抽象的本质。德里达在本源处的踪迹就是延迟了确定的、固定的意义的到来，通过非概念化发现意义的可变性和多样性。德里达认识到，在传统逻各斯中心主义哲学中的二元对立的等级结构中，声音对文字具有优先地位，"语音中心主义与作为在场的一般存在意义的历史规定相结合，与依赖于这种一般形式并在其中组织其系统和历史序列的所有次要规定相融合。因此，逻各斯中心主义支持将存在者的存在确定为在场"①。德里达认为逻各斯中心主义对在场的强调，剔除了非理性和历史发展对事物存在的意义，将作为本质的意义仅与概念相连接相当于将意义与符号等同起来，将意义看作在场。在文字起源处的他者，是德里达看到事物的非在场的意义，作为当下的现在是与未来的现在和将来的现在相区别才得以确立的。德里达解构在场中心论的现在，就是要从踪迹中确定现在。

三、异质的时间

西方形而上学的在场实际上就是一种同质性的时间，它以一种线性连续的运动形式呈现，同时以当下在场为存在意义可能的基础，并寻求

---

① 德里达. 论文字学［M］. 汪堂家，译. 上海：上海世纪出版社，2005：16.

一种抽象的同一的概念作为事物本质，这样的同质性的时间观念带有本体论特征。"如果我们承认，语言的线性特征需要这种庸俗的和世俗的时间性概念（它是同质的时间性，受现在的形式以及做连续直线运动或圆形运动的理想形式的支配），而海德格尔指出这种时间性概念本质上决定了从亚里士多德到黑格尔的所有本体论，那么，对文字的反思和对哲学史的解构不可分割。"① 德里达反对的正是抽象时间的历史同一性和总体性。寻求一种异质的时间，对同质性时间的解构与对在场形而上学的文字及哲学史的解构应该紧密联系在一起。德里达认为书写文字的运动具有间隔化的特点，文字符号与文字意义的关系并不是直接的，它们中间的时间间隔会生发新意义的延展，也就是说文字内部的自身差异与时间结构都会导致二者的差异。在书写文字的时间结构中，书写运动没有既定的、原初的界限和标准，也没有明确的未来方向。书写运动本质上并不是在书写当场所呈现的特定的或是真实性的时间结构，而是一种面向未来的差异化运动。

德里达还通过讨论文本问题呈现他的异质性的时间观念。主要通过揭示文本内部要素之间以及文本之间的差异性来阐释，这里德里达提出了"双重书写"原则。沉默、无色的写作意味着不在场，也意味着文字符号自身的存在，因此德里达认为写作是文字的痕迹，尽管作者在写作之初会设置一个主题，但文本的主题不是固定不变、明确同一的，会随着写作过程中作者的思想变化而有所差异。因此，思想形成过程是多角度、不确定性的过程。德里达反对的是明确的一元主题的书写，倡导"双重书写"。同样，文本的意义也不是由作者规定而固定不变的，也会在不同读者的阅读历史中不断变化，这也是一个非线性的、非确定性的过程。出现这样的差异是由于文本结构之外的他者，他者带来的不确定性在于它不受理性控制。可以说，不确定的他者的出现使时间不再以传统思维中的线性方式展开，或者说重新将他者纳入思考，时间便会出

---

① 德里达.论文字学［M］.汪堂家，译.上海：上海世纪出版社，2005：126.

现裂缝。而德里达之所以如此重视文本，也是因为他非常强调时间性，他认识到时间的不可还原性，意义产生过程中时间就是变化的，时间消失了就不会复原，在场的真理性意义是不可能的。

"没有瞬间的绝对相异性，也就不可能有时间。"① 德里达倡导一种多方向、零散化的文本时空结构。因此，文本结构应该是敞开的，文本意义由于读者与环境不同而呈现出更丰富的含义。差异性的文本时空结构主要在于他者的异质性因素，由于独立于文本之外的他者带来的差异使文本不能保持封闭，无法呈现同一性与总体性。早在《书写与差异》中，德里达在悬置意义的过程中，就曾以主人主权和绝对主权的差异来加以解释，"我们甚至不能说这种差异是有意义的，因为它就是意义的差异"②。意义呈现的时刻也是一个异质性的时刻，主奴自身的异质性关系让德里达敞开了对被压抑的他者的伦理关系。打破封闭的原文本结构就是要从在场思维中跳出，与不确定的他者朝向不可预测的未来。时间性问题成为德里达质疑在场形而上学的一个基础点。文本之外的他者突然来临，打断一切可能性、确定性。割裂的时间总是表现为不可能，时间意味着规则之外、预料之外突然发生的事情，主体只能被动接受，从伦理层面上说就是欢迎事情的发生、他者的到来。

由上述种种解构特性的时间可见，德里达将时间视为他者，而他者最令人意外的就是它解释了存在论之外的差异。时间的未来指向、他者指向阻断了人们思维存在同一性的单向度思维，差异在生活世界中就会导向政治、伦理不同却又缠绕的两个方面。在他者视域下，解构的时间观念揭示了同一之外的差异，也进一步发展了德里达的解构策略，而他者视角的解构策略是带有政治、伦理含义的分析。

---

① 德里达. 书写与差异 [M]. 张宁，译. 北京：生活·读书·新知三联书店，2001：153.

② 德里达. 书写与差异 [M]. 张宁，译. 北京：生活·读书·新知三联书店，2001：458.

第二节　体现他者时间观的解构策略

一、时间化与空间化的延异

上文提到作为延异的词根 différer 的延宕意义将时间与空间共生的问题呈现出来，揭示了时间与空间是如何联结在一起。这在德里达延异思想中有着充分的体现，在延异策略中所包含的时间与空间相互融合、相互渗透。在 1968 年法国哲学年会上发表的《论延异》① 中，德里达解释了解构的核心概念——延异思想。德里达的延异并不是首创性的，主要还是受到海德格尔的差异思想影响，但更为直接的还是受索绪尔语言学的差异概念的启发，德里达的延异思想是对索绪尔差异原则的超越和突破，延异思想仍然与对结构语言学的批判联系起来。德里达关注书写，因为在他看来，书写总是处于延异之中：它总是延迟着到场，在它内部蕴含着区别、差异。他将语言看作一个差异系统，以差异替代中心，以差异弱化本原，但这并不意味着德里达要扶植一个新的中心，而是发现祛中心化、祛本原的延异（différance）。"相对于差异而言，不管是实体的、本体论的还是'实体-本体论的'存在者和存在与我们后面称之为延异（la différance），即表示双重意义上的 différer 的产生过程的经济概念相比是原始风格的，但却是派生的。实体-本体论差别及其根据……并不是绝对本源的东西。分延才是更'本原'的东西。"② 在形而上学的历史中，实体-本体论的差别总是被抹去。

我们承接上文来考察一下德里达延异（différance）一词的来源。如上所述，différer 是该词的词根，由这一动词可以延伸出它的现在分词 différant 和名词 différence，德里达应该是需要一个包含过程化、动态

① Différance 收录于 *Marges de la philosophie* 中，德里达专门讨论了延异术语。
② 德里达.论文字学［M］.汪堂家，译.上海：上海世纪出版社，2005：31-32.

意义的名词，他创造性地提出了与普通名词 différence 相区别的延异（différance）。德里达的 différance 是将原法语单词 différence 的 e 替换为 a，虽然依据读音规则两个单词的发音完全相同，但是只有作为文字书写出来才能看出区别并体现这一词的价值，即指向一种空间的差异化和时间的差异化。从这一分析上看，传统形而上学的声音中心主义遮蔽了差异化的运动。替换的字母 a 使我们直观地感受到差异，进而思考这种产生"差异"的"差异"所指向的一种生成运动，即汉语翻译的延异。这种"差异"的"差异"强调的是事物自身内在的异质性，也就是与其内在的异质成分的差异。延异是差异变形（transformation）的结果，德里达认为："'延异'的主题在'结构'概念上与静态的、共时性的、分类学的和非历史的主题是不相调和的。但是，这并不意味着这一主题不是唯一定义结构的东西，也不是说差异的产物（'延异'）是与结构无关的。它产生出系统的和有规则的转变，这些转变在某一点上能够为结构科学留下地盘。'Différance'概念甚至发展了'结构主义'最合理的原则要求。"① 它类似于一种时间结构，不是封闭的、共时性的静态结构。它是对逻各斯中心主义所强调的在场和当下存在的对抗，是对被抬高的共时性的反叛，它包含着被压抑的距离和历时性。它是对逻各斯中心主义强调的在场、同一、共时的反对，它要突出的是被压抑的距离、差异和历时。

德里达的论述还是由符号开始，他将符号问题作为处理时间与空间关系的入口。在在场形而上学的传统中，符号只是表达在场者的工具，同时也成为我们与事物本身之间的一个延搁。所以，对更为本质的在场者而言，符号显然是从属地位的，它的意义在于传达那个本质的实体，它一直是处于替代位置的。"时常将延异活动置于价值或意义在场之下，假定价值或意义先于延异，并且比延异更为根本乃至在最后的分析

---

① 德里达. 德里达访谈录：一种疯狂守护着思想［M］. 何佩群，译. 上海：上海人民出版社，1997：77.

中凌驾于和支配着延异。"① 德里达要做的就是脱离对于终极实体的追求，将传统形而上学所预设的那个真实的在场作为反思的对象。这样颠覆性的做法使我们从传统哲学的等级结构中走出来，同时也会进一步寻求更为本质的东西。

对于这种一直以来被在场形而上学传统压抑的情况，日本学者高桥哲哉在其著作《德里达：解构》中准确地传达了德里达的观点："在场的形而上学几个显现的存在者也好，显现的意义也好，还有时间性当前也好，一般把显现的同一者设想为根源性的东西。大体上所有的同一者只有在与他者间的差异方面，只有在其自身的反复方面，作为同一的东西才能构成，权利上先行于这种差异和反复，也就是权利上先行于延异运动的同一者不存在。体验性主体同一性、对先验论主观性的自我显现的同一性等，都是'延异的一效果'，都是'写入延异系统中的一效果'。总而言之，抹消对他者所产生的关系这种'自我本身'之物决不会存在。阶层秩序性二元对立中的任何一项之所以不能纯粹显现，是因为延异时常根据带入对他者所产生的情况来无限延期同一者的显现。这样的延异是比在场的形而上学所假想的任何根源都'根源性'的运动，固定可能的根源同一性本身只不过是延异的效果，所以，所谓延异的根源性也只能是根源的隐没。"② 一方面可以看到传统形而上学将符号看作系统的产物，而延异就被排斥在系统之外；另一方面质疑在场的权威，看到空间的差异化和时间的差异化。之所以出现差异，是因为与抽象同一性结构不相容的他者，也就是他者在本质上无法被这个同一性的结构囊括。理性或者本质并不能包含他者，他者是一种非理性的事物。对于他者和差异的问题，德里达还受到了索绪尔符号学的影响，索绪尔认为意义的概念是由关系和差别决定的，这里的关系和差别是指与语言中的他者的关系和差别。但索绪尔的符号是存在于一个预设好的语法系

---

① 德里达. 德里达访谈录：一种疯狂守护着思想［M］. 何佩群，译. 上海：上海人民出版社，1997：78-79.

② 高桥哲哉. 德里达：解构［M］. 王欣，译. 石家庄：河北教育出版社，2001：290.

统中，德里达解构了索绪尔语言工具论的说法，将原本作为差异来源的概念颠覆为差异化的内容。也就是概念的充分在场是不可能的，"每一个概念都被铭写在一个链条或系统之内，这个链条或系统，通过系统的差异游戏来指涉他者，指涉他异性的概念。这个游戏就是延异。这个游戏本身不能作为一般的概念，而是概念化的可行性，是一般的概念过程或系统的可能性"①。德里达解释了先前所说的延异既不是一个词也不是一个概念，我们视作起源的概念也只是差异化的效果。

德里达在讨论延异思想时还提到了历史性问题，他仍然是从差异入手，德里达认为差异并不是从天而降的东西，但的确可以探讨它的发生起源性，它是如何出来的呢？这就是德里达关于延异的一个历史性问题。他认为差异是延异游戏的结果，而且只能在这一层面上谈论历史性问题。"如果'历史'这个词没有自发地包含最终压制差异的动机，那么人们可以说，只有差异才能从一开始就一直是'历史的'。"② 虽然德里达解构历史，但是他没有否定历史，而且他指出差异是具有历史性的，或者说历史性只有在差异中才是可能的。德里达认为起源不适合延异，也就是延异不是概念的同时也不是起源，不具有历史性。延异总是呈现一种"不是什么"的特征，相较而言差异作为延异的结果似乎是可以识别的，但差异仍然有着难以理解的神秘。那么从延异而来的差异游戏的效果又是怎样出来的呢？这里涉及的就是德里达的踪迹问题，我们将在下面一小节说明。但是不论德里达的延异多么神秘，我们还是可以把握德里达的思维基础，那就是在同一性思维中引入时间，揭示延异。符号的延宕、替换等都是在时间中描述，但解构是不会直接定义时间的，上面论述了那么多语言符号的差异性，就是因为德里达看到语言和身体感受不能强行统一，前者无法如实表达后者，所以我们只能在新的思想平台中说明差异，而不是在原来对立统一的二元结构中解释差异。

---

① DERRIDA J. Marges de la philosophie［M］. Paris：Minuit，1972：11.
② DERRIDA J. Marges de la philosophie［M］. Paris：Minuit，1972：12.

如果说时间维度的引入指向了延异问题，那么德里达的延异思想自然也体现着他者时间观念。因此，延异不是与存在相对立的东西，而是指向存在之外的，即独特性的他者。为了突破传统形而上学的思维模式，延异一定会追寻他者以及他者的语言。理解德里达的时间观念就能够清楚，德里达的他者不是与自我对立的另外一方，而是在存在论所强调的自我同一之外的他者，因此他者的语言也是在另一思想维度中的言语行为。他者的提问、召唤等言语行为需要我的回应，这样我就对他者有着绝对的责任。在复杂多变的生活世界中，对他者的关注、对差异的重视，体现了延异的政治伦理意蕴。

二、非在场与非缺席的踪迹

为了更好地解释延异，德里达发展了踪迹（trace）概念。从延宕、延搁到踪迹，德里达使用了很多概念去诠释无法定义的延异。踪迹可以理解为延异的具体化，但它同延异一样不会自我显现，它只是在区别、在延搁，是延异在时间中的痕迹。在踪迹概念中，在场本身就意味着不在场，因为踪迹就是在自我显现中抹去自我，"印迹总是有限存在的有限印迹。印迹因此能够自己消失。不能消抹的印迹不是印迹"①。这是一种本源的缺乏，在场也意味着不在场的踪迹，踪迹介于在场与不在场之间，它的不可还原性表明在场的现在之不可能性。如德里达所说："符号能指与所指的统一性不可能产生于当下和绝对在场的完满中。因此，不存在那种人们希望的通过心理分析还原的完满的言说。在考虑还原或恢复被视为真理的完满言说的意义之前，应当提出意义及其在差异中的始源问题。"② 在场的始源处的缺乏，使它被不在场的踪迹替代，人们对二元对立结构中被抬高的一方的关注，是通过对另一方的踪迹的压抑、排斥来建立的，包括在场在内的中心性概念必将被不在场的踪迹

---

① 杜小真，张宁. 德里达中国讲演录［M］. 北京：中央编译出版社，2003：222-223.
② 德里达. 论文字学［M］. 汪堂家，译. 上海：上海译文出版社，2005：99.

瓦解。德里达以踪迹的不可还原性消解了形而上学的在场。过去、未来都具有在场的瞬间。这样的时间观是以现在为中心，时间是均质的线性进程。而踪迹作为延异的呈现，既不能被还原也不能被看作实体或起源，在延异的作用下，时间不再以现在作为中心，而是具有一种异质的特征，过去、现在、将来相互关联。"我们有权将'踪迹'称为不能在单纯的现在中加以概述的东西。……因为过去始终表示现在的过去，保留在痕迹中的绝对过去严格来说也不配享有'过去'这一名称。这是另一种需要加以涂改的名称，因为踪迹的奇特运动既表明又要求分延进行推迟。……现在、过去和未来这些概念，在时间概念和历史概念中以它们的传统证据为前提的一切——形而上学的一般的时间概念——无法准确描述踪迹的机构。"① 德里达认为踪迹思想不能和已经呈现过去的逝去概念相容，形而上学的立场是无法思考踪迹概念的，以现在在场、在场者的在场为基础是无法准确描述踪迹的。德里达对踪迹的态度和延异一样是非常彻底的，踪迹也可以看作无。德里达这样的论述主要还是在动摇海德格尔对存在的留恋，他认为在存在者与存在的差异的遗忘问题中，不能不想到踪迹的踪迹消失的问题。德里达要抹去存在的踪迹，在场者变成符号的符号，是普遍的指涉结构的功能，它只能是一个踪迹，是抹消了踪迹的踪迹。德里达用踪迹一词的外延涵盖了海德格尔的差异的踪迹，他通过命名的他性在海德格尔的叙述空间之外，以其他命名压缩海德格尔的空间，所以也没有独一无二的命名。德里达批判的就是传统哲学中声音与存在联结在一种独一无二的词中，联结在最终的适合的词中。德里达指出："这就是问题所在：言语和存在的联盟在独特的词中，在最终的专有名称中。这是在延异的假象断定中铭刻的问题。它承载（影响）着这句话的每个部分：'存在/总是/通过/任何/语言，无处不在/言说着。'"② 这里德里达批判性地指出形而上学的文本界限可以被冲破，我们的思想不应该止步于这一界限，这个界限是可以被延

---

① 德里达. 论文字学 [M]. 汪堂家，译. 上海：上海译文出版社，2005：94-95.
② DERRIDA J. Marges de la philosophie [M]. Paris：Minuit，1972：29.

异、踪迹穿越的。形而上学的文本界限不再是不可言说的底线，超越这一界限或底线才能颠覆传统形而上学。可以说存在刻写在延异的历史中，存在被延宕、延搁，最后只剩踪迹和延异。德里达的法宝是纯粹的时间化①，一切在时间中都发生了变异、抹去，无法还原，也无法保留。

德里达认为，"踪迹与所谓的未来的关系不亚于与所谓的过去的关系，并通过与非它的这种关系构成所谓的在场者：绝对非他，也就是说，甚至不是过去或未来作为修改过的在场者。间隔（intervalle）必须将它与非它的东西分开才能成为在场者成为它自己"②。也就是说，踪迹本身同过去和未来保持着同样的联系，在动态的自我形成过程中，而这个间隔就是时间化的空间或者空间化的时间。德里达曾指出相较于与被称为未来之物的联系，踪迹与被称为过去之物的联系更大，并且通过与非自身的联系构成了被称为现在的事物：绝对的非自身。也就是说作为被修改的现在的非过去或非未来。这个构成现在的间隔，必须同时将现在划分为自身，从而与当下共享，由其开始我们可以想到的一切。就是说，在我们的形而上学语言中，一切都只是实体或主体。踪迹介于时间与空间之间，糅合了过去、现在与未来，传统的过去、现在、未来的线性时间概念无法解释踪迹。踪迹既不是可理解的东西，也不是可感知的东西。踪迹体现一种非单纯的现在，我们无法表达所有的意思，每个语句都产生了延宕。踪迹指向意义的延搁，因此写作成为一种无限差异化的运动，无法接近文本的终极意义。德里达认为文本的意义不是固定不变的，是随着写作与阅读的变化逐渐形成的，书写的不断修正与解读的不断转变使意义的形成过程呈现非线性、多元化、非既定性的特点。德里达依然借助独立于文本之外的他者来解释文本之间、读者与作者之间的差异，由于他者这一非理性因素的存在，文本写作与文本阅读不能保持纯粹的绝对理性，而是理性与非理性的融合，因此他者带来的瞬时

---

① 陈晓明. 德里达的底线［M］. 北京：北京大学出版社，2009：243.
② DERRIDA J. Marges de la philosophie［M］. Paris：Minuit, 1972：13.

时间的绝对差异使文本的踪迹呈现非线性与非确定性的特点。文本语义的不确定性对于德里达《马克思的幽灵》《法的力量》等政治著作的理解起到了思想框架的作用。

简言之，踪迹就是产生差异的纯粹运动，它不能被在场的同一性把握，它分割了在场，意义的踪迹意味着我们永远无法达成所说的内容原样的反映所想的内容，文本意义的确定性也同样无法把握。德里达在质疑语音中心主义时，提到了象形文字。德里达认为象形文字对意义的体现"可能违背了我们欧洲人的舞台自由和自发灵感的意义"，象形文字的独特符号与我们不可知的晦涩现实相符，"而这种现实被我们这些西方人彻底压抑下去了"。传统形而上学认为意义是理性可以把握的，不可知的部分被排除在外了，德里达主张的踪迹正是一般意义的起源，欧洲理性压抑的非理性与他者才是寻求确定性的关键，德里达在踪迹策略中已然透露出对欧洲中心主义和种族中心主义的不满。

三、消解当下在场的替补

按照上文提到的德里达的说法，延异既不是一个词，也不是一个概念，他是通过一种替补（supplément①）逻辑来诠释延异。在德里达的解构思想中，延异与替补是两个互相阐释的重要概念。在在场形而上学中，替补总是对中心的替补。替补过程是对当下在场的起源性的替补的抹消，替补在构成在场的同时又消解了在场。这是因为在德里达看来这种起源性的替补不是派生的或外在的东西，而是文字结构内部具有的东西。而传统形而上学就是把替补排除在文本结构生成过程之外，认为它只是单纯的外在性的东西，只能作为对中心的起源或者在场主体的一种替换。这样替补被确定为一种单纯的补充或者纯粹的缺席，对传统形而

---

① 关于法语 supplément、英译 supplement 的翻译问题，在此解释一下。不同于延异一词在翻译上的普遍程度，对该词的翻译中英文均有不同版本，如英译的 substitution、replace，中文的补充、替换等，德里达的法文著作中也会出现 substitution 或 remplacement 等，但较多使用 supplément。结合德里达解释补充过程中对替换的强调，本书采用了汪堂家先生的翻译，将 supplément 译为替补。

上学来说，这种外在性的补充本身是无法被承认的，它所补充的东西也是虚无的，因此，替补就无法真正进入结构中。

德里达通过对死亡的描述来解释替补，人无法真正经历死亡，德里达认为通过他者的死亡展开对死亡的想象，而关于死亡的想象就是对死亡的替补。想象是与死亡相联系的，我们对于死亡的想象就是通过这样意象的替补不断接近的。可以说，意象就是死亡。想象代替自身的在场，自身的主体在想象中被消解。这样，替补似乎是一种中介，无限的替补会产生更多的替补的中介，这个间接性的中介过程是主体缺席的过程，这个过程破除了事物自身的幻象、当下在场的幻象以及原始感知的幻象。这样一种无限的替补过程是一个不断重复的进程，这里德里达指出替补完全可以说明书写活动，文字就是一种对言语的替补活动，在文字中，人们希望呈现在场但又排斥在场，也就是说人们既想强调文字的主体性在场，又会以隐喻等手段回避主体性的在场。文字替换了言语的位置，取代了语言主体的地位。

关于替补，最重要的内容来自《论文字学》，德里达精心选择了卢梭的经典文本展开其哲学性的解读，以此进一步说明替补概念，发现卢梭文本中的逻辑悖论，即卢梭对写作或文字存在一种矛盾态度①，这使其陷入一种中心主义的思想困境，由此入手，德里达发现了卢梭在写作中的替补策略。例如，德里达发现卢梭在《爱弥儿》中关于"母爱的替代"与《忏悔录》中"危险的替补"②的矛盾，前者卢梭强调母爱是不可取代的，而后者卢梭又对华伦夫人有着母亲般的依赖和特殊的爱欲。德里达解构的阅读往往通过联想和隐喻，激活原有文本，加之其跳跃的思维让他的整个论述过程自由发散，他在对卢梭作品进行文本性阅读后，还是回到了他所关心的替补问题。他看到卢梭在经历了种种母亲的替代之后，"母亲"在根本上的欠缺，使母亲本身便在某种程度上成

---

① 陈晓明. 德里达的底线 ［M］. 北京：北京大学出版社，2009：286.

② 卢梭在《语言起源论》中曾有过类似表达，卢梭提倡自然语言，认为文字是对自然的危险替补。

了替补，这个词也成了替补链环，而德里达实质上质疑了这种链环的起源或初始。因此，无限的替补链环代表着在场的自身同一性的延迟，原始的在场无法完成自身同一，总是需要反复替补后再回到自身，也就是在场不再具有完满性和同一性、起源和终点，只有在替补链环中的补充再构建。同样，时间意义上的当下同样需要其他的时间维度，通过过去或未来的差异维度来定义自身。因此，延异与替补的含义也必须通过它们之间的互释游戏才能被更充分地理解。德里达解除了中心、起源，理性逻辑在他看来是隐喻的替补，他以解构的修辞性阅读对抗形而上学传统。后来德里达在论述中时常会使用"危险的替补"，是指无限的替补对传统的在场形而上学的威胁，对二元对立的动摇以及对追求纯粹性、同一性的质疑。

德里达颠覆了时间结构的抽象的同一的总体性，在替补逻辑中就隐含着这一观点。之所以出现替补，是因为中心的不完满，有着次生的、补充的、附加的特性的替补，在替补了中心的同时又拆解了中心。替补作为一种差异和他者，可以对文本的结构、中心进行一种替换补充，替补的结果就是作为替补的东西最终成为被替补的东西的一部分。这样那个被替补的中心或者结构就不能是完满的、同一的，也就消解了文本的中心。这样传统形而上学在向事物目标或者起源的意向过程中，或者说在历史过程中，就会出现岔口，一个指称可以有另外的意义，而另外的意义也可能是又一其他指称。历史的轨迹不再是线性的发展，而是由无数岔口形成的网状结构。所以，文本的结构与意义并不是作者确定的封闭结构，文本内部各要素的差异以及文本与他者的差异都消解了文本意义的同一性与总体性。文本从始源起就存在差异与他者，写作的差异化运动也形成了一种"危险的替补"。德里达通过分析卢梭对妈妈一词在能指与所指上的危险替补，奶妈代替亲妈，能指与所指并非一种一一对应的关系，而是互相转化、渗透。"这是一种文化自身的因素，是情感、社会、语言的尚未公开的起源：最初的替补性"①，使能指与所指形成一种替代与反替代的关系，或者一些能指代替其他能指。这样的替代就好像替补的链条，它的运动并不是线性时间的，而是与空间化的时间有关，观念并不是沿着线性时间变化，而是在这一链条中呈现出多种变形。替补链条并非线性替换，而是伴随着岔口的网络。因此，社会历史进程也不会是抽象的线性过程，而是有断点的、变动的、不可把握的。

德里达为何关注卢梭，是因为卢梭走出了传统哲学的另一条道路。他不同于传统古典哲学，类似康德那样将哲学看作以智力为基础的理性，卢梭则把感情视为基础，哲学的爱智慧重在爱，爱出智慧。卢梭强调华伦夫人不在时，他感到无比思念。不在即为德里达所说的不在场，这种有缺失又思念的原始热情是真实的，只能用想象来填补。散文、诗歌都有这样一种想象，这样的想象既真实又虚假，也是一种危险的替补。德里达在早期解构策略中就非常强调个人的感受，它神秘，是语言无法表达的，却是新的问题。这是理解德里达伦理概念的基础。

四、引入时间的游戏

德里达在 1988 年回答人们向他提出的一个问题时，谈到了他在最初一些文章中使用的词汇——"游戏"。这个词确实在 1967 年出版的《论文字学》《书写与差异》以及 1972 年出版的《散播》中非常频繁地出现。游戏概念是后结构主义思想家经常探讨的观念之一，它既成为一种解构策略，也是一种解构实践。作为后结构主义代表人物的德里达将游戏作为他的解构策略，并对结构主义核心概念进行拆解。德里达首先消解的就是结构的结构性所处的中心位置或所具有的起源性。德里达认为中性化了的结构概念基于某种原始的、永恒不变的确定性，但"中心并不存在，中心也不能以在场者的形式去被思考，中心并无自然的场

---

① 德里达. 论文字学［M］. 汪堂家，译. 上海：上海译文出版社，2005：388.

所，中心并非一个固定的地点而是一种功能、一种非场所，而且在这个非场所中符号替换无止境地相互游戏着。那正是语言进犯普通问题链场域的时刻，也正是在中心或始源缺席的时候，一切变成了话语的时刻——条件式在这个话语上人们可以相互了解——也就是说一切变成了系统，在此系统中，处于中心的所指，无论它是始源或先验的，绝对不会在一个差异系统之外呈现。先验所指的缺席无限地伸向意义的场域和游戏"①。在德里达隐晦的表述中传达着一个核心观点，那就是结构的中心和原始起源并不是真实存在的，结构中心的在场观点也并不合理。无场所呈现的中心在本源处的缺席导致结构的中心或者源点只能人为设置出来，而人为的就不能称为中心自身或本源自身，那么中心的缺乏就需要替补，因此意指过程是一个替补过程，并且要返回到中心在场，所以围绕这个中心所构成的自足的逻辑体系就变成了符号和替补的游戏，也就是符号表征符号的话语，而作为中心的真理性的在场是缺席的。"延异以某种非常奇怪的方式，比本体论差异或存在的真理'更古老'。正是在这个时代，它可以被称为踪迹游戏。"② 德里达对人为设置的中心和起源进行大胆质疑，批判了真理的客观性，以此为前提的理论并不能论证体系的真理性，只能是无限的自我论证的符号游戏。德里达相当于否定了存在的真实性，因此他不是由存在去思考人和人的言语活动，而是以游戏策略去反思人的语言体系。

德里达有勇气提出这样的观点，一定会面对由于从根本上否定真理的客观性而导致的虚无主义的怀疑。在德里达看来，结构的结构性并不具有客观的优先地位，它的中心和原始起源依然是在场的真理性的一种隐喻的表述，德里达在这里展开了隐喻的游戏和悖论的游戏。隐喻之所以能称为游戏是因为它与游戏运作一样不承认事物本质规律的确定性、客观性、中心性，认为这都是人为约定的，是隐喻性的、无确定性的。

---

① 德里达. 书写与差异［M］. 张宁，译. 北京：生活·读书·新知三联书店，2001：503.

② DERRIDA J. Marges de la philosophie［M］. Paris：Minuit，1972：23.

以此为基础建立的论述也就是建立在一种隐喻之上的，是隐喻中的隐喻游戏。他曾说道："在将隐喻理解为能指的游戏之前，我们必须将它理解为观念或意义（所指）的变化过程。观念是被指称的意义，是词语所表达的东西。但是它也是事物的符号，是对象在我们心中的表象。这种表象指称着对象并以词语或一般语言学能指来表示，这种表象也可以间接地表示情感或激情。卢梭将他的说明置于这种起表象作用的观念的游戏中。在隐喻被纳入言语符号之前，根据观念与观念所表达的内容亦即它已经描述的东西之间的联系，隐喻体现了能指与所指在观念秩序与事物秩序中的相互联系。于是，原意便体现了观念与观念所表达的情感之间的关系。在完全的指代（隐喻）恰当地表达了情感。"① 德里达认为先于隐喻的原意是不存在的，只有回到"主观的情感"才能真正了解隐喻的呈现过程。对德里达而言，隐喻超越了文体学范畴而成为人的一种生活经验，通过隐喻人们的经验，呈现生活。另外，隐喻还被德里达用来对抗西方理性主义思想，因为隐喻本身包含非理性因素以及情感内容，这样一种非理性就成为理性的他者。关于他者，德里达认为一定要通过隐喻来呈现他者。如果否认言语对他者呈现的必要性，只是将言语看作对思想的直接反映，那么理性认识就处于文字符号中的首要位置，这也是传统理性主义思想的主旨。德里达要指出的是隐喻对不可回避的他者的重要性，要看到言语对思想的那种间接的、创造性的表达，要重视感性认识在文字中的重要作用。而这样的认识过程将人的身体纳入了语言和理性认识的基础，因为在德里达看来，人的身体和他者一样是语言和意向性不可回避的东西。探讨思想与他者之间关系的前提是将思想看作语言，思想与他者之间是一种内在的不可还原的关系，"思想不能自我关闭，而且它禁止一切独白"②，它通过他者来敞开自我。

　　"'时间'这个词本身因为总是在形而上学的历史中被听见，它就

---

① 德里达．论文字学［M］．汪堂家，译．上海：上海译文出版社，2005：402-403．
② 德里达．书写与差异［M］．张宁，译．北京：生活·读书·新知三联书店，2001：177．

是一种隐喻，指示并同时消除这种自我影响的运动。"① 如果时间是形而上学中的一个隐喻，时间作为形而上学的隐喻是受观念性支配的，不具有真正的形式。这里就存在一个历史的悖论，那就是历史的必要性与不可能性。德里达并不是认为历史不存在，正是引入时间后德里达才不得不关注历史，而时间也构建了历史性。这里的悖论在于历史只能理解为"历史之不可能的历史性"。德里达质疑的是西方传统形而上学围绕人为设置的体系展开的历史，他通过揭示传统哲学家思想前提与其推演结论的矛盾，指出他们深信不疑的起源的、在场的思想基础的可疑性。

我们在游戏概念中能够看到德里达解构理论的建构基础或者说解构所具有的一种肯定的面向。尽管德里达的游戏概念是他批判结构主义、西方理性主义以及历史在场思想的关键策略，但它并非全然否定的，它在消解结构的中心与源点的同时一直强调一种无限的差异性，而这种向未来敞开的差异系统正是德里达所肯定的部分。如上一章所述在时间问题上，作为尼采的追随者，德里达在对尼采的阅读中看到他虚无主义里的肯定意义。尼采那种义无反顾的无限制的释放与解构寻求的面向与未来的精神有所契合，也就是解构可以作为一种指向未来的游戏。而这样的策略在其后面的政治、伦理问题中成为贯穿式的基础，也是在这层意义上，德里达后来的他者伦理思想是有着建构的意味的，建构了一种到来中的他者。

从德里达几个关键的解构策略上看，德里达并不否认在场概念或者主体，他始终质疑的是在场的主体或者观念或者任何一个形而上学的概念，它们是怎么在场的？是如何登场的？他无法接受的是现成的主体概念或者真理概念，既定的主客体、真理谬误的形而上学思维。这一切都是从已知的概念出发去探讨问题，在预先设定的"是什么"的领域里，无论怎样的讨论都是一种围绕概念的解释，是无法出现新问题的。德里达看到语言是有界限的，身体感受是无法用语言完全表达的。这就需要

① 德里达.声音与现象［M］.杜小真，译.北京：商务印书馆，1999：108.

一个新的思想平台，之所以新是因为引入新的思想维度，如时间、他者。在这样一个思想平台上，那些所谓真理概念不可能原样重复，只能是有差异地再现。这种差异不是黑格尔的对立统一的差异，而是与存在相区别的差异，这样的差异指向独特的他者。这一基础是理解德里达政治伦理思想的基础。

第三节　解构论的政治伦理意蕴

严谨地说，德里达思想既不能按照时期划分，也不应该对其作品进行标准化分类，这是德里达解构思想开始形成之初就已明确的态度。但从 1980 年开始，伴随着几部政治主题著作的相继发表，德里达的思想呈现了从解构到明确关注伦理和政治的转移或转变。然而，我们要证明德里达的解构思想本身具有政治伦理意蕴，而且解构理论始终关涉德里达的政治哲学，也影响着他对世界的观察，就必须回到解构初期的文本中去寻找答案。就本书的分析来看，这种转变看似发生在 20 世纪八九十年代，但是德里达早在 1967 年发表的《书写与差异》中就已经暗含某些政治伦理的指向，到 1972 年《哲学的边缘》的发表，尤其是其中对事件哲学的阐释，使其政治指向逐渐清晰地呈现出来。而德里达早期作品中对一些问题的处理也给出了其后来政治伦理的思考框架，可以应用于其后期的一些主题。在讨论了德里达早期作品的政治伦理向度后，我们还要继续追问，他的政治伦理问题是如何提出的？

一、解构之初的政治伦理面向

对德里达而言，解构本身就带有政治的性质。在他的思想脉络中，具有通过对语言的既定结构、对形而上学的固定思维的颠覆，拆解政治权利基础的思运。所以他在早期批判传统哲学对立结构时，带有一定的政治伦理意蕴。西方传统形而上学核心就是本原的"在场"问题，这种由逻各斯中心主义和语音中心主义构建起来的在场的形而上学的主要特征就是强调本原的完满性、同一性，由此建立了二元对立结构，如真理与谬误、同一与差异、实体与虚无，甚至声音与文字、男人与女人、中心与边缘等两级结构。德里达反对这种二元对立的基础主义，在他看来，这些两级概念并不是平等独立的，这中间存在着一方对另一方的排斥、统治以及边缘化。德里达的解构并不是二元结构的转换，而是对二元结构的颠覆。德里达认为转换只是树立了新的中心和权威，且仍然停留在二元论结构内，而解构要做的是拆解后的重新思考。显而易见，解构形而上学并不是要摧毁形而上学，而是建立对传统哲学新的视角和解释，因为德里达对传统形而上学本原问题的质疑，实际上是对本原或者形而上学可能性的解构。在西方传统形而上学中，本原的同一性、完满性和在场性是其无须思考的前提，差异、缺陷和非在场均外在于本原，德里达的解构就是要思考这个前提的可能性。德里达解构初期并没有直接讨论当代社会的政治、伦理问题，但解构策略的阐释过程中或多或少散播着德里达的政治伦理内容，这使得他后来从上述形而上学根源上对政治伦理思想进行了独特的反思。所以，从早期对延异思想的论述中，从他对文字、文本的阐释中，都可以看到他对政治、伦理问题的关切。

首先，他用文字颠覆语音中心主义，德里达解构初期的重要主题就是声音的特权。德里达对于文字的解构并不是在语言学的意义上进行的，而是在哲学层面上展开的，是基于存在论角度解构文字。从《书写与差异》开始，德里达就反复探讨文字问题，而《论文字学》一书则全面展现了德里达对文字的解构。德里达考察索绪尔在《普通语言学教程》中对文字的压抑，是结合柏拉图为源头的类似的文字观。柏拉图在《裴德诺》中表达过写作会对心灵在逻各斯中的呈现造成掩盖，而索绪尔则直接将文字外在于语言。索绪尔认为从语言的本质上来说，文字与语言（langue）无关，言语（parole）才是语言学（linguistique）

的核心①。索绪尔将文字看作言语的形象表达，认为文字从外部入侵了语言，是对语言的中断。在德里达看来，索绪尔给文字以道德色彩和等级划分，即文字似乎是败坏的、边缘的。德里达说："与表音-拼音文字相联系的语言系统是产生逻各斯中心主义的形而上学的系统，而这种形而上学将存在的意义定义为在场，这种逻各斯中心主义，这个充分演说的时代，始终给对文字的起源与地位的所有自由思考，给整个文字学加上括号，对它们存而不论，并因为一些根本原因对它们进行抑制……"② 他要"表明文字的暴力为什么没有降临到无辜语言的头上"③，文字的暴力是对索绪尔的反讽，文字的这种暴力是因为文字与语言从一开始就发生关系，这种关系被德里达表述为"正当性的意义出现在神话般的轮回效果中"，也就是说语言具有正义的优先性，文字只是在不断地入侵语言的轮回中。这里所提及的"暴力""正义"问题以及对文字给予的伦理色彩与后期德里达政治伦理思想中的"暴力"和"正义"自然不是同一概念，但由此也能看出在其早期涉足文字经验时，已经触及一些政治哲学相关的主题。而且对于索绪尔的普通语言学中突出语音、压抑文字的论述，德里达将其解释为欧洲人种中心主义在作祟，说明在其哲学指向上还是会包含政治、伦理问题。

其次，在抬高文字位置后，德里达又对在场性的文字进行了解构。德里达仍然将问题投掷到西方传统形而上学历史中，自古希腊以来就将文字服务语言的技术性与逻各斯中心主义联系在一起。在场的真理原本与语言联系在一起，而现在成为文字与在场真理的结合，能指层面的文字与所指结合，文字成为能指，成为逻各斯的在场。德里达质疑的是，将文字替换言语的做法实质是树立了又一个中心，是在语音中心主义结构下将文字与逻各斯结合。德里达称之为"文字的暴力"，他要思考言

---

① 在索绪尔看来 langue 指社会成员共有的语法体系，parole 指说话人对语言的具体使用，linguistique 指以言语为研究对象的学科。
② 德里达. 论文字学 [M]. 汪堂家，译. 上海：上海译文出版社，2005：59.
③ 德里达. 论文字学 [M]. 汪堂家，译. 上海：上海译文出版社，2005：50.

语中的文字，确认言语的分延和缺席，"没有他人的在场就没有伦理学，因而没有缺席、异化、迂回、分延、文字，同样也没有伦理学。原始文字是道德的起源，也是不道德的起源"①。德里达要注意的正是这种膨胀的文字学，他还分析了列维·斯特劳斯在人类学层面提升文字学的地位，以此来颠覆欧洲人种中心主义。这一时期的德里达指出逻各斯中心主义、语音中心主义与欧洲中心主义之间有着某种必然联系。虽然当时的德里达并没有对这一层面展开论述，但为后期的解构思考留下一个思考点。

再次，在文字解构的同时进行文本解构的实践。德里达的文本解构依然是在文本差异中的解构，文本在存在中刻写延异，但差异又不仅仅局限于文本。如上所述，德里达的解构很长时间被认为是封闭在文本世界之内，是远离社会现实的，以致后来德里达撰写了关于伦理、政治领域的著作，也给人以解构发生转向的错觉。20世纪70年代初，在《哲学边缘》中，德里达强调了由于背景的复杂多变以及语言对背景的脱离，而导致的文本意义的不确定性。这一解释框架也与解构策略一样实施在《马克思的幽灵》《法的力量》等政治作品中。实际上，德里达多次表达过文本或者语境概念并不排除现实世界，并且以他者为参照，德里达的文本是蕴含现实的、历史的、社会的结构。德里达在对文本解构的过程中，始终有一个外在于文本的他者。所以，德里达并不是局限在文本内，或者将一切文本化，他的解构包含着对文本以外的世界的关注。他没有将政治、伦理、社会、历史等局限于文本之间，而在他者的参照下，文本被看作现实的社会制度的结构，对文本的解构就是对现实机制的解构。解构在质疑传统形而上学时就包含对相关政治、伦理概念的批判。因此，德里达说："解构决不限于文本的内容，所以它不可能与政治-制度不相干；应该说，它是从一个新的角度来研究责任感，是对内在与伦理和政治的种种法则之质疑。对某些人来说这可能太政治化

---

① 德里达.论文字学 ［M］.汪堂家，译.上海：上海译文出版社，2005：204.

了，而对于那些只认同于现行政治的人来说似乎是难以想象的。"①

哲学思想从广义上考察，总是指向政治、伦理的。它们之间也许是一种直接的关涉，也许是间接的隐含。这并不是说哲学最终是政治伦理的，但在哲学的思考维度中有着不同程度的政治伦理意蕴。面对在场化、同一化、对象化的传统形而上学对差异与替补力量的抑制，德里达通过引入时间从本质上动摇了思维与存在的同一性。德里达的延异是时间上的延宕和空间上的分延，他要统一时间与空间、历时与共时，把海德格尔的此在思想、索绪尔结构主义的预设的结构中心等，进行彻底的解构与颠覆，使差异与不确定性重新回到哲学视野。事物自身的异质性是一切事物变化的前提，这是事物生命力和多样化的可能，否定异质性将走向灭亡。正是这种不可还原的异质性，使延异指向他者，构成了理解德里达政治伦理思想的基本视域。因此，德里达的延异策略延伸至不在场的绝对他者、未经现在的绝对过去以及即将来临的绝对未来，同样，也延伸至生活世界的政治、伦理领域。在异质性的他者视域下，德里达对自己延异思想的解释加入了政治伦理意蕴，这并非偶然。无论就解构产生的现实背景还是其致思取向而言，政治伦理都是内在于解构的。因此，可以说"解构批判最终是一场'政治'实践"②。

二、政治伦理问题的提出

宽泛地说，德里达思想相继遇到两个重要问题，一个是解构问题的提出，一个是政治伦理问题的提出。后一个问题是在前一个问题基础上提出的，所以本章前两节介绍了德里达的解构论思想。第一个问题之所以提出，是因为作为传统形而上学的基础，本体论思想往往强调存在而遗忘了他者的存在，偏爱同一性以致抹去同一之中的差异。在这一思考维度中，各种可能性已经达到极限了，没有新问题可以进一步思考了。

---

① 欧阳英. 走进西方政治哲学 ［M］. 北京：中央编译出版社，2006：401.
② 伊格尔顿. 二十世纪西方文学理论 ［M］. 伍晓明，译. 西安：陕西师范大学出版社，1986：185.

它从思维与存在的同一性出发，用对立统一的二元结构解释外部世界，纷繁多样的事物被归纳为善与恶、必然与偶然等对立的两方面，概念已经被既定地给出了，接下来的思考就可以简单地将事物与概念对标即可。如果不引入新维度，我们做再多努力都只是在利用语言来解释概念，但语言是有界限的，所想与所说之间并不能完全统一。身体感受和语言表达是两种本质不同的信息媒介，这种巨大差异是根本性的，后者无法如实地表达前者，也就是二者不能强行统一。无法言说看似只是一种神秘性，却是真正的新问题。

要谈新问题，就要引入新的思考维度。德里达的第一个问题就是解构同一性，搭建新的思想平台。他引入了时间，这就导致架构思想坐标的时间观念在德里达这里区别于线性的、单向的传统时间。时间的发展同思想的发展一样不断出现岔口，时间是被切断的、分成小块的，即空间化的时间，这样的时间是即将来临的、引发混乱的，因此这种阻断的时间性揭示了差异。这是不同于同一的差异，是本体论之外的差异，或者叫延异。延异指向独特存在的他者，因此，在我与他者关系上，如此差异化导致他者也不能被自我同一。延异进入生活世界后开始以异质性的他者为基本视域，从而展开对政治伦理层面的思考。

生活世界中，原本基于存在论思维提出的敌人朋友、自由民主等宏大表述来解决具体问题时，总是不尽如人意，甚至会走向悲剧。虽然它字面上清晰明确，但不符合事实。所以，不可否认，本体论的形式思维、概念思维在科学领域是有自身价值的，但在解决现实世界和人性本身的问题时就值得怀疑了。德里达在第一个问题中形成的新的思考维度和思想平台中展开了对现代政治的解构，但拆解一切的解构在政治伦理中遇到了自己的界限。也就是解构遇到了不可解构的东西，解构出现了新的问题。

这个新的问题就蕴含在政治伦理当中，也是德里达思想遇到的第二个问题。既然指称不能完全确切地指代事物，解构的差异维度在现实世界中就如同政治和伦理两个互相区分的方面。延异境地的不确定性使得政治伦理层面出现不可能的、不可解释的东西，它对抗着科学定义的现代政治。这个新问题成为德里达关注的焦点，也为理解后来的友爱政治、幽灵政治中"即将来临的民主""不可解构的正义""无条件的好客"等问题的基本思路奠定了基础。

这一问题的提出是否意味着解构彻底转向了？如前文所述，从早期的解构策略到时间观念都隐含着一种政治伦理的意蕴。从某种意义上说，德里达的解构时间观和他者伦理是并行不悖的两条重要线索，它们时而平时推进，时而交叉互相论证。德里达将时间视为即将来临的东西、不可预期的他者，具有一种他者伦理内涵。所以，德里达在对待历史的态度上，非常鲜明地反对政治上的末世说和历史终结论，这种抽象的、同一的、封闭的历史观以及具有中心论、等级观的传统历史观念正是将他者排除在外的时间观念。因此，德里达反对抽象、同一的历史终结论，肯定历史的多元化、多样性来对抗这样的决定论历史观。此外，解构的时间观念也体现在德里达的政治思想中，它也成为理解政治伦理思想的一个贯穿性的解构思路。德里达对在场的现在的中心地位的反对，对线性的、确定性的时间观念的反叛投射到伦理、政治场域，引起了对二元结构下的男性中心论、西方理性中心思想的批判实践。德里达边缘入手的政治论述正是面向他者的时间观念的渗透，也是解构的伦理、政治责任。换句话说，解构在政治伦理中遇到的新东西，也成为解构的资源和前提，"它一路伴随着解构的步伐，只是从未被意识到而已"①。因此，政治伦理问题是其解构思想的延伸和水到渠成的思想表达。即使德里达后期论述主要围绕政治问题，也是解构思想的一以贯之而并非其哲学思想的彻底转向。当我们思索德里达的全部哲思时，更应该同他的政治伦理一并洞悉解构主义。

我们关注德里达思想的政治伦理问题，一定会问，是什么激发了他对伦理和政治的关注？有一种错误的做法就是对德里达的思想进行分

① 方向红.幽灵之舞［M］.南京：江苏人民出版社，2009：11.

类，这种分类的做法很容易排除德里达思想中最关键的东西。即便是在解构理论初期，德里达极为重视的就是找到被排除在外的东西，作为他者的东西。他者不一定是他人，事物、概念都有可能。对政治伦理问题的关注是德里达对他者的进一步回应。也就是说，他者成为触发德里达政治伦理思考的原点。

本章小结

　　解构的时间观念指向未来以及即将来临的他者，他者的不确定性和不可预计让我们看到存在的差异。德里达时间概念自然是受到了胡塞尔、海德格尔的启发，但他试图超越这一概念。他力求将差异置于存在论之外，思想的未来就在于有新的思考维度，他者和时间的引入搭建了这样一个思想平台。形而上学已经穷尽的话题在这一平台展现出新的问题，德里达的解构策略也好、时间观念也好，并不是要彻底否定传统哲学，而是就哲学义展开新的问题和新的解释。解构的延异、踪迹、替补等核心策略体现着这种时间观念，同时这些策略也关涉着政治、伦理意义。

　　当然，哲学是一个时代的思想，解构即便在理论之初也具有一些政治伦理倾向。20世纪中叶开始，世界政治局势发生了巨大的震荡，伴随着一系列社会政治事件的是思想界的迅速发展。德里达早在对现象学的讨论过程中，就结合当时的时代之思显现出政治伦理的指向，推翻中心主义、模糊文本意义成为后来政治伦理的思想框架。解构早期的政治伦理意蕴延伸至现实政治领域，而德里达的政治伦理思想也以解构的时间逻辑和思想策略为基础。

　　这样看来，延异策略到他者伦理逻辑上是顺理成章的，解构彻底转变的质疑也随之平息。我们今天谈论德里达研究方向并不仅仅是主题或内容的问题，而是其思想的开阔性和文本的变革能力。对政治伦理的研究以及解构自身的研究不仅是因为它提供了批判的范式，还提供了一种思维形式和思考平台，新事物可以由此产生，既有的情况不断被改变，给予一种思考未来的能力。德里达之所以能提出新问题就在于他对边缘化、受压抑的东西的重视，尤其是对他者的关注，成为激发其政治伦理思考的基点。他者是如何登场的？拆解一切真理概念的延异在他者伦理领域是否还能无限解构一切伦理概念呢？他者伦理思想与德里达的政治思想是如何联结的？

第三章

解构政治的他者伦理纽带

自古希腊以来的传统西方哲学中一直存在他者，只不过一般被作为边缘化问题处理。进入 20 世纪，这一概念更为思想文化领域所关注。从原本现象学的一个哲学范畴到弗洛伊德心理学的重要要素，再到萨特存在论中的"他人与我要么冲突要么共在"，到后结构主义的福柯在反主体性的原则下得出"他人是绝对的他者"，消除了人的共同性。由思想历程上看，思想总会分叉，由于进入不同的空间小块使得思想事件不能形成线性发展。这在海德格尔看来就是"出神"（extase），类似于康德"超越"概念。之所以强调时间、空间上的不同一就是强调差异性，这种智力无法企及的思想事件犹如康德所说的自在之物一般。这些也是他者概念出现的思想背景[①]。由此，他者逐渐成为人文学科、文化研究的重要方面。

对他者的关注，就是对差异的关注，但德里达的他者概念的发展在初期并没有指向伦理领域。在任何社会纽带、任何文字、任何语言之前，在一个没有方向、道路、路径的荒芜地带，一个空旷的、原始的、甚至比原始更原始的地方，他者的启示的可能性打开了。这个看不见的他者一直作为一个沉默的朋友存在，一个强迫我们倾听、敞开心扉、敞开意义和归属感的朋友。我们必须尊重他、信任他、委身于他，接受他的见证。随着他者论述的发展，他者为解构带来了更多肯定性，它的伦

---

① 尚杰. 用形而上学语言否定形而上学［J］. 社会科学辑刊，2020：81-86.

理意义也更加突出。德里达的他者区别于勒维纳斯的绝对他者，将他者导向政治。德里达的政治哲学是关于作为他者的事件的，因此，面向他者的政治与作为一门科学的政治学有着本质的区别。原因在于科学是计算性思维，它限制了政治的可能性和视野，意味着事物的终结。因此，德里达的政治中蕴含着他者伦理，一种不可能的伦理。这不可能的伦理正是政治科学所解释不了的部分，德里达政治伦理概念就需要在这可能与不可能的绝境中去理解。

第一节　他者的来临

在西方思想史上，人类从获得自我意识开始，就一直在探索自身的主体。主体也一直作为古希腊以来的传统形而上学思考的主题，并作为一个在场的概念。德里达并不否定主体的概念，德里达质疑的是主体是如何登场的。同样，本节也想在梳理哲学史上的他者后，考察德里达的他者是如何如何进入德里达视域的，是怎样出来的，又是如何发挥作用的。我们首先厘清德里达思想中他者概念的发展，在其早期作品的阐述中寻找解构思想的他者面向，即解构朝向他者（vers l'autre）的层面；随着对解构策略的深入展开，发现解构的肯定性一面，也就是解构思想中为了他者（pour l'autre）的层面。即将来临的他者为解构打开了更为深广的维度，也为解构的伦理思考做了必要的准备。

一、他者的渊源：哲学史上的他者

早在古希腊时代，伊奥尼亚人就对非本族人他者化，他们建立了蛮族概念，形成与"自我"对立的"他者"。① 在古希腊哲学中也一直存有对自我的主体化追求。直到 17 世纪，笛卡尔将精神与物质区分为两

---

① 徐晓旭. 创造蛮族：古代希腊人建构他者新探［J］. 武汉大学学报（哲学社会科学版），2019，72（2）.

种不同的实体，尽管笛卡尔是要赋予理性主体的思考以确定存在，但他构建了主客体的二元对立结构。"我思故我在"① 的论题给出主体可以在通过理性征服客体、把握外部世界的规律的同时，也将外在于自我的客体他者化。笛卡尔将"自我"置于优势地位，他者被"我"吸纳进来，这种普遍性的主体观念屏蔽了他者的异质性因素。此后的哲学家如洛克等虽有提及他者问题，但并没有对他者概念进行专门的论述。

他者概念真正以主题化方式出现还是在黑格尔哲学中，黑格尔通过"主奴辩证法"论证了自我与他者的辩证关系。奴隶主与奴隶之间存在着差异和对立的关系，虽然奴隶主迫使奴隶为其劳动，处于支配地位，但是奴隶的劳动在满足奴隶主的同时又创造着世界，实现了自己，而奴隶主只能通过奴隶的承认完成自我实现。因此，与胡塞尔以我思作为自我存在之依据不同，黑格尔是以他者的承认作为自我意识形成的前提条件。他指出："自我意识是自在且自为的，其原因和前提在于，它作为一个他者的对象自在且自为地存在着。"② 这也可理解为，没有他者的存在，我们无法认识自己。黑格尔对他者概念的思考，为之前强调主体的哲学传统注入了新的视角，但他仍然是以他者存在来确立自我的优势地位，差异的他者最终还是归于同一的自我。

对于以上主客体二分的意识哲学，胡塞尔展开了他的批判。关于意识形成的问题，胡塞尔认为主体与客体缺一不可，甚至指出意识本身就包含作为认识对象的客体，但这并不等于将一切外部世界归于意识本身。只是主体与客体不可区分，这样他者的存在就成为返回先验主体的方法。因为在胡塞尔看来，个体对世界的认识与他人对世界的认识彼此关联、密不可分。在意识的形成过程中，个体必然会与他者相遇，自我如何把握他者的意识，又如何区别于他者的意识？听话者不能完全接收说话者的意向性，一个主体的生命经验无法完全传递给另一主体，这便是胡塞尔的主体间性问题。胡塞尔的他者问题有力地质疑了理性主体思

① 笛卡尔．方法谈 [M]．王太庆，译．北京：商务印书馆，2000：27.
② 黑格尔．精神现象学 [M]．先刚，译．北京：人民出版社，2016：118.

想，不仅拓宽了现象学研究领域，也为后来西方哲学中的他者之思做出了巨大贡献。

尽管他者概念在西方哲学史中有着较为深厚的渊源，但他者并不能算作一个重要主题，而在当代法国哲学中，他者可谓是一个关键词。这是由于20世纪后半叶的法国哲学走出了一条异域之路，在生活世界和身体感受中逐渐凸显他者。这就好像同样是谈论存在，萨特却走出了一条异于胡塞尔、海德格尔的道路。萨特认为胡塞尔对他者的处理在一定程度上抹去了他者，而萨特则是通过切实的身体感受讨论他者。萨特认为人的视觉感官可以统辖周围环境，但与此同时也会感受到来自他人的同样居高临下的凝视，于是我成为他人的对象，在他人的评价、批判中思考自我，他人参与了自我意识的形成。萨特强调在他者面前的羞耻感，也是为了论述他者在自我构建中的重要性。他认为羞耻的原初结构应该是在他人面前感到羞耻，自我成为在他者面前呈现的他人，也就是作为主体的自我切换成作为对象的自我。自我在通过凝视获得主体统摄感的同时也通过来自他者的凝视而获得存在感，因此他者的存在完整了自我对世界的认识。由于凝视的掌控感，在凝视者与被凝视者的二元结构中，自我与他者处于一种互相凝视的权利斗争中。因此，人的本质是后天形成的，人最初没有善恶之分，而是在他者的参与下人进入自己的人生。萨特的他者还有一定程度上的伦理意蕴。

将他者问题彻底转化为伦理主题的还是勒维纳斯，尽管勒维纳斯深受胡塞尔和海德格尔的影响，但他看到存在对存在者的统治，并对他者展开更为激进的思考，使他者获得一种极端的伦理解释，即对绝对他者的伦理责任。勒维纳斯以面孔呈现的他者超越了萨特对他者的凝视，他认为凝视"是认识，是知觉"①，对于不可知的他者，呈现的面孔也是不可还原的。勒维纳斯要超越现象学认识论和现象学存在论。勒维纳斯认为从现象学存在主义的角度看，他者或上帝虽然不能算作对象但还是

---

① 杨大春. 他者与他性［J］. 浙江学刊，2001（2）.

经验意义的存在。通过对无本原或非本原（anarche）的思考，勒维纳斯呈现了一个完全外在于自我的，且是我不可知的、无法把握的他者。他者的这种异质性和不可化约性产生了一种神秘性，自我同时会感到他人对我的权威和威胁，因此，自我产生一种控制他者甚至使他者归为无的冲动。他者成为我最想让其灭亡的东西，但恰恰从这一本原意义出发，"不可杀人"是我与他者的本源关系，勒维纳斯认为这是最为本质意义上的伦理。

他者在确立了伦理内容后，又进入了政治领域。微观政治哲学始创者福柯以他者视域挑战了世界政治语法，他通过话语和权力与他者的关系展开了对主权和生命政治的探讨，从而消解了西方哲学传统中强调的主体性。福柯的话语具有决定说什么、怎么说的权力，并且塑造了人的价值取向、行为方式、思想认知。也就是说人并非如其表现的那样自主，权力话语将价值、信仰等强加于人。这种权利话语的实施并非依靠国家暴力，而是通过科技、知识、方法形成对人的规训。人成为权力的他者，人的意志不应该为某种权力话语所控制，人的存在历史并不是规划好的，人应该追求别样的生活。但福柯以人的规训、人的掌控所开拓的狭义生命政治并没有削弱主权的实际存在。

从古希腊哲学到现代哲学对主体的探讨一直是主导性的，而当代哲学家所关注的他者并非主体排除在外的多余或者异于主体的另类，而是拓展了对自我或主体理解的深度，从某种程度上说，他者更好地诠释了主体的存在。相较于形而上学思想中主体的明确界定和体系化逻辑，他者概念看起来是模糊的、不易把握的，但20世纪后期的法国哲学倾向于这种异质性的特征。我们追溯他者概念的发展历程，也是为同样主张差异的德里达的他者之思以及相关问题做铺垫。德里达的他者思考从胡塞尔开始由勒维纳斯转入伦理经他自己的发展成为政治伦理的重要思考维度。

二、他者的准备：向他者敞开

德里达的他者概念并非局限于伦理范畴内，如果将解构的他者问题理解为伦理问题，就如同将尼采的疯狂放到伦理意义上理解一样有些本末倒置了。正如米勒（J. Hillis Miller）所说，"在德里达的全部著作中，'他者'的概念是最重要的，即使有时是使用不同的称谓或者采取不同的方式——比如'延异'"①。20 世纪 60 年代德里达早期奠定解构理论基础的几部著作中就已经涉及他者问题，但这时他者并非在伦理意义上展开，而是在解构理论论述过程中逐渐引出他者概念。20 世纪 70 年代在对哲学与文学界限的讨论中，尤其是《哲学的边缘》一书，名为《签名、事件、背景》②的文章在事件问题上阐发了他者立场，并且显示了德里达的政治伦理指涉。20 世纪 80 年代，伴随着对海德格尔问题的思索，在《论精神》一书中，展开了他本人也认为"令人眩晕，又深不可测"③的他者的讨论。

德里达在索绪尔的语言问题框架内发展了差异性问题，他认为即便是口头语言也不能完全传达思想，语言本就是一个差异系统，能指与所指之间并不是对应的必然联系，所以人不能完全展现自己。正如上一章所述，不存在超验的、终极的所指。因此，对符号、结构存在两种解释，一种解释是以在场的形而上学的角度，因对真理或起源的执着，而把游戏看作试图破译或找出游戏和真理的源头，作为解释存在的必要条件；另一种解释是从游戏出发，放弃起源，它肯定游戏对存在的优先性，试图超越"那个叫作人的存在，而这个存在在整个形而上学或者存有神学的历史中梦想着圆满在场"④，不是从存在出发去思考人的认识活动，而是从游戏的可能性去反思人的认知系统。德里达认为这是一种放弃源头、放弃真理、积极提供自身的符号世界的肯定，这是一种尼采式的肯定。解构放弃了对起源的追溯，打破了为批判形而上学而重新

---

① MILLER J H. Derrida's Others, see Jacques Derrida: the Critical Assessments of Leading Philosophers [M]. London: Routledge, 2002, 3: 325.

② DERRIDA J. Marges de la philosophie [M]. Paris: Seuil, 1967: 365.

③ 德里达. 论精神 [M]. 朱刚，译. 上海：上海译文出版社，2014: 183.

④ 德里达. 书写与差异 [M]. 张宁，译. 北京：生活·读书·新知三联书店，2001: 524.

陷入形而上学的循环。这种系统的差异游戏指涉着他者，这就是作为延异的游戏，也可以说延异就是游戏，而游戏作为一种概念过程无法称为某一概念，德里达在这一层面上指出延异并不是一个词或概念。概念也就只能看作一种效果而不能作为起源，因此德里达说起源一词并不适合延异了。德里达认为这个既不是概念，也不是词语，更不是起源的延异对于认识他者问题尤为重要。放弃形而上学的起源、本原才能有他者出现的可能性。

从索绪尔的差异到德里达的延异，异质性和他性获得了承认。而作为非概念的概念、非词语的词语的延异所引发的差异游戏是如何而来的呢？德里达对延异的这番解释是力求摆脱形而上学的固定结构的语法。为使在场成为延异的效果，德里达提出了踪迹策略，将踪迹与延异一同引入差异体系之中。作为延异的踪迹暗示着一种悖论，踪迹应该是某个不在场的本原的踪迹，我们不能居有不在场的本原，或让其重新在场。因而不在场的本原即为他者，不可被居有、不可同一的他者；踪迹又是指向本原并确定本原的东西。因此，如上文踪迹策略所述，在场者包含着过去不在场者的在场，这样与不在场者的关系就指向了他性问题。传统形而上学的本原论、在场原则的排他性使其从根本上压制异己。德里达的延异、踪迹等重要概念就是从本原处发现异质性因素进而颠覆形而上学的同一性、在场性。为此，他在《论精神》中提出本原处的异质（hétérogène à l'origine），即本原中具有异质因素，因而本原不再同一，必须向他者敞开。

他者的异质与不确定影响了概念的真理。在《哲学的边缘》中关于事件问题的讨论更突出了他者的这一特性，事件作为他者，是不确定的、不可预计的。当一定要给某事物一个真理性概念时，基本就否定了这一概念不可预期的未来，也就走向概念的反面。"解构并不在于从一个概念传递到另一个概念，而是在于颠倒和置换一种概念秩序以及它所表达的非概念秩序。"① 解构在思考他者视域下，通过双重姿态、双重写作呈现概念，解构本身没有形而上学的概念。

德里达对书写、语言的哲学讨论到哲学与文学边界的反思，都隐含着对他者的考虑。德里达非常重视哲学与文学间的关系问题，他的著作中关于文学的探讨是重要的一部分。德里达一反传统哲学的至尊地位，并没有对文学进行哲学式分析，而是对哲学进行文学性阅读。德里达主要阅读的还是哲学作品，他通过消解哲学与文学的界限阐发一种新的文本认识，在有些学者看来解构思想在这一阶段也由哲学思辨向文论批评实践过渡。德里达实际上还是想建立哲学与文学的平等，颠覆传统哲学所预设的声音之于文字的优势。如同德里达在提高了文字地位后又解构了文字一样，在消除了哲学与文学的不平等后，德里达又指出文学作为一种近代发明所具有的特殊性、权威性的现象。文学的形态接近于一种社会建制，将"文学"定位为一种近代的发明。德里达曾指出："文学性不是一种自然本质，不是文本的内在物。它是对于文本的一种意向关系的相关物，这种意向关系作为一种成分或者意向的层面而自成一体，是对传统的或者制度的——总之社会性法则比较含蓄的意识。"② 对德里达而言，文学的近代化是社会制度与哲学历史等共同作用的结果，文学与哲学都是西方文明的产物。德里达寻求提升他者的异质文化地位，他从古代史诗入手，并区分了近代文学作品与古代文学作品。如古诗等一直是口头的，并不完全依赖书写，也并不一定需要作者署名，有些古诗流传下来但不一定知道作者究竟是谁。作为近代文明体制的产物，人作为个体是绝对的，我的写作即我的作品，是不可能没有作者的。近代主体性带给我们的执念迫使我们要求作者的确定性、文本意义的确定性，但我们口口相传的一些古代史诗显然不符合近代发明的文学规定。如何看待文学作品？德里达认为不应该将文学作品看作我或者说近代发明的主体的创造，而是由他者给予的赠礼，作品或者文本首先应该面向

---

① DERRIDA J. Marges de la philosophie [M]. Paris：Minuit, 1972：393.

② 德里达. 文学行动 [M]. 赵卫国，译. 北京：中国社会科学出版社, 1998：11.

那个陌生的他者、那个未来的他者。也就是说，文学乃至哲学都不再有主体，也不再强调主体自身的同一性，而仅仅是面对他者的非同一性与不确定性。因此，对于事物界定也好，概念呈现也好，文学或者哲学首先应该面向他者（vers l'autre）。

三、他者的发现：解构的肯定性基础

经过上述德里达对本原的拆解、对中心的排斥，以颠覆西方语音中心主义打开被压抑的他者维度。但解构并不意味着否定、摧毁，从某种意义上说解构可以是肯定的。德里达曾解释道"解构不是一种以否定性甚至本质上以批评……为标志的过程或计划。解构首先是对原始的'是'（Oui）的再确认"①。解构并不是要摧毁传统哲学，而是重新解释哲学，仍然是一种强调边缘、提升他者的新的哲学思考。而哲学本身也没有拒绝过对边缘问题的思考，但它是以自身立场按照一切可能的形态构想、预设边缘，将边缘吸纳进来并加以主宰。哲学将边缘占为己有，不会让这种他性外在于自身。它立足于此来思考它的他者，即那种限制它、异质于它并为它自身所扬弃的东西。这是解构与传统哲学在对待边缘/他者的区别。所以德里达也一再强调"解构不是'否定'这样一个事实。它是一种肯定，一种投入，也是一种承诺"②。

解构的肯定之处是什么呢？解构显然不会肯定传统形而上学的本原或者中心，但德里达以一种悖论的、替补的、踪迹的方式述说一种非本原的本原、非中心的中心。像上文所述的，在向他者敞开后，解构进一步强调了对自我内在的他者性和外在的他者性的肯定。德里达在其早期作品中的一些问题的讨论都涉及对他者的强调。对语音中心主义就以此种方式进行解构，他以汉字作为西方语音中心的异质文化，象形文字的异己性反而成为西方语音体系明晰自身的参照。自柏拉图以来的西方传统哲学中，一方面语音需要外在的文字书写记录，另一方面人们又担心

① 杜小真，张宁. 德里达中国讲演录［M］. 北京：中央编译出版社，2003：219.
② 德里达. 书写与差异［M］. 张宁，译. 上海：三联书店，2001：16.

书写文字会破坏记忆。德里达以异质文化来处理声音与书写文字的关系，但异质的他者并不是为确立主体的本质而存在的，因为他者并不是与主体相对立的客体而存在的。他者如柏拉图所说的"药"，是我们上面所说的替补、痕迹，也如同米勒所说的他者就是延异。另外，对于在场本原的缺席，德里达通过踪迹颠覆了在场的符号运动，他认为"符号的'无目的性'需要一种综合，通过这种综合，全然差异的他者显现在他的异在中——没有任何单纯性、同一性、相似性或连续性"①。他在指出索绪尔形而上学的综合问题的同时展示了形而上学自身的解构，在这种综合中，他者在异在中呈现。在者并不是在者自身，而是他者，一切都是他者的踪迹。非本原的本原、非在场的在场，关于这些问题的处理都指向他者。

解构的肯定性在于对每一次发现每一个独特他者的肯定，它肯定自身的他异性以及外在于自身的他异性。在德里达看来，解构不是否定，哲学也没有终结，传统形而上学围绕的本原应该打开这个封闭的循环，去发现他者。自我在发现他者的过程中看到自身性，心灵作为他者的发明也在此过程中拥有了自身感发，就这一层面而言，也可以说因为他者所以自我，但"不是传统的自身感发（auto-affection）的保持，而是先有它异感发（hetero-affection）才有自身感发的同一性感受"②。那么作为近代发明的文学，以作者或主体为中心的理解就是值得怀疑的，所以出现作者已死、主体已死，文本意义才有了更多的可能。德里达破除了文本意义的单一性、文本作者的权威，文本的他者为文本带来更多意义。德里达的表述带有独特的否定风格，但他将否定和拒绝与肯定联合，不破不立，立就在破的过程中。肯定性的内涵与解构的立场似乎并不相容，但德里达继承了海德格尔在追问前的应允与肯定，在无法占有本原的前提下去应允它，这样的应答也是解构对本原的本源的肯定，而本原处的差异指向期待的他者，进而解构的肯定意义是在他者层面、未

---

① 德里达. 论文字学［M］. 汪堂家，译. 上海：上海译文出版社，2005：64.
② 夏可君. 德里达的解构-他者的发现与不可能的解构［J］. 艺术当代，2012，9.

来层面上展开的。解构是不断发现新的他者并肯定他者，这种肯定性在解构后期进入政治伦理领域时有着更强的显现。那是一种对不可预期的他者的肯定，也是德里达所说的为了他者（pour l'autre）。

在对德里达早期思想中他者概念的梳理以及解构策略的进一步深探过程中，我们发现解构所包含的朝向他者（vers l'autre）和为了他者（pour l'autre）的层面。这不仅为我们打开了对解构的新认识，也为解构本身的政治伦理思考做了重要的铺垫，正是解构的他者面向，解构打开了封闭的认识结构，在朝向他者、为了他者的过程中，自然还要被他者召唤（appellé par l'autre），进入解构的政治伦理思考。

第二节　他者的伦理之思

同样具有他者身份的阿尔及利亚人（德里达）和立陶宛人（勒维纳斯），在思想上有着深入交流和激烈碰撞。一般来说，他者伦理问题被认为是将二者联系最紧密的主题，由于相同的批判立场，勒维纳斯对德里达有着深刻的影响，也是同样原因，勒维纳斯对于这位小他 25 岁的青年学者的批判做了部分的采纳。在《暴力与形而上学》一文中，德里达向勒维纳斯提出了一系列设问，这样的设问其实就是一种批判。暴力即为抹去一切差异，将独特的东西普遍化。语言的界限让德里达看到语言的暴力，勒维纳斯也不得不承认这一点。同样是他者一词，二人却有着不同的解读。在对抗形而上学的同一性上，他们强调差异，正是对差异的强调让他们更加关注他者，他们走向异于同一性思维的思想场域，各自主张的他者在这里相遇。但最终走向不同道路，解构的他者既不是希腊人也不是犹太人，它是希腊人和犹太人中的他者。德里达将对他者的伦理责任带进社会生活领域，就成为一种政治伦理的反思。而他者的可能与不可能性，则成为理解德里达政治伦理的关键点。

一、他者的出场：与勒维纳斯的他者相遇

德里达经常与主流思想拉开距离的哲学家有着某种共鸣，他最为感兴趣的便是勒维纳斯。由于勒维纳斯对总体性、同一性的批判，对本体论、理性主义认识论的质疑与德里达反逻各斯中心主义颇为契合，所以德里达在早期文章《暴力与形而上》中就大篇幅地评析了勒维纳斯的他者思想。在德里达众多的思想资源中，与勒维纳斯的联系极为紧密，尽管他质疑勒维纳斯思想的形而上学性质，但德里达本人都未意识到他后期思想甚至表现为泛勒维纳斯主义。因此，有必要交代勒维纳斯的"超在"到"他者"的思想过程以及死亡和时间问题，这尤其关系到德里达政治伦理思想的基础。

1951年勒维纳斯提出"存在论是基础吗"这一问题意识，1961年在他发表的《总体与无限》中清晰地表达了对存在的超越以及伦理学是第一哲学的立场。勒维纳斯赞同海德格尔对传统西方哲学的批判，他认为西方哲学传统对同一性的诉求、对整体性的强调，使其忽视了存在问题。勒维纳斯对海德格尔的"存在论差异"有着强烈的兴趣，他指出海德格尔通过此在的在世显现出作为存在的存在，区分了存在者与存在者的存在，赋予了存在动词意义。海德格尔通过此在或者人的理解来呈现存在，成为勒维纳斯哲学的出发点，但勒维纳斯对此有着有别于海德格尔的看法。"存在这个动词，远在任何明确的本体论之前，已经被众人所领会。"① 因此，他又展开了对海德格尔的批判与超越，他发现了存在对存在者的压抑，他希望逃避存在、超越存在，通向存在之外的无限，如他所说的，"无限的观念就是存在的方式—无限的无限化"②。

成为异于存在或者超在后，超在又逃到哪里呢？勒维纳斯认为它必然逃向"他者"，勒维纳斯所说的超在"它不是对通常理解的存在的超

---

① 勒维纳斯.上帝、死亡和时间［M］.余中先，译.北京：生活、读书、新知三联书店，1997：22.
② 勒维纳斯.总体与无限［M］.朱刚，译.北京：北京大学出版社，2016：12.

越，而是完全不同于那种存在的东西。……这样的东西不是别的，只能是显现为个体存在'面孔'的他者"①。而"异于存在"或者"超在"是什么？"超在"在勒维纳斯那里并非简单的超越存在，也不是与存在对立，而是本体论之外的、超越本质的东西。勒维纳斯通过对死亡概念的解读来解释超在的他异性。死亡是我们无法体验的，因此是我们无法真正了解的、在我们认知之外的。但正如海德格尔所说，死亡是人最本真的存在，人与死亡有着必然的联系，勒维纳斯进一步指出人在逐渐接近死亡的同时有着对抗它的意志，但死亡以其强大的力量控制、超越人的意志。因此，死亡让人意识到在人之外的东西，即不同于存在和存在者的东西。这种东西就是他者，是他异性。在现实世界中就是呈现为个体存在者面孔的他人。不同于我的他人不能还原为我，也不能被我把握，这是他异性的体现。

　　那么他人与我如何发生关系？自我逃离存在又为何一定指向他者呢？如果像存在论意义上的，存在之物一定在，那么它需要某种形式呈现自己，一种外在的、可见的形式，这种形式使得存在显现为他者。勒维纳斯用面孔（face）作为存在得以显现的形式，也就是存在是以面孔形式显现为他人。面孔成为存在之根据，他者的存在的意义并非在于区别于一个存在者的存在，而是存在者存在的根据。异于存在成为存在的前提，自我逃离存在必然走向他者。但面孔除了这种存在论内容还有一种伦理学意义，面孔不仅是可见的表情，还是我们看不见的东西。勒维纳斯的绝对他者就是一种形而上学的伦理学，这一形而上学的核心就是勒维纳斯区别了他人与他者，并将他者地位提高到我之上。他人是具象的、可理解的、可统一的，他者以他人的面孔呈现的；他者是不可能的，它先于自我，自我无法接近他者，他者如同上帝一样代表着一种无限。他人仍然是在同一性中谈论的差异，而他者则是脱离同一性以外的异域。他者与我的关系是不对称的，"言说并不被理解为对话，而是作

---

① 江怡．"超在"的扩展：列维纳斯伦理学的政治哲学维度［J］．中国现象学与哲学评论，2008（1）．

为见证……在于他人的关系中，这一见证的范围是有意味的，它并不建立在一种先决的知识之上"①。他人是我所不是的，在我的知识之外，他人的他异性使自我对他人的理解与他人的要求、话语相关，我与他人的关系并不是融合的，而是一种面对面的关系（face à face）。在勒维纳斯看来，面孔具有伦理上的命令，因此具有一种权威，但不是法律或者暴力，因此面对面的关系是一种非暴力的关系。作为面孔的他人对我有一种伦理上的召唤，呈现给我面孔的人是希望与我交流的人，我要回应他（réponse），这是我对他的责任（responsabilité）。既为责任，是因为我要面对他人，面对以面孔呈现于我的他人。由异于存在到走向他者，勒维纳斯由存在论转向伦理学。

勒维纳斯希望彻底将他者的思考置于存在论之外，自我或者主体与他者的关系，不是主客体或者主体间关系，而是在主体内对他者敞开，并非单纯回应他者面孔的召唤，还要亲近他者，进一步说就是亲近自我，我们是通过他者清楚感受自己的，在勒维纳斯看来对他者的责任先于存在。自我的存在就是同他者一起感受苦难，甚至一同承担他者对自我的责任，勒维纳斯曾对死亡有过类似的阐释："我正是对他人之死负有责任，以致我也投入到死亡之中。"② 这一表述与德里达对死亡问题的讨论过程中所阐释的可能与不可能问题有着高度的契合。我对他者的责任包含更多一层我对他者的责任的责任。责任先于主体而存在，是由于我对他者的责任使我感受到自我，勒维纳斯将伦理学超越了存在论，也呈现了伦理的形而上学。他是将伦理学由方法论层面上推至第一哲学。勒维纳斯反对将一切放于存在论范畴内进行讨论，提出"超在"或者"异于存在"（autrement qu'être），并走向他者。前者是其伦理思想的重要基础，后者作为责任的源头直接导向了勒维纳斯的他者伦

---

① 勒维纳斯.上帝、死亡和时间［M］.余中先，译.生活、读书、新知三联书店，1997：232.
② 勒维纳斯.上帝、死亡和时间［M］.余中先，译.生活、读书、新知三联书店，1997：44.

理学。

我与他者的面对面的关系超越了有限之上，而被置于一种无限性之中，在与他者关系中，我能清楚地认识自己、摆脱混乱，免于陷入自我而走向无限。然而，在与他者的直接的、单向度的责任关系中，如果出现第三者，要如何回应他者的召唤？勒维纳斯认为第三者会带来正义和国家。从超在到他者，从存在论到伦理学，勒维纳斯似乎又走向对人类社会的反思，他者面孔所代表的权威、价值被等同于正义，我与他者的直接关系就是正义。与他者的关系不仅是我与不同于我的每一个体存在的社会关系，也是每个个体存在之间的社会关系。尽管勒维纳斯本人并没有在这一层面上走向政治现实，但他的思想还是涉及了社会正义的可能性问题。

在与他者的关系中，勒维纳斯开启了一种无限的伦理责任，也就是他进一步发展的无限好客的概念。好客在勒维纳斯看来是一种责任，这也令人联想到康德在《永久和平》中提到的友好概念，康德将友好或好客看作人来到陌生土地而不被敌视的权利，它以和平为条件。但在民族冲突严重、种族主义高涨的今天，康德建立在理性之上的友好和平似乎哪里出了问题。勒维纳斯从伦理学出发，重塑和平根基，在自然状态甚至"前始源状态"中寻找永久和平的起点。如果康德以理性为根基的和平是充满计算、交易且不稳定的，那么勒维纳斯则将和平的基础建立在他者之上。以异于存在的他者对自我主义进行着伦理的抵抗，即为伦理的抵抗，也就是非暴力、非强制的。这里可以追溯和平的另外一个基础，就是善。在勒维纳斯看来，基于他者的和平还依靠与他者相关的善。他认为我们与善的关系是被动的，在我选择善以前，善已经选择了我，善被排除在在场和表象之外。这就如同他人向我发出召唤，而我不能置若罔闻，这是我对他人的责任，这样的责任要求无条件的好客，无限好客才是为永久和平奠基，而非康德认为的和平是好客的条件。

德里达的思想究竟在哪里遇见了勒维纳斯的他者呢？德里达锐利地发现海德格尔对勒维纳斯具有极深的影响，使勒维纳斯无法全然走出存在论语言。不得不说德里达在勒维纳斯思想中具有重要分量，德里达与勒维纳斯的相遇扰乱了最初激发他思考的伦理要求。勒维纳斯后期接受了德里达指出的一些哲学思考。勒维纳斯力求将讨论的平台带离存在论范围，向无限的绝对他者的敞开域成为他思想的基地。我认为德里达就是在一种异域中与勒维纳斯的他者相遇，"什么是与绝对他者相遇呢？那既不是再现也非限制，更非与同一概念的关系。我与他不允许某种关系概念凌驾于其上，也不允许被某种关系概念整合"①。德里达与勒维纳斯相遇的异域是不同于存在意义上讲的，是存在论立场之外的思考平台。思维与存在同一性是一种传统本体论思维方式，这种同一性不是异域的问题，异域中的他者一定是在存在论之外的思考。

尽管与勒维纳斯的他者相遇，德里达还是走出了岔路，他在《暴力与形而上学》中仍然对勒维纳斯思想提出了挑战，尽管勒维纳斯在希腊传统、同一性思维中要脱离存在论走向他者，但他如何能够从形而上学的语言中脱位进而反对形而上学的传统，这是《暴力与形而上学》中的一个关键问题。围绕这一问题德里达进一步提出几个方面的质疑：勒维纳斯如何在古希腊先知话语背景下脱离希腊的逻各斯走向非希腊的他者？勒维纳斯借存在论语言论述的他者伦理思想如何完全摆脱现象学本体论？差异的他者进入社会政治领域会有怎样的政治哲学思考？在这些质疑中，德里达对勒维纳斯的他者立场做了细微但触及根本性的调整，进而发展了他者思想。

二、进入政治伦理的他者：对勒维纳斯他者立场的调整

作为勒维纳斯最具挑战也是最为热情的读者，德里达对勒维纳斯的他者有着深入且独特的解读。德里达对勒维纳斯他者思想的调整，关键在于他对勒维纳斯他者的"绝对化"的批判。德里达首先证明了"他者"的多样化，进而将对他者的责任伦理导向政治，而不是形而上学

---

① 德里达. 书写与差异 [M]. 张宁, 译. 北京：生活·读书·新知三联书店，2001：160.

和宗教。

　　同样作为海德格尔的继承者和批判者，德里达与勒维纳斯在思想上具有共性，但最终走向分歧。从海德格尔到勒维纳斯再到德里达，他们的思想理路中都具有对传统形而上学思维的对抗，这是因为他们都看到那种作为封闭知识体系的哲学已经走向衰亡，这些具有超越精神的哲学家极力反对自古希腊以来便已预设好的思维模式。出于走出固有思维、打开思想的目的，这些哲学家自然都走向思考他者的方向，他们希望走向哲学的不可能性，又小心翼翼地避免自己在不知不觉中再次陷入形而上学的思维模式。德里达应该是在突破总体性、超越本体论思路方面走得比较远的一位。德里达对勒维纳斯的解读也是由海德格尔开启的这种超越性而来，"如果考虑到海德格尔也想要开辟一条通往既依赖哲学又超越哲学的古代言路的通道，那么这另一种通道和另一言路在此又意味着什么呢？尤其是从这个哲学中获得的，而且它们仍靠其进行对话的支点又指的是什么呢？正是这个质疑空间将成为我们用来阅读勒维纳斯著作的起点"①，海德格尔以存在对抗存在者为中心的传统哲学，对于他与我的关系问题，海德格尔认为他最终归于我，进而消除了他者的观点。但这被勒维纳斯认为是过分强调存在而造成对他者的暴力统治，他以他者伦理来对抗形而上学的暴力。德里达却对勒维纳斯出自存在论语言的他者能否走出形而上学表示怀疑，无论是对海德格尔存在论还是黑格尔逻辑思维，勒维纳斯都没有实现真正的超越。

　　西方文明有"古希腊和希伯来，这两个源头"②，古希腊的理性精神和希伯来的宗教传统共同构成了西方传统文化，两种文明的关系就是知识与信仰、哲学与神学、理性与宗教的二元关系。勒维纳斯突出他者地位的同时又带有明显的宗教意蕴，所以"勒维纳斯的思想呼吁我们

---

①　德里达.书写与差异［M］.张宁，译.北京：生活·读书·新知三联书店，2001：137.

②　德里达.书写与差异［M］.张宁，译.北京：生活·读书·新知三联书店，2001：137.

从希腊逻各斯中脱位"①，但他也"绝对没有在其话语中将自己当作一种犹太神学或犹太神秘主义、一种教义、一种宗教乃至一种道德来开展"②。德里达指出勒维纳斯思想的关键矛盾在于，虽然勒维纳斯是在哲学层面展开他者之思的，但他又是如何在古希腊先知话语背景下脱离希腊的逻各斯走向非希腊的他者？在德里达看来，勒维纳斯提出的"他者"是要超越旧的哲学建立新的哲学，也就是作为第一哲学的伦理学，这并非我们所知的某种伦理学，而是伦理学自身。勒维纳斯要开辟一条新的思想道路，离开希腊传统，这有一种解体古希腊的形式逻辑的意味，这里德里达精准抓住了勒维纳斯要超越统治西方哲学的总体性概念、要与思维存在同一性决裂的关键目标，而能否达成这一目标就取决于勒维纳斯的他者。德里达认为勒维纳斯试图通过他者外在于古希腊逻各斯，但他真的走向非古希腊的他者了吗？通过分析勒维纳斯思想中强调的外在、向外难以逃脱内在、向内的对应结构，德里达认为勒维纳斯遇到了与海德格尔相似的难题，想找到脱出古希腊逻各斯结构的语言是困难的。

虽然对希腊逻各斯中心论的消解是困难的，但是还可以进一步追问勒维纳斯借存在论语言论述的他者伦理思想是如何完全摆脱现象学本体论的。海德格尔认为以往哲学是强调"存在者"的哲学，所以差异性地提出存在者与存在，并将思想返回存在者之存在本身。这里成为勒维纳斯批判海德格尔的出发点，"肯定存在对存在者的优先性就已经对哲学的本质做了表态"③。勒维纳斯认为海德格尔是将与作为存在者的他人的伦理关系附属于与存在者之存在关系，生成一种存在对作为存在者之他者的暴力统治。因此，勒维纳斯提出了超越存在，以无法把握的他

---

① 德里达．书写与差异［M］．张宁，译．北京：生活·读书·新知三联书店，2001：135.
② 德里达．书写与差异［M］．张宁，译．北京：生活·读书·新知三联书店，2001：136.
③ 德里达．书写与差异［M］．张宁，译．北京：生活·读书·新知三联书店，2001：165.

者代替了无法显现的存在。德里达认为勒维纳斯的超越似乎又返回了给出"哲学本质"的形而上学的老路。只不过海德格尔对哲学本质的回答是存在，勒维纳斯的回答则是他者。如果不能从语言上摆脱存在论，那么在思维形式上自然也难以跳出形而上学的本体论模式。

　　德里达发现勒维纳斯在自我与他者问题论述中存在着既反黑格尔又带有黑格尔式思维逻辑的问题。黑格尔则将欲望视为表达主体的精神意志被扬弃、同化。勒维纳斯认为欲望是要认识他者、尊重他者。在勒维纳斯看来，欲望不能使自我同一，欲望就是为了他者，在这里自我也被看作了他者。德里达发现了勒维纳斯强调的他者的一个显著特点，即区别于自身的相异性，我的"单传的内在意识如果没有那种彻底的他者的突然侵入，就不可能给自己提供那种每一时刻之时间及绝对相异性，同样地，'我'如果不与他者相遇，也就不可能从自身产生出相异性"①。德里达看到了勒维纳斯所强调的相异性有着黑格尔"否定"的思考方式，这也是黑格尔哲学的关键思考方式。德里达批评勒维纳斯的他者某种程度上说是一种否定，勒维纳斯利用了形而上学的否定概念，不知不觉再次陷入了传统二元对立的思维结构中。

　　勒维纳斯无论是对黑格尔、海德格尔进行的批判，还是他自己发展的超越存在的他者，都是想走出已经成为知识结构的旧哲学、走向独立于同一性的思考维度。因此，勒维纳斯引入了时间问题，在他看来，时间性就是主体的主体性，时间与他者有着紧密的联系，时间的他者对我而言就是未来。主体的时间性使主体之外的世界具有一种外在性。勒维纳斯认为传统哲学中的主体概念之同一性导致了主体的暴力，但他又将相异性、外在性作为他者的主体性，这仍然是对传统哲学主体概念的延续。实际上，海德格尔与德里达都有过走出旧哲学的努力，而且不约而同地将思考联系到时间问题。为什么要由时间切碎同一性呢？当一切成为已完成的知识体系时就与时间无关了，所有观念都在一套已经预先设

————————————

①　德里达. 书写与差异［M］. 张宁，译. 北京：生活·读书·新知三联书店，2001：
159.

置好的观念结构中，就连差异也是在与同一性相对的结构中的差异，这样的本体论哲学自然会走向尽头，引入对时间问题的思考后他者是否可以真正走向比一切外在更为外在的异域？首先，这里的时间并不是线性的而是有间隔的时间段，这就为空间留有位置，这是一种融合了空间的时间。其次，这样的时间不是永恒延续的时间，而是有着自身界限的时间。因此，这样的时间维度确实让勒维纳斯的他者更能摆脱自我同一，从而走向异域。海德格尔的此在、勒维纳斯的他者、德里达的延异都是想重置形而上学的基础。如果勒维纳斯在经历了通过批判希腊逻各斯、现象学本体论都没有完全走进思想的异域，时间的引入也能为他带来断旧哲学的起点。这些具有超越精神的哲学家都不约而同地由时间问题切入，可见时间性问题对于跳出形而上学的同一性禁锢有着非同寻常的意义。

既然他者、时间已经打开了走出旧哲学的大门，那如何能真正跳脱？关键在于对他者立场的调整。如上所述，在传统哲学中，他者与自我构成对立统一的二元结构。勒维纳斯大胆地调整了他者的位置，将原本在本体论中被自我、存在排斥、压抑的他者、存在者提高到优于前者的位置，"也就是说伦理学出越并不朝向善的中立性投射，而是朝向他者"①，这是对传统本体论的大胆突破。勒维纳斯以接近希伯来宗教伦理思运超越了以自我为中心的本体论哲学，构建了以绝对他者为根本的思想观念。正是在勒维纳斯的思想巅峰，德里达指出了他的思想瓶颈：先于一切的他者已然成为抹消自我的另一中心，这种对抗关系已然困在同一性结构中，旧哲学的大门仍未推开。既然自我与他者不能在这样一种同一性结构中出现，那么自我与全然他者是怎样的关系呢？勒维纳斯由这一问题出发批判了胡塞尔，胡塞尔强调他者作为另一自我正是表明他者作为他者，他者不能还原为我的自我恰好证明了他者作为另一自我具有自我的形式。胡塞尔将他者划为自我领域下的间接呈现，也就

① 德里达. 书写与差异 [M]. 张宁，译. 北京：生活·读书·新知三联书店，2001：141.

是自我经验的间接表现。勒维纳斯认为将他者看作另一自我是将他者的相异性中性化，是自我意向性对他者的暴力。德里达并不赞同勒维纳斯对胡塞尔的批判，于是对自我与他者的关系做了别样的调整。他指出：自我与他者并非处于一个一方借助另外一方而存在的对抗结构中，二者之间不是对立、排斥的关系，他者是外在于自我、超越自我的。它们之间并非一种面对面的对立关系，而是延展、补充关系，自我也通过接纳超越自身的他者而从一个封闭自我成为敞开的自我。实际上胡塞尔的意思是他者的自我性使得他者可以像我一样言说自我，德里达指出，正是在这一点上他者是我真实经济论中的作为人的他者而非物的他者。如果他者不具有自我性，就会和物一样被我的世界吞噬，因为他者如果是物，他者的他异性就无优势地位，不会成为世界的起源。正是他者的自我性的呈现，使他者可以对我说话、倾听并且命令。没有这种对称性就不会有不对称性的可能。"这种不对称性是崭新意义上的经济论（théorie de l'économie）。"① 显然，勒维纳斯不会接受他者的自我性，他的纯粹他者正是德里达展开批判的前提。而正是在这种经济论解释中，德里达的他者面向更具伦理意义。德里达所谓经济的，是一种先验的、前伦理的暴力，是一种不对称，它的始源（archie）就是同一，正是同一使得勒维纳斯所说的伦理非暴力成为可能。由于这种暴力的先验源头向与他者的关系敞开，那么作为与他者关系的不可还原之暴力的同时也是非暴力。"正是这种经济论的敞开使得作为某种道德暴力或道德非暴力地对他者进入在伦理自由中得以规定。"② 这种被德里达称为全新的不对称性经济论也可理解为非经济，德里达的礼物、宽恕、好客等思想正是在这种非经济学层面展开的。后期的德里达也是通过这样一种经济学分析对某些政治思想提出了质疑。

---

① 德里达. 书写与差异［M］. 张宁，译. 北京：生活·读书·新知三联书店，2001：218.
② 德里达. 书写与差异［M］. 张宁，译. 北京：生活·读书·新知三联书店，2001：223.

　　他者伦理如何引向政治哲学话题？这是德里达对勒维纳斯他者立场的又一调整。与勒维纳斯回避政治的主题化讨论的态度相反，德里达越发鲜明地走入政治哲学领域，他甚至将问题由政治学切入再加以哲学解释。勒维纳斯本人并没有明确的政治哲学著作，但德里达进一步突破了他者伦理的思考界限，由对他者的尊重、宽恕、好客发展到对他者的友爱，德里达发展了勒维纳斯他者的政治意义，寻求通过勒维纳斯的他者伦理进入面向他者的政治之中。那么这层政治意义是由何而来的呢？就是在我与他者之间引入第三者。勒维纳斯当然也意识到我与他者面对面的关系中会出现第三者，但在他看来第三者打破了我与他者之间直接的纯粹关系，带来正义问题。由此，第三者与正义作为"始源的"问题被一并提出，正义的社会以对他者的责任为基础。而德里达则将第三者调整为另一他者的位置，甚至是纯粹自我敞开后与他者融合的第三者，这不仅令始源的伦理学延伸至正义，更延伸至政治、法律责任。正是出于对他者的责任，德里达强调对他者的到来永远给予友爱，友爱的政治就是面向他者的政治，某种程度上可以理解为最高的政治伦理。在后来的《友爱的政治学》中，"可以看到解构的伦理性如何贯彻到哲学和政治学中，政治伦理是解构的出发点和归宿"①。关于政治伦理的思考，勒维纳斯和德里达都是从人的思考开始的。在二者看来，将人类视为一个理性和自由的主体，可以对其行为负责的观点只是一种简单的幻想，它产生了某些无法接受的政治后果。与这一思想相反，两位思想家表达了各自的看法，并提出了对政治的不同理解。在勒维纳斯看来，这种理解更容易接受异质性、无政府主义语言和正义的作用。而德里达则引用勒维纳斯的呼吁来强调差异，他更加批评自由民主以及这个政治体系试图捍卫的所谓人文主义和人道主义愿景。而在这一批判中，他采取了一种与勒维纳斯明显不同的姿态，寻求的是另一种政治，一种尚未到来的政治。总之，第三者的到来意味着正义的到来、政治的到来，他者最终

---

　　① 陈晓明. 德里达的底线［M］. 北京：北京大学出版社，2009：448.

在政治伦理领域被思考。

勒维纳斯的全然他者是一种接近宗教意味的概念，他者的否定性使神一般的他者成为思想中的绝对中心，德里达的他者则是在另一思想平台展开的，但绝非树立中心。他们都力图摆脱旧哲学的思维模式，且不约而同地将时间引入加以解释。德里达对勒维纳斯他者的调整在于他与勒维纳斯一样要将他者带入思想的异域，但他不能定义他者是谁、是什么，因为一旦直接以概念形式做出回答，就会重返具有鲜明知识结构的哲学规则中。德里达要寻求的是哲学的不可能性，是对于形而上学思维的超越，而不是发展一个新的概念。所以德里达的他者是在对勒维纳斯他者的一连串质疑中不断调整的。德里达对勒维纳斯有着一种超前的理解，可以说在某些时刻已经超越了伦理层面，尤其是加入可能与不可能问题后，德里达的他者更是走出了独特的道路。德里达的解读不止于勒维纳斯作品的原意、可能性和局限，还包含了迈入伦理、政治所面对的普遍状况和挑战。

德里达是了解勒维纳斯的最佳通道之一，尽管他批判这种伦理学的形而上学思维，但在其思想理路中与勒维纳斯有着迂回的契合。虽然勒维纳斯没有将他者伦理用来专题性的阐述政治问题，但德里达将他者伦理走向他者政治。德里达在反对形而上学传统中发展了延异概念，对差异的追问必然指向他者，又由他者带入另一种延异境地。延异进入现实生活中则渗透至无形的社会和政治关系，"他者"也成为社会政治生活的主要要素。也就是说，德里达由延异概念到他者伦理再进入他者政治，呼唤友爱政治、即将来临的民主政治。德里达以边缘的他者概念解构政治，又必定要深入传统西方政治伦理，重新思考正义、友爱、民主、宽恕等问题。德里达的他者最初并不是伦理意义上的，或者说将伦理作为他者概念的基础是一种颠倒的理解。延异要求向他者敞开，他者的到来加强了面向未来的时间性以及解构的肯定性，从文本到社会都要面对他者召唤（appelé par l'autre），回应他者的召唤就是一种伦理责任，他者的伦理意义也因此更加鲜明。因此，德里达将对他者的责任伦理导向政治，而不是形而上学和宗教。

三、他者的可能与不可能

当德里达陷入声音与书写的难题时，他往往倾向于采取自尼采以来的不断在不可能的可能性中的思考与探索。德里达一直要面对的是对康德以来的哲学对可能性的追求的解构，从而发现不可能性。黑格尔将这种可能性以绝对精神加以实现，走向人类终结。海德格尔通过对死亡的思考开辟了对不可能性新的解释，死亡之于我是"不可能的可能性"①，作为活着的自我不可能切身经验死亡，但他人死亡的经历会让我对自身死亡感到恐惧。这就是海德格尔要思考的"不可能作为不可能性"，他打开了不可能性的维度。而德里达进一步展开了这一维度，一种与他者相关的不可能性。这里德里达论证了自我对于自身的死亡与自我对于他者的死亡的困境：我自身不能经验死亡，但有对死亡的恐惧，所以死亡对自我而言是不可能的可能性；死亡经验对活着的自我来说只能是他者的，是不可知的、不可能的。死亡作为生命的绝境说明死亡的可能性（possibilité）是以死亡的不可能性（impossibilité）作为条件的。德里达要在可能（possibile）与不可能的（impossibile）双重约束（double bind）中思考，是悖谬（aporie）的思考。aporie（希腊语）在德里达的使用中，指的是一种无法把握的情境，一种不可试验的经验，它既不是知识话语的对象，也无法在概念上得到确定②。

解构是对悖谬的思考，是对不可能性的不可能的思考。德里达把不确定的事件、情况作为悖谬来思考，这样的悖谬并非矛盾或是两难，而是双重约束，即彼此影响，互相缠绕。德里达的解释是"悖谬一词经常出现在德曼晚期的文本中。……对我而言，悖谬的体验，如德曼所译解的，其给予或承诺了道路的思考，激发去思考人无法思考或尚未思考

---

① 德里达. 赠予死亡［M］. 王钦，译. 西安：西北大学出版社，2018：60.
② 德里达. 赠予死亡［M］. 王钦，译. 西安：西北大学出版社，2018：79.

的可能性，甚至思考不可能性"①。关于德里达展开的不可能性的思考，卡普托（John D. Caputo）有过较为明晰的解释。可能性意味着能够被理性规范和把握，它是可以预见的；而不可能性则是超出了可理解、可预见的范围，或者说是阻碍了这种理解和预见。卡普托认为解构的绝境在于解构总能看到不可能的事情的不可规范的可能性②。解构不是套用某种方法或者原则，而是体验不可能性，发现新的差异，以面对具有不同差异的他者。

德里达的解构就是提出一种新的哲学思考，一种新的涂抹式的言说，它从解构在场开始。德里达将他者与在场之间通过死亡问题建立了一种不可能性的逻辑：他者既不在场，也不缺席。一方面，他者自身的缺席可以由其他不同他者来弥补，如果他者死亡，自然与活着的他者不同。我面对他者的死亡有两种选择，一是由此联想到我的死亡而自怜自哀，我并不是哀悼已经死去的他者，而是哀悼这个死亡事件；二是我与死亡他者建立一种切身的关系，让死亡的他者在我身上或者我的书写中，我与缺席的他者共在，我的身体作为死去他者的寄生品。另一方面，死亡的他者与我共在，我作为不存在的半存在，是替补式的存在。这也侧面说明解构策略实施时的他者面向。我也会成为必然死亡的他者，面对自身缺席，我期待未来他者，让我能寄生在他身上。他者的再次来临，并非在场，也不是缺席，是他者的即将来临（à venir）。

从这个死亡问题就可以看出，笼统地说可能与不可能的缠绕在于可能是不可能的踪迹，而不可能是可能的即将来临（à venir），作为在场的可能是以不可能为条件的，在场不再是纯粹的在场，他的封闭状态被打开了。可能与不可能的界限也在彼此的缠绕中不断涂抹、增补，主体无法理性地对待这一界限，无法掌握明晰的界限，他者的延异带来无法预见的事情，我们超越了原本规范和可预见的范围，在差异运动下来到

---

①　DERRIDA J. Mémoires pour Paul de Man ［M］. Paris：Galilée，1988：129-130.

②　陈晓明. 德里达的底线 ［M］. 北京：北京大学出版社，2009：443.

了在场的绝境。所谓绝境，就意味着没有出路、没有方向，但这是解构身处的地方。解构不能去能去的地方，它必须在不能去的地方思考。它超越了计算、决断，只有给予，没有回报，避免以某些伦理价值的名义而行使的独断，以无条件的方式给予他者，给予未来，给予宽恕、友爱、正义等。德里达以非在场的不可能性的思考对抗在场的有限的思考，以差异打开的空间为他者开放。德里达后期的宽恕、民主、正义等伦理思想都是经历不可能的事，经历激进的他性。这些政治伦理问题都是在可能与不可能方面展开的。可能与不可能是理解德里达哲学尤其是其政治伦理思想的核心问题之一，德里达要寻求哲学的不可能性，而不可能展开的维度更多是在那面向未来的时间性和不可预期的他者。

第三节 他者伦理的政治指向

对于想要摆脱传统形而上学思想禁锢的海德格尔、勒维纳斯或是德里达，他们有一个共同方法，就是引入时间。时间与空间维度的介入引起了存在之外的差异，而差异自然会导向对他者的关注。不论是前面的解构策略还是他者问题，德里达的时间观念都是思考它们的关键。时间的引入使形而上学二元对立的空洞概念发生变化，差异不再是与同一相对的，而是不同于观念论之外的差异，概念与事物不再是一一对应的。指称不再准确代表事物，这在德里达看来如同与幽灵沟通、与幽灵生活。"这样的生活发生在异域，因为它在现实中不在场，就像现实中没有真正的公平和正义。'它'是什么？'不通畅'——没有统一性、同一性、直线性、必然性。于是，什么伦理呀、公平呀、政治呀也都是另类的，在现实中不存在。"① 所以，他者伦理与政治只能在解构时间观打开的新维度中理解。这里还要尝试给出德里达他者、伦理和政治的意

---

① 尚杰. 归隐之路——20 世纪法国哲学的踪迹［M］. 南京：江苏人民出版社，2008：195.

义。在德里达思想中，这三个概念一方面具有特定的含义，另一方面它
们在相互区别的同时相互渗透。德里达最初对他者的寻求是为了批判固
化的形而上学逻辑，以他者的他异性消解逻各斯中心主义。德里达将事
件、未来都看作他者，它们在生活世界突然出现，打乱秩序。德里达的
他者伦理正是以此为基础，而从他者出发的伦理思想在论证过程中逐渐
指涉政治问题。面对即将来临的他者，主体以一种独特性呈现，这将带
来怎样的伦理意义和政治意义？把握他者，将成为理解德里达政治伦理
思想的关键。

一、作为他者的事件

传统本体论的根本问题是思维与存在的同一性问题，这导致了对他
者的忽视。德里达力求突破这一思维模式，呈现一种独立于存在论立场
之外的差异，而这一差异指向独特他者。在德里达的哲学视野中，他者
与事件有着密切的关系。因此，二者是理解德里达哲学，尤其是他的伦
理学、政治学的关键问题之一。事件问题并非德里达首次提出，在当代
西方哲学界，尤其是后现代哲学思想家，对事件问题的思考有着深刻的
见解。德里达的事件就是在勒维纳斯他者思想改造的基础上阐发的。总
体而言，德里达的事件是一种超越自我界限外的他异性或者说是超出可
能性界限的不可能性，是主体不能把握的、所不能的事情。事件不可预
见地、独特地发生。

在理解事件之前，我们首先应该明确，是什么引起的事件。在德里
达看来，事件与他者密切相关。德里达的他者是将来临者（l'arrivant）。
将来临者并非具体形象的某人，它具有他异性，也就是事件具有他异
性、独特性的特征。他者使事件到来，我们无法预测事件，如同无法预
见他者一样，但即将来临的他者会引发事件，成为事件的象征。"德里
达很重视事件性，不仅因为任何事件都是不可预测的，还因为事件的不

可预测性如同'他者'一样，都属于'看不见的来临者'。"① 勒维纳斯把与自我相反的他者看作事件，而德里达将事件视为不可预见的他者。如上所述，超越自我的他者被自我吸纳引起纯粹自我的改变，这种能真正引起变化的事情才能成为事件。德里达为了与勒维纳斯相区别引入了可能与不可能维度，了解不可能是了解德里达事件问题的核心。如上所述，不-可能（im-possible）是可能的条件，德里达的这种表述类似于海德格尔，海德格尔就会通过连字符将原本完成的单词切割开来，如 pos-sible，其目的是打破原本封闭现成的哲学概念，在思想事件中，概念意义总是延迟呈现，这样传统的观念论就很难成立。无论是具体的事件还是思想事件，都只能在超越可能的不可能性维度里谈。在此基础上，也可以理解德里达在政治伦理领域中使用的概念，都脱离了其原本意义。

德里达的事件之所以呈现他异性、独特性，也是由于解构时间维度的引入。事件作为即将来临的他者，突破了当下在场的概念，它是唯一的、不可预见的，它没有界限或边缘（horizon）②。德里达的事件"是以'降临性'的形式发生，即人们期待事情通常不会发生，人们会遭遇一个他者，而且这个他者的来临标志着一种新的伦理建构"③。因此，无法预见一个事件。但事件不仅是"已经发生的""正在发生的"，更是"即将发生的"，它如同将来临的他者。德里达的事件并非指具体的某个意料之外的灾难或者事故，而是"呈现在人类主体精神中超出后者限度的不可能之事，如超出主体认知界限的令人吃惊的不可知之事、超出主体行为界限的无法决定的不可做之事、超出主体想象界限的无法

---

① 高宣扬. 论德里达晚年的政治哲学思想［J］. 上海交通大学学报（哲学社会科学版），2016，3（24）.

② 参照尚杰教授《精神的分裂——与老年德里达的对话》的翻译，还有一部分按照字典直译为"视野"。

③ 尚杰. 精神的分裂——与老年德里达的对话［M］. 上海：同济大学出版社，2006：272.

预期的不可想象之事"①。事件作为预料之外的发生，打破期待并切断一切可能。它是我们理解之外、把握之外的事情。主体因此变得被动，唯一能做的就是没有预期地去迎接即将发生的事件。这种不可预期的事件在现实世界中引起礼物、好客、宽恕等问题的思考，正是这些问题的不可能性才使得它们能够称为事件。在德里达看来，事件作为他者是意外的、不可能的发生，因此，这些政治伦理概念必须以一种不可能的形式呈现，如不知道的礼物、不过问条件的好客等。因此，德里达的政治伦理思想是基于一种他者视域的理解。这些思考具有卓越的政治意义，都是以尊重他者为基础的。

不受任何规则和体系制约的事件成为德里达超越政治和伦理的基础。德里达他者之思的伦理意蕴是从其对勒维纳斯他者立场的调整开始的，时间使作为延异的他者走出了形而上学禁锢的大门，德里达也在此基础上提出了一种非经济的、不可计算的伦理思想，一种形而上学之外的伦理构想。作为他者的事件以一种他异性、独特性及不可能性指向不确定的未来，这种不可预见的事件是来临中的他者，这进而带来了政治思考，德里达的伦理之思逐渐显明地接近政治问题，在其政治思想中有着鲜明的事件性。

二、对他者的召唤：主体的独特性

如同德里达的他者区别于传统形而上学中的意义一样，德里达的主体也不是形而上学概念中的含义。德里达并不否认主体的概念，但他并不太喜欢"主体"这个词，他倾向于远离它、避免使用它，因为概念定义下的主体是刻在债务和交换循环中的人。这是一个处于经济循环中的主体，受身份认同和互惠制度的规范，被欧洲传统推向了其可客体化的最大值。通过知识、法律的积累，渗透着欧洲精神的本质。与传统观

---

① 肖锦龙．不可能和事件——论德里达的事件学说［J］．兰州大学学报（社会科学版），2020，1.

念论当下在场的主体概念不同，德里达的主体概念或者任何一个概念由于引入新的思考维度而打破了在场，主体不再是概念定义下的主体，而是具有差异性的主体，因而具有一种绝对的独特性（singularité）。这样一来，在场的主体概念就值得怀疑，主体是怎么出场的或者如何呈现的？

　　独特性概念也是德里达为了说明差异问题而提出的。西方哲学中普遍以主体问题作为解释世界的核心，德里达质疑这种在场的主体概念，这就相当于我们已经有一个实现的主体概念与主客体对立结构，然后以此来解释多样的世界。所以，德里达提出了主体的独特性，打破自我与他者的对立关系，体现主体内部自我与他者的矛盾杂糅抑或自我的他异化。德里达认为"他者就只能是作为同一（自己的同一：自我）的——那个同一的——他者，而同一也只能作为他者之他者（另一个自我）的那种同一（与自我的同一：自我）……本质上我也是他者之他者"① 传统主体概念如意识、精神、我思等具有同一性、永恒性的结构形态，独特性则使得主体的结构形态呈现为多元性、矛盾性的变化。它意味着每一事物都具有唯一性、不可复制性，而独特性所具有的与自身相异的性质也说明事物与事物之间可能存在相似性，从这一层面出发德里达并不否定同一性。如果将独特性做政治层面的理解，就是指自我与其之外的每一个体都是平等的，这些个体不从属于自我的独特主体。而主体的独特性使得自我无法完全了解他人，我与他人的关系是不可预见的，甚至带有风险的。如果说德里达早期的研究是围绕文学和思想展开的，那么他后来研究的旨趣则更多体现在主体行为问题上。如果拒绝他者带来的不确定性，而将他者作为自我的客体或边缘化，对他者的尊重或交流就是不可能的，从而导致一种中心化的政治。

　　与胡塞尔的主客体中主体高于客体不同，德里达强调主体自身具有他异性。胡塞尔在解释意识呈示问题时，认为意识是在现在呈现。德里

---

① 德里达. 书写与差异 [M]. 张宁, 译. 北京：生活·读书·新知三联书店, 2001: 222.

达指出这其中包含两方面的异质因素。"另一个过去的呈现，另一个未来的呈现。"① 德里达认为如果不是每一个瞬间包含着自身的他异性，就没有时间以及任何变化。基于这样一种时间观的他者并非以自我为中心的反面镜像的他者、边缘的他者，而是对立结构之外的独立的积极力量。每一独特主体对其他主体而言都是他者，与他者的关系成为明确主体的关键。主体内部具有真实的差异性，这意味着他只能成为他本人的主体，即独特主体。

因此，主体召唤他者。自身主体与他者是一种互补关系，主体只能通过他者来表达自己。如德里达所说"我只有一种语言，但却不是我的"②。德里达的"自我"是在一种不可能发生的、与他者相关的另一种语言体验中形成的，主体呈现自己的同时一定带有他者的踪迹。主体显现为自身必须在他者的差异下，主体自身内保持的他者是主体为之主体思考的前提。一般来说，主体为了能够定位为主体，应该进行自我呈现，但主体不得不保持自身的他异性。

这种他异性带来了身份的悖谬，与身份（identité）一词在法语中的原始意思为一致、相同，但需要通过他者来揭示主体的独特性。因此，自我为了呈现为主体，自我以他者为前提并召唤他者，也就是说，主体的身份依赖他者。主体内在的他者导致主体身份与在场的主体概念脱节。身份的这种伦理内容在政治层面的思考同样具有积极意义，共同体内的身份认同似乎与身份一词的本意更为贴近，这代表排除其他异质部分，这种趋同的身份政治往往会导致种族中心主义、文化中心主义，会导致更激烈的地缘政治冲突、文化宗教冲突。德里达认为可以为自己的身份而战，但要清楚并非要排除差异寻求自我同一，而是同一之中同时存在差异，无论是文化还是语言乃至个人都与自身保持差异。理解同一性结构之外的差异，就能意识到为身份而战"并不是排除其他身份，

---

① 德里达. 书写与差异 [M]. 张宁，译. 北京：生活·读书·新知三联书店，2001：230.

② 德里达. 他者的单语主义 [J]. 张正平，译. 台北：桂冠出版社，2000：1.

而是要向其他身份敞开。这种认识能够防止独裁、种族主义和自我中心主义"①。

德里达同样关注主体的行动，除了思维与存在的差异外，德里达认为人的行动也有内在差异，例如，在建立秩序的同时又违背秩序的悖谬经验。主体行动的双重化可以推至对很多政治伦理概念的解构，例如，他对民主、友爱、好客、责任等的思考。

三、从不可能的他者伦理到可能的他者政治

正是由于主体行为的双重性和自解构，他者的事件性和不可预测性，德里达主张伦理生活是一种不可能的经历。德里达的伦理基于与他者的关系，他者是来临中的他者，这样的伦理是由他者之思推导出的绝对律令。换言之，德里达坚持的是一种超出了现行法律、制度的伦理，是超越伦理的伦理。它呼唤对他者的无限责任，因而德里达意义上的另一种伦理或纯粹伦理是一种绝对的责任，打破了任何债务或内疚的逻辑。"解构性质的纯粹伦理学是超越应当债务伦理学，是'超越应当的应当'，应当去超越有条件和有结构的权利、宽容、礼遇等。"② 所以德里达提出的礼物、宽恕、好客等伦理思想初听起来似乎是不可能的，因为它们被德里达看作事件一样，只能无条件、不计后果地处理，这回到伦理的可能性似乎就触及了伦理的界限，引发一种悖谬的经验，这既是构成性的，又是不可能的。

由此可见，德里达的伦理更像是先于伦理的伦理法则。它既不是一个项目，也不是一个程序，更不是一个概念，而是一个承诺的遗产，它不能由某种规范制度来衡量，它总是处于可能与不可能之间的悖谬之

---

① CAPUTO J D. Deconstruction un a Nutshell：A Conversation with Jacques Derrida［M］．New York：Fordham UP，1997：13.
② 尚杰．精神的分裂——与老年德里达对话［M］．上海：同济大学出版社，2006：338.

中。"不可能的思想，可能是重新开始的思想，就是走出流通和循环的思想。"① 这种对于不可能的悖谬经验也可以通过德里达所称的全新的不对称性经济论加以解释，如上一节所述，德里达的伦理思想引入了经济学解释，即通常意义上的对称性的经济学和德里达所说的崭新意义的非对称性经济学，前者是一种等价的利益算计的经济学，以此解释的伦理概念是建立在可计算的利益权衡之上，其伦理意义是有限的。而后者也可理解为非经济（anéconomie），是建立在不可计算的、不求回报的异质性双方基础上，引入这种经济学解释的伦理行为具有无限的伦理价值。而正是出于他者的责任才会出现这种非经济，这种解释维度下的纯粹伦理实际上是伦理科学所解释不了的部分，而正是在这里德里达发现了真正的伦理所在。所谓不可能的伦理就是在目前政治层面上难以实践的部分，它依靠一种道德律令，在政治规范条件下不计后果的好客或者不计回报的礼物都是不可能的。尽管难以实施，但德里达呼吁这些问题，因为这些突破政治领域的行动是正确的，这需要一种牺牲精神来做出为了他者的决定以及承担对他者的承担责任。

由上可见，伦理以不可能为前提，是纯粹的。而政治以可能为前提，是计算的。也就是说"政治是可能的，伦理是不可能的"②。对德里达而言，不存在理想的完满政治，只有一种不寻求永恒的更好的政治，这是一种面向来临中的他者的政治。事实上，对德里达来说，伦理和政治可以以即将来临的他者作为理解的基础。他者破坏了可能性的构成，从而使不可能出现。因此，政治与伦理之间始终有一种张力。基于他者的政治必须能够根据主体的各种问题及时调整，充分尊重每一独特主体，包容每一独特主体的不可预测性，同时也能接纳他者的不确定性，他者如同事件一般，并不在我们的预期之内，只有做出好客式的政治接纳。从某种程度上说，德里达的政治更趋向重视主体，使主体成为

① 尚杰. 精神的分裂——与老年德里达对话［M］. 上海：同济大学出版社，2006：71-72.
② 李永毅. 延异政治学——德里达的遗产［J］. 国外理论动态，2011（5）.

主体，本质上就是要看到主体不可预测的他异性。而他者的出现使主体进入共同体内、社会关系内，意味着第三者的出现、政治的出现。进入与他者的关系，进入对政治、正义的思考。因此，德里达的他者政治试图远离在现行秩序框架内计算得失的、已知风险的政治。

德里达正是因为建立了解构的时间观念，导致需要重新思考本体论。他提出了许多概念，如延异、他者，时间被场所化了、空间化了，也不再从永恒或在场出发思考时间。这就为解构的思考搭建了一个新的思考维度，德里达的哲学之所以强调向他者敞开，是因为他者的差异性尝试走出形而上学模式，解构的时间观念在他者的视域中敞开。由时间揭示的延异到他者，进入与独特他者的关系带来另一种延异的体验，这种体验在生活世界中呈现为伦理和政治，既不可还原又彼此联系。德里达的政治是面向他者的政治，伦理是面向他者的伦理，在解构时间观念打开的差异维度中，来临中的他者会带来的不确定性和责任感。这种不可预见的、令人不安的他者不能被化约在任何同一的体系结构中，而这与现有秩序主张的同一性、压抑他异性、畏惧差异带来的变化性是背道而驰的。因此，在由解构的时间观念搭建的新的思想平台中，把握一种他者、伦理和政治概念之间的一种相互关系。即将来临的他者是理解政治和伦理的基础。在这一新的思想维度中，他者使主体与当下脱节，产生主体概念的割裂，主体不得不重新开放，中断封闭。这种他异性体验在生活世界中便是政治与伦理密切又复杂的关系。来临中的他者给出政治、伦理一种差异中的相互关系。因此，在德里达的政治伦理中，既有他者的在场，也有他者的缺席。

德里达努力寻求哲学的不可能性，他者伦理所具有的诸多不可能的问题使德里达的伦理成为一种不可经营的、非经济学的、无法计算的伦理。而他要在这种不可能性中发现可能，就是一种面向他者的政治，不可能的可能性探讨，这里所说的他者政治并非指可经营的、可做经济学权衡的、可计算的政治，它仍然是基于不可能的伦理的政治关切，不可能的政治不等于放弃政治，而是在不确定的变化性、多元性中去思考他者政治的可能性。作为一个绝对的不可还原的独特之事，他者是一种突然出现的双重缠绕，打破一切在场，并使他者成为他者。"将他者作为他者的基础上建立与他者的关系，需要我们承担无限的伦理责任。在解构主义的体系中，伦理与政治永远处于一种紧张关系中。"① 作为事件的象征，他者从来不是到来的，而是即将到来的，这样的他者成为德里达政治伦理思考的纽带。德里达将在可能和不可能之间思考政治伦理概念的划分，因此，他的政治伦理概念中包含着不可能的伦理层面和可能的政治层面。

本章小结

他者是政治伦理思想的原点，但它并非德里达首创的概念，起初也并不是伦理意义的，在对勒维纳斯绝对他者的调整后，德里达的他者成为联系政治伦理的关键。

解构的时间观揭示了延异，延异指向独特他者，由此他者登场。他者一开始在德里达这里并不是伦理意义的，在解构理论初期，德里达极为重视的就是找到被排除在外的东西，作为他者的东西。他者不一定是他人，事物、概念都有可能。

德里达调整了勒维纳斯"绝对化"的他者，在证明了"他者"的多样化后，把对他者的责任伦理导向政治，而不是形而上学和宗教。他者之思在伦理与政治环节遇到了不可解构的部分，一种可能与不可能的悖谬体验，从而使解构进入政治伦理思考。

事件是一个他者、一个未来，但不是通俗意义上的可预测、程序化和可重复的未来。德里达所描述的未来是不可预测的、没有预期的、没有条件的。德里达的政治哲学是关于作为他者的事件的。进入与他者的

---

① 李永毅. 延异政治学——德里达的遗产 [J]. 国外理论动态, 2011 (5).

关系意味着第三者的到来、将主体带入社会之中，德里达的纯粹伦理要求一种事件性的政治。独特性使主体身份与当下在场概念脱离，召唤他者来呈现其主体身份。来临中的他者是我们进入德里达政治、伦理思想的关键，作为未来的他者成为德里达他者伦理进入他者政治的纽带。无论是对他者还是对事件问题，德里达都是以本体论进行分析的，而不是本质论的分析。我们也与德里达一道对他者、政治、伦理关系问题进行本体论的分析。他者那令人不安又使人惊讶的特质揭示了存在的真正差异，也使主体在现实生活中经历一种不可能的悖谬考验，与充满计算的、可能的政治领域相悖。因此，伦理指向不可能而政治指向可能。德里达在可能与不可能的场域间诠释思想概念的划分，那么德里达具体怎样思考政治伦理概念？

第四章

从他者出发的政治伦理概念

  在对作为即将到来的时间性、不可能的伦理以及可能的政治进行分析后，我们将主体置于时间中：作为事件的象征，主体突然出现；召唤它的他者。德里达后期的礼物、宽恕、好客等问题实际上更多的是主体行为问题，在解构领域中的主体并不是同一的、自我中心的，也不是全然的他者中心的，而是自我的他者化。德里达的差异并不是与同一对立的差异，而是同一中的差异，主体中既同一又差异。他者是主体中的他者，并不是和主体对立的他者，他者的主体结构呈现出多元化和差异化。这样的主体具有独特性以及行为的双重化，因此，德里达在可能与不可能之间表达他的思想划分，在诸多政治、伦理概念中呈现出主体的悖谬经验。所以才会出现在场与不在场的礼物或者可能与不可能的宽恕等概念，这些概念包含不可能的伦理层面和可能的政治层面。德里达更强调以超伦理的伦理去理解这些含义，他强调伦理的非伦理时刻，尽管这个时刻没有可遵循的标准，但也是一个决断的时刻，要为此负责甚至牺牲。这样一种牺牲经验可以通过责任和决定等伦理概念加以理解。悖谬经验导致了一种时间上的绝境，正义、民主、弥赛亚不能是当下在场的，也就是说正义、民主的绝境是其前提条件，它们必须和活生生的当下时间分离。

第一节 朝向他者的悖谬经验

20 世纪 90 年代，德里达的作品越来越多地使用 apories 的表达。德里达发表了一篇题为 *Apories* 的长篇演讲，该演讲于 1994 年在学术讨论会的会议记录中完整发表，并于 1996 年再次被 Galilée 出版社出版发行。关于 apories 这个词的翻译，有绝境、难题、悖论等。这里采用尚杰教授的译文"悖谬"，它不是一个境，也不是一个题，更不是一个论，它"不同于矛盾，悖谬是在对立面的统一之外遭遇到矛盾、解释不了的事件"①。用德里达的解释就是"思考不可能"。这个词在之后的 20 年里，一直影响着德里达对政治伦理的解释。

然而，这部作品以塞内卡和西塞罗的作品开篇，主要致力于对死亡的反思。在 *Apories* 中，雅克·德里达区分了三种边界或"边界界限"："……一方面是那些将领土、国家、民族、州、语言和文化以及与之对应的政治人类学学科的区分，另一方面是领域话语之间的划分，对于例如哲学、人类学科学甚至神学……最后，第三，……概念规定之间的分界线、或对立线，所谓的概念或术语之间的边界形式，这些概念或术语必然重叠和过度确定前两种类型的终结性。"② 德里达一再以不同的语境和不同的方式提出悖谬的问题。时间经验就是悖谬经验，这是一种没有过去的现在的过去和一种不是现在的未来之未来。应以时间的差异经验为基础理解伦理和政治。在这里德里达把悖谬作为核心关注点，他指出了一个新的思想前沿：脱离交换的礼物，在不妥协的情况下超越宽恕的不可能性，接待外人和他者，但无条件尊重他、她或它作为外人的义务。

---

① 尚杰. 悖谬与冷战时代的政治哲学——读德里达《友谊政治学》[J]. 社会科学辑刊, 2007: 3 (170).

② DERRIDA J. Apories [M]. Paris: Galilée, 1996: 50-51.

一、非经济的礼物

人类关于礼物（don）① 的思考由来已久②，由人类学家马塞尔·莫斯的《礼物》及《关于原始交换形式——赠予的研究》开始，对礼物的探讨有了较为具体的研究范式。此后，德里达和马里翁更是对该问题有着各自的观点及思想交锋，1991 年德里达以给予时间为主题在芝加哥大学做了系列讲座，对不可能的悖谬经验阐明观点，此后又与马里翁在各类座谈中针对礼物问题展开辩论，并形成会谈记录《关于礼物——雅克·德里达与让·吕克·马里翁的探讨》。德里达的礼物具有明显的悖论性特征，总体说来是从时间性和现象性两方面并行阐释的，主要论证在场和对称性经济系统对礼物的消解。德里达的目的依然是对在场形而上学和存在论封闭结构的突破，他的做法依然是引入时间。

在正式进入礼物问题之前，有必要交代德里达经常使用的经济（économie）一词。"économie 词源来自 oikos（家庭）和 nomos（法）……oikos 意谓家庭、所有地、家族、住处、内部的火炉等，nomos 意谓分配法则、分割分享的法则……包含了交换、循环、回归等意。"③ 上一章所提到的对称性经济学与在场形而上学结合构成了一个经济循环，里面满是礼尚往来的交换与互利互惠，与其相对的是非对称的全新经济，也就是非经济。这个经济概念与礼物关系密切，德里达认为，经济学的封闭循环、中心性回环结构也就是暗示在场形而上学的主要结构，以此为构架是不能走向非经济的，这里不能思考时间，因为时间是不可逆的、不可还原的；这里同样无法思考礼物，因为赠予不能发生，它需要以打破封闭循环为前提。"无论'时间作为循环'在哪里占主导地位，礼物都是不可能的——只有在循环中发生入侵的那一刻才有

---

① 为了区分词性，名词 don，译为"礼物"，动词 donner，译为"赠予"。
② 张旭. 礼物——当代法国思想史的一段谱系［M］. 北京：北京大学出版社，2013.
③ 德里达. 赠予死亡［M］. 王钦，译. 西安：西北大学出版社，2018：14.

礼物。"① 因此，礼物既不可能在封闭的当下在场时间中呈现，也不可能在对称的循环经济中出现。

德里达对莫斯关于礼物的解释中既有不满之处也有新的发现。莫斯提出礼物循环应遵循道德约束而非市场规则，赠予者（donateur）有义务赠予，受赠者（receveur）有义务接受并回报，由此建立起一套义务性的循环关系。德里达认为礼物之所以能够称为礼物，是因为它不在礼尚往来的循环之中，甚至一开始就不能有馈赠或回报的初衷，它一定是以纯粹的礼物来呈现自身。礼物象征着事物自身概念的对象，德里达将礼物置于不"知道"当中，当礼物可知时，它便是有目的的。它不应该被赠予者和受赠者所知，它应该以一种意料之外的方式出现。"最终，礼物不应该作为礼物出现：无论是对受赠人还是对捐赠者。如果对方察觉到这点，如果他将它作为礼物保留，则礼物被取消。"② 因为赠予者和受赠者一旦知道它是礼物，就会将礼物置于给予价值和回赠价值的计算中，这在德里达看来礼物的纯粹性就无法保持，这就不是真正意义上的礼物。另外，莫斯想要区分礼物与商品，却又没有明确它们之间的差异，导致他交换礼物的说法引起德里达的关注，进入交换还能作为礼物吗？德里达认为礼物不能被经验，也就是一旦进入经验范畴礼物就将消失，随之消失的还有赠予者和受赠者。礼物超越了主体性经验，它的赠予只能将其看作无法预计的事件。为了保持礼物赠予的纯粹性，不使其落入回报的循环而消失，德里达引入了时间。赠礼是一种时间差异的运动，它与交换的不同之处在于"剩余和过度"③，尽管德里达理解莫斯将回报的延迟作为延迟的时间化理解成礼物的自身要求，但想在时间中成为礼物自身就会导致礼物的消失，因为延迟的时间化使事物不能

---

① DERRIDA J. Donner le temps. I. La fausse monnaie［M］. Paris：Galilée, 1991：21.

② DERRIDA J. Donner le temps. I. La fausse monnaie［M］. Paris：Galilée, 1991：26.

③ "剩余"是德里达经常使用的表述，它与延异一样并非确切概念，他坚持剩余 rester 与存在 être 的区别，哲学要思考自身的剩余。具体可以参考夏可君. 德里达的未来：无余与哀悼［J］. 法兰西思想评论，2016：160.

成为自身。礼物的赠予在悖论性经验中成为一种期待的事件。因为礼物的到来是作为事件的意外出现，从而破坏了所有知识。它必须作为不可能性到来。

德里达对礼物的进一步理解来自马里翁的交锋。马里翁敏锐地发现了在场与经济对德里达礼物造成的悖谬处境，他提出将礼物外在于经济且礼物在不在场中被给予，但德里达对于马里翁突破时间性和现象性的被给予性同样提出质疑，他认为马里翁悬置礼物各个环节的做法会导致礼物不显现。德里达对礼物的受赠者环节也进行过悬置，但德里达的目的是保持纯粹的赠予性，作为礼物的接受者必须不做回报、无须偿还，受赠者可能是非敌非友的任何身份，即受赠者可能不知道自己的受赠者身份。为保持赠予性，德里达悬置了受赠者。对赠予者而言，也应该将赠予礼物的自我意识悬置，赠予者的自我意识隐含着形而上学传统，不加以舍弃很难达到纯粹的赠予性。德里达认为也应该对礼物进行遗忘，"有必要在礼物的条件下考虑遗忘，在彻底的、绝对的遗忘条件下考虑礼物"①。他主张必须彻底忘记礼物。他首先瞄准了海德格尔所说的 es gibt，字面意思是"有"，而法语将其翻译为"il y a"。es gibt 在海德格尔哲学中指对存在和时间的原始给予，即 es gibt sein 和 es gibt zeit。"在'存在'（'Il y a de l'être'）（'Es gibt Sein'）中，只给出了存在和时间，它们什么都不是。"② 作为礼物的时间是不存在的，但是时间是存在的。在循环交换的经济结构中无法讨论时间和礼物，赠予时间在德里达看来如同赠予死亡，赠予礼物就是赠予无物。如同存在与存在者的差异、时间与作为当下的时间性的差异一样，以遗忘为条件的礼物在给予环节不显现，或者说礼物不存在，那么这样的礼物如何外在于经济？德里达是想将礼物经验置于超越对称性经济的非经济中。在德里达看来，礼物并非纯粹不显现，它可以保持现象性，作为纯粹的礼物。不论多么短暂的在场，都会解构礼物本身。

---

① DERRIDA J. Donner le temps. I. La fausse monnaie ［M］. Paris：Galilée，1991：31.

② DERRIDA J. Donner le temps. I. La fausse monnaie ［M］. Paris：Galilée，1991：34.

　　德里达的礼物当然还有政治、伦理方面的理解。在礼物的政治层面中，礼物是被作为满足人们喜好的东西。它可以按照预期被表述出来，也就是被定义。礼物以在场的概念呈现自身，礼物就不再是真正的礼物。可能的政治层面使礼物成为不可能，因为它排除了差异性和他者，礼物的独特性也就无法显现。但是，在礼物的伦理层面中，纯粹的礼物是不被概念化显现的，"礼物是虚无的结果：不可预测和无法解释，它必须像事件或创造一样，扰乱因果关系的顺序"①。礼物应该像他者一样、像事件一样，以出人意料的方式出现。"礼物是不可命名的，因为无论说它是什么，它都不是你说出来的那个东西。"② 因此，礼物是不可言说的，类似马太福音中说到的："你施舍的时候，你的左手不知道你的右手在干什么，所以你的施舍是秘密的。" 德里达的礼物是想打破交换经济的形而上学结构，在一种悖谬的主体性经验中呈现绝对观念或绝对知识的不可能，以及作为政治领域的礼物与伦理中的礼物的关系。

　　因此，主体的悖谬经验表明伦理层面的不可能是纯粹礼物可能的条件。但这种延异带来的悖谬经验不应该简单总结为一种礼物的可能与礼物的不可能的逻辑矛盾，这样的逻辑矛盾等于抽空了延异的时间。延异的时间使得礼物不能成为其自身，由于在形而上学传统中必须以同一性为前提，所以礼物的理论难以企及，我们应该在一种动态中理解礼物。为了使礼物成为可能，它必须看起来不可能。与不可能的礼物同样的还有不可能的宽恕，宽恕与礼物一样包含着一种悖论性经验。

二、不可能的宽恕

　　德里达关于宽恕的著作可追溯到 20 世纪 90 年代，他借鉴了扬科列

---

①　DERRIDA J. Donner le temps. I. La fausse monnaie ［M］. Paris：Galilée，1991：153 + 157.

②　尚杰. 精神的分裂——与老年德里达对话 ［M］. 上海：同济大学出版社，2006：73.

维奇努力辨别宽恕的矛盾条件①。与其他伦理问题一样，德里达的讨论是哲学层面的，并且仍然在解构思维下展开，因此也从另一侧面展现出解构的伦理面向。但宽恕问题与现实国际政治的密切联系，使德里达在对宽恕问题的讨论上有具体的政治案例关切，这也一定程度上回应了关于解构漠视政治伦理的质疑。他于 1999 年接受《论坛报》的访问，整理为《世纪与宽恕》，在阐明宽恕的无条件性问题的同时，也就一些具体的政治事件，如二战期间的种族屠杀、南非种族隔离等极端罪行的宽恕问题做出哲学视角的回应。紧接着在 2000 年出版的《信仰与知识》中，德里达力求在不打破哲学传统的情况下思考今天的宗教，同时发问：如果宽恕的语言被强加给既不是欧洲也不是圣经的文化，大屠杀之后的宽恕是否是真正的宽恕？《信仰与知识》同《世纪与宽恕》是德里达反思我们"全球化"时代历史紧迫性的两个重要且互补的里程碑。2001 年德里达更是在北京大学做了一场《宽恕：不可宽恕和不受时效约束》的讲演。

与礼物等伦理概念一样，德里达宽恕问题在很多地方令人难以理解。在研究德里达的思想时要时刻提醒自己的思维要同他一起在解构的时间观念下思考，而非在抽空了时间陷入静止的传统哲学概念中。"当你（指德里达）把宽恕说成是对不可以原谅的事情表示谅解的态度……这是对西方传统理性态度（诸对概念的对立统一关系）的解构。"② 与礼物研究思路相同，德里达首先发现了一些重要思想家的宽恕概念中的逻辑矛盾，进而指出宽恕的悖谬经验，表达了他对宽恕的超越性理解，而这样一种哲学层面的讨论也由于宽恕自身的实践意义进入政治伦理维度，所以德里达的宽恕也可以分为可能的政治和不可能的伦

---

① 1963 年的法语犹太知识分子会议（Colloque des intellectuels juifs de langue française）上扬科列维奇发表了他关于宽恕的关键文本之一，也是勒维纳斯的著作《塔木德四讲》中宽恕的思想资源。

② 尚杰. 精神的分裂——与老年德里达对话 [J] . 上海：同济大学出版社，2006：335.

理两个理解视域。德里达的主体悖谬经验再次表明宽恕的可能性正是以其不可能性作为条件。所以在悖谬经验下，德里达的宽恕有如下几个特点。

宽恕是一种不对称经济，提到宽恕会连带想到报复和惩罚，但阿仑特将报复与惩罚区分开来。哲学意义上的报复是指"我"与"他人"之间存在一种利害计算，它强调心理上的对等或曰对称，如果这一平衡被打破，便会使双方陷入报复循环。阿仑特认为这样就使得报复过程永无结点，但宽恕可以打破这一循环结构。阿仑特的这一分析为德里达所赞同，要使双方不纠缠于这一循环过程，就需要一种非经济或者不对称经济的宽恕。与礼物要求遗忘相反，宽恕要求保留记忆。在犯罪者不做悔过且被害者对罪行保有完整记忆的情境下做出宽恕，这样包含悖谬的宽恕是为真正的宽恕。德里达认为，在宽恕的核心，我们被悖论困扰。在德里达看来，如果有什么需要宽恕的，那就是宗教语言中所说的大罪，不可宽恕的罪行或伤害。这是他在许多不同的陈述中重复的一点："宽恕只宽恕不可宽恕的人。"对德里达来说，宽恕不是遗忘，它需要受害者和罪犯的完整记忆。受害者需要记住发生的事情才能原谅。因此，德里达对阿仑特将犯罪行为与犯罪者区分开来，认为只有悔过犯罪的人可以原谅，而对行为不可原谅的分析抱有异议。他指出"宽恕的经验预设了一个谁（过错）和一个什么（过错），无法将它们分开，甚至区分它们"①。出于忏悔、请求的宽恕仍然是一种对等性的平衡，这样的宽恕依然是一种对称经济。在德里达看来，出于政治、经济上的交换需要而做出的和解都不能称为真正意义上的宽恕，纯粹意义上的宽恕一定是不对称的、无计算的非债务。

宽恕是无条件的，这里德里达主要反驳了扬科列维奇关于有条件的宽恕。德里达表面上要问的是谁可以被宽恕？谁可以给予宽恕？德里达实际思考的是宽恕的条件，同时也思考了宽恕的界限。扬科列维奇在

---

① DERRIDA J. Le parjure et le pardon Volume I Séminaire 1997–98［M］. Paris：Seuil，1997：32.

《宽恕》和《不受时效约束》等作品中阐述了他的宽恕思想，他认为宽恕必须发生在请求宽恕的语境中，这也是西方宗教中的一种宽恕的规定。他对宽恕的条件是德里达所不接受的。如果宽恕只有在犯罪者请求、悔过的条件下才能被给予，那等于将犯罪者与罪行分开，请求宽恕的人已经不是当时犯罪的人，这样的宽恕并不是宽恕原本的犯罪者，不能成为真正意义上的宽恕。而且这样的宽恕在德里达看来是出于同情的，将被害者置于犯罪者角度，被害者这个主体为他人着想，进入对方心里，这样形成一种趋向同一性的运动。但德里达认为他人是我无法完全了解的，我也不会完全被他人认同，宽恕只能是趋向相异的运动，因此，怜悯带来的是宽恕的消失，因怜悯、仁慈而建立或证明的宽恕是循环经济中承认、交换、赎回、赎罪系统的一部分。西方宗教传统中还有一种无条件的宽恕，这样的文化背景也是扬科列维奇摇摆于有条件与无条件的宽恕之间的原因。他相信宽恕的无限力量，但他也担心被宽恕最后成为被遗忘，所以提出"绝不宽恕"，尤其是对于超越人的知性能力之外的犯罪，是不可宽恕的。但这与之前给予请求宽恕者宽恕的主张存在矛盾。我们对于超越人类能力之外的犯罪无法给予宽恕也成为宽恕的界限，但即便这样扬科列维奇还是要求认罪，只有悔过罪行才能被宽恕。宽恕的这一界限也使宽恕在罪恶的遗忘、算计中结束了，纯粹意义的宽恕消失了。这也是西方文化传统中并存的宽恕的有条件和无条件的悖论性带来的宽恕自身的矛盾。扬科列维奇既主张绝对不宽恕又受到宗教伦理的影响相信宽恕的无限性，在宽恕的有条件与无条件的双重缠绕中无法把握纯粹的宽恕或者说造成其宽恕的自我解构，但宽恕是在这样两个异质性的逻辑中发生。在不宽恕的事情上才有宽恕的意义，这是一种对人类自身的超越，因此德里达的宽恕是无条件地对人类自身的超越。

宽恕是无限的或非有限的。与扬科列维奇、勒维纳斯一样，阿仑特对宽恕问题的理解也存在一定的宗教角度。尽管阿仑特将宽恕视为人类跳出类似循环情境的能力，但对于超出人类能力的极端犯罪则将宽恕交给了上帝。在参加纳粹战犯审判过程中，由于罪大恶极的犯罪超出人的惩罚能力，超越了人类界限，阿仑特提出了"平庸的恶"。她将宽恕的权利交由上帝，从某种程度上抹去了人类宽恕能力的超越性。而德里达后期讨论的礼物、宽恕、好客等问题基本上延续着勒维纳斯他者伦理之思，但在宽恕问题上，德里达认为勒维纳斯与扬科列维奇和阿仑特一样，二者的宽恕都是有限的宽恕。勒维纳斯认为上帝以各种方式降临人的精神，但勒维纳斯在纳粹问题上对海德格尔给出了不宽恕，这也可以说是其矛盾之处也是其宽恕的有限性表现。但需要注意的是宽恕的无限性并不表示宽恕可以无限扩展，宽恕的主体与对象是一对一、面对面的，宽恕的本质需要个人面对面，只涉及绝对的独特性，也就是除宽恕者与受害者外，第三者没有权利给予宽恕。因此，宽恕与过去有关，与过去的事件有关。但宽恕中也有未来，并且宽恕是无止境的。① 它涉及这两种特性。一旦第三方介入，它就不再是纯粹的宽恕。因此，在宽恕问题中，这会将政治或法律置于危险的境地。德里达强调宽恕只有受害者才能给出，均衡得失、权衡利害法院判决只能是依据条令给出的判断。这也就是说，宽恕要超越一般意义上的政治或法律的条件或计算，在无限和绝对例外的逻辑中，宽恕是一种凌驾于法律之上的至高无上的行为，成为一种无限的、不可能的宽恕。

因此，我们可以将德里达的宽恕做如下总结。一方面是政治上存在的有实际条件的需要对不可宽恕做出的宽恕。交易性质的宽恕可以采取决定、谈判、请求或任何其他形式的合同的形式。不管是什么原因：怜悯、承认、救赎、认罪、忏悔、请求和解或表示遗憾，无论场景是伪装成慷慨还是补偿，都是交易性的。这样循环结构中的宽恕事先假设有一种特殊的身份认同，即请求宽恕的一方（加害者）将过错的责任转移给另一方（受害者）。这既不能结束加害者的悔恨，也不能使他清白。另一方面是在超越伦理意义上的伦理范围内，无条件的宽恕是疯狂的：

---

① DERRIDA J. Foi et Savoir, suivi de Le Siècle et le Pardon［M］. Paris：Seuil, 2000：104.

它是一个惊喜，一场革命，一个与政治和法律不同的事件，一个超越伦理的伦理。宽恕在本质上是要求去做不可能的事，在不可宽恕的罪恶那里才能发现超越性的宽恕，即德里达所说的："宽恕是不可能的，也是可能的本质，绝对的力量，超越力量的力量，从上到下的垂直。"① 宽恕如同事件一样，是意料之外的降临，只能接受，宽恕最不可宽恕的，在宽恕的不可能中寻找宽恕的可能。这正是德里达对宽恕最为哲学和伦理学的解释，这里也呼应了上一章中德里达的伦理正是要在伦理最不可能的地方加以理解。但不能因为德里达这样的表述就简单得出宽恕内部可能与不可能的逻辑矛盾，然后直接推导出宽恕不可能，宽恕的超越性或者说纯粹意义上的宽恕是值得期待的。一般意义上的宽恕与哲学意义上的宽恕是两个层面，后者追求一种精神上的超越，一种超出形而上学的不可能。德里达哲学中的宽恕就是一种与过去时间无关的诗意感受，一种外在于世俗的体验。纯粹宽恕的本质在于对他者的无条件的原谅与接纳，与此相同的是对他者无条件的好客。

三、无条件的好客

德里达的好客主张批判地继承了康德的永久和平论和勒维纳斯的绝对好客论，他将两位哲学家关于人类和平、友爱、好客之思进行了对照剖析，而正是在二者几乎相反的运思中，德里达对当代西方的伦理、政治、社会深入反思，并找到问题的切入点。

康德在《永久和平论》中主张用理性状态克制人类的自然状态，以法律、政治为基础的公民社会是永久和平的前提。在没有理性指导的自然状态下，人与人之间的关系随时处于一种冲突的紧张状态，很难保持和平，更无正义可言。只有遵守公民法则，才有可能实现永久和平。康德在这样的思路下主张发扬好客精神，所以这样的好客也是有条件的，就是人类进入公民体制。在这样的公民体制下，好客被视为外来者

---

① DERRIDA J. Le parjure et le pardon Volume I Séminaire 1997-98 ［M］. Paris：Seuil，1997：92.

要求在我这里不受敌视的权利。而权利的实施必须符合一定的前提条件，在康德这里，就是可能相互影响的人与人保持和平。也就是说，康德承诺的好客以和平为前提条件。

与康德理智主导的有条件的好客相对立的是勒维纳斯无条件的绝对好客，在《整体与无限》《别样于存在或超越本质》中，勒维纳斯的好客依然是以他者伦理为基础的，尤其是面对他者脸孔的召唤，无条件地接待"脸孔"。所以勒维纳斯的好客自然是将他者作为绝对客人的无条件的好客，他要求友善地对待一切他者，好客是法律、规则之外的好客。这样一来，好客就反置为和平的条件。勒维纳斯反对康德的好客，指出主人相对客人具有的理性暴力，勒维纳斯将好客理解为客人向主人发出要求的权利。勒维纳斯不仅反置了康德和平是好客的条件，而且也反置了主人与客人的身份。

康德有条件的好客是德里达不能接受的，在德里达那里，伦理层面的好客与礼物一样不能陷入礼尚往来的、已知的经济循环，要无条件地欢迎他者。德里达认为康德式的和平只能建立在法律上和政治上，但这不是永久的，也不是真正的和平。康德的有条件的好客似乎只给出了一个模糊的和平承诺。为了使这种好客纯粹，甚至不必准备，预见和预测谁会来：只有在我欢迎的地方才有纯正的好客，而不是邀请，但是这位意外的来访者，以某种方式入侵我的人，来到我家的人，而且是当我没有准备好时。① 因此，"绝对的客人是这个来临者，甚至没有为了它的期望视野，正如人们说的那样，这是打破我期待视野的人，而我甚至没有准备好接受我要去接受的那个人。这就是好客"② 。它是没有交换、没有互惠的。

对于勒维纳斯的好客，德里达认为勒维纳斯以绝对好客为条件的和平观，则是另一种好客权利的暴力。德里达则指出其悖论之处："一方

① 德里达. 论好客 [M]. 贾江鸿，译. 桂林：广西师范大学出版社，2008：121.
② DERRIDA J. Dire l'événement est-ce possible? [M]. Paris：L'Harmattan，2001：96-97.

面，无条件的好客超越了权利和义务、甚至政治；而另一方面，好客又被权利和义务所限定。"① 所以尽管德里达理解好客的条件会使好客成为不可能，但他还是意识到实践意义的维度，为这种无条件性附加条件，以避免无条件好客导致对我的空间的侵占甚至毁坏，进而破坏了友谊伦理。对于绝对他者的无条件接纳是对个体间差异性的无视，主人接待的是作为脸孔的客人，全然抛开民族、国家等社会因素，这根本无法走向永久和平。勒维纳斯压制自我，树立他者作为绝对客人成为又一中心和概念，是德里达所不能接受的，他要拆解真理概念化的绝对好客，好客的无条件也需要条件，绝对无条件成为好客的消解条件。

另外，德里达指出，勒维纳斯不可避免地陷入康德式的主客对立的结构中，而德里达所表达的好客是招待那些无法命名的人。德里达认为如果发生主客转换，好客最好的方面就成为最糟糕的方面，理想的好客是不做主人与客人的明确区分，在无条件的好客中，欢迎的主人避免任何关于对方身份的问题②。而且法语中 hôte 一词本身既有主人也有客人之意，针对主客互相转换的情况，德里达曾将同词根的敌对 hostilité 与好客 hospitalité 二词合为一个新词 hostipitalité，兼具这两方面含义。德里达认为对立思考好客与不好客，似乎可以完成概念的界定，但当好客的悖谬经验也就是好客的不可能成为好客的可能时，好客概念给出就不是那么容易了。为了更好地说明好客，德里达引入了外人（étranger）这一概念。对于居无定所的外人，他们的到来是成为客人还是敌人，又怎么去对待？是作为绝对他者的无条件的来客还是接受政治、法律审核的有条件的来客？德里达在这样的对立中再次延宕了外人的概念，也就延宕了勒维纳斯的绝对他者，同时也延宕了好客的概念。

德里达并非要在绝对好客与公民体制之间走一条折中路线，在德里达看来，好客的悖论之处在于好客的伦理律令有时要求违背所有的好客规则，也就是说好客的真理成为好客的非真理，这样的悖谬经验同礼

---

① 杜小真. 好客和现代国家政治之间 [J]. 黑龙江社会科学，2009，2.
② 德里达. 论好客 [M]. 贾江鸿，译. 桂林：广西师范大学出版社，2008：75.

物、宽恕一样，在解构时间观的思想维度中，概念的真理成为不可能。但并不代表好客不可能，德里达是要在真理思想之外的思想平台上，不断超越，不断调整思想，在实践中保持警醒。这种悖论表现为伦理上的纯粹无条件、无限好客与政治层面无条件好客的不可能。而造成这一悖谬的原因在于不可知的他者，使绝对的真理概念成为不可能。好客确实难以界定。字面意义上的好客指欢迎、接待、邀请等，然而这其中有一个内在的、无法解决的矛盾：一方面，它表明我的职责是欢迎对方或陌生人成为朋友。我必须收到它，欢迎他来到我这里。但另一方面，这个好客会假设我是主人，我是接收这个地方的所有者，这是我的地方。我的主人身份必须得到尊重和保护。在我将自己暴露给他人的那一刻，我的主人身份就可能会受到威胁，我可能会变成我客人的客人，好客的说法就难以维持。

在伦理层面上，好客是无条件的。在德里达看来，"纯粹"和"无限"这两个词表达了无条件。无条件是超越制度的、对他者的渴望，让他者来，既不能避免欢迎难以理解的客人，也不能反对。甚至在不知道他们之前就默认他，尽管他们既不是确定的，也不是可预测的，但只要对他者做出好客，就要让他们来。对他者说"来"，以不可估量、不可预知的差异来思考好客事件。即使我不这么认为，我也在说欢迎。也就是说，必须接受这一点，以使好客可以是无条件的、纯粹的和无限的。因此，无条件的、不请自来的好客是一项必须坚持的原则，它不是一个政治或法律允许的概念。①

政治层面上的好客总是有条件的。因为无条件的好客所要承担的风险是巨大的。政治层面的好客首先是对对方身份的判断，这种有条件是指机构、司法、国家等提供法律标准，通过对他者身份的确定来抵御一定的威胁。好客概念在双重约束下陷入悖谬境地。

也就是说，无条件的好客在实践层面尤其政治层面会与有条件的好

---

① 德里达. 明天会怎样［M］. 北京：中信出版社，2002：76-77.

客产生冲突。德里达是以伦理上的纯粹好客来引导在实践中如何不求回报、无条件地给予他者、对待他者。今天，我们以各种条件区分受欢迎和不受欢迎的人，但纯粹的好客是"在邀请和接待客人时，不要求客人（外国人、移民、说不同语言有不同风俗的人）必须遵照我的领土（我家里，我的单位等）上的规矩（法规）"。这与政治层面的好客原则是矛盾的，但德里达质疑的是附加各种条件的好客还是否是真正的好客。德里达提出的是一种对他者的宽容，避免文化冲突、种族歧视，接纳他者的独特性，也是独特主体呈现自身的前提。

与礼物和宽恕一样，在解构之下，好客的真理成为它的非真理。德里达指出绝对好客或纯粹礼物的不可能并不意味着解构最终走向虚无，他者的异质性构成了上述伦理概念的悖论性因素，但也正是这一悖谬经验使得伦理概念成为可能，所以德里达的伦理是非伦理的伦理，他强调无限的、无条件的好客是伦理本身，是伦理的整体和原则。德里达要表达的是要思考思想之外的、突破形而上学的既定概念，传统哲学总是在给定的真理概念内论证，既然真理概念已经给出，思想就被框制在可思想的界限内，这里缺乏解构时间观念，抽空时间意味着没有延异变化，德里达是要在我们不由自主地陷入形而上学之思的固化时，提醒我们思考思想的剩余，保留外在于形而上学的思考领地。勒维纳斯寻求的向外的超越或者福柯描述的异托邦也都是如此。礼物、宽恕、好客等伦理概念是在讲求回报的债务循环之外、可思考的结构体系之外的思想，是出于朝向他者，出于对他者的绝对责任。

第二节　为了他者的牺牲经验

德里达于 1991 年 10 月 20 日在一次题为"无法再现、秘密、夜晚、止赎"的会议上发表的讲话被整理为《牺牲》一文，并由 *Lieuxextremes* 杂志联合出版。同样在 20 世纪 90 年代发表的两部著作《赠予时间》和

《赠予死亡》中，德里达都探讨了牺牲（sacrifice）问题。sacrifice 可翻译为祭献或牺牲，德里达认为牺牲/祭献总是涉及交换，通过交换物品、事物或符号，献祭者承认不可能有纯粹的礼物。他在等待一种满足，一种掌握。在日常生活中，人可以吃掉动物、植物，我们不为我们牺牲的东西承担责任。牺牲结构使占有或支配合法化。牺牲行为保持循环性，它保证了交换的持久性，形成一种牺牲经济。随着以撒的牺牲，这个循环被打破了。亚伯拉罕同意杀死他的儿子，没有寻求任何补偿，也没有向别人证明自己是正当的，在最严重的牺牲时保守他的动机。这是一种突破交换和程序之外的牺牲经验，打破了现行道德，如同亚伯拉罕"在最坏的条件下也依然保守秘密，因而是无条件的保守；与上帝订立一种无掉件的契约。仅仅是为了做出无条件的回应"①。他的责任是无限的、无条件的，而这个不可决断的时刻蕴含着真正的决定。德里达认为不可能在所有方面都废除牺牲，但可以超越。也就是说，力图用一种牺牲经验打破这种牺牲经济。这就如同无条件的好客、纯粹的责任都具有赴死的勇气。

一、双重书写下的死亡

西方哲学对死亡问题的探讨更多是将死亡视为一种终结或界限，死亡是言说存在的前提，没有对死亡的思考，就不会有对生命存在的深刻领悟。尽管如此，死亡同时又切断了哲学，尤其是德里达认为死亡问题是现象学所无法给予清楚解释的，因为现象学强调活生生的在场，而在德里达早期作品《声音与现象》中曾指出死亡在哲学层面除了指肉体生命的终止，更是指向一种与活生生在场相反的绝对不在场。在德里达思想后期，死亡的赠礼成为一个突出的主题，在《赠予死亡》（*Donner la mort*）一书中，德里达对《创世纪》第二十二章亚伯拉罕的故事和克尔凯郭尔《恐惧与颤抖》进行了独特阅读，他的死亡问题与海德格

① 德里达. 赠予死亡［M］. 西安：西北大学出版社，2018：194.

尔、勒维纳斯有着相当的内在联系。

海德格尔通过"本己空间"将死亡表述为"不可能的可能性"，对本己的责任，在德里达看来海德格尔的死亡是具有不可试验的唯一性的、绝对他性的。没有人可以代替我死去：死亡是赋予我不可替代性的地方，在那里我体验到绝对的独特性。① 而勒维纳斯则是通过他者之死强调死的绝对神秘是为我们所不可知的，他分离了他异性，即他者外在于自身，我要为他者的死亡负责，甚至为他者牺牲。尽管海德格尔强调死亡的唯一性或本己性，但德里达仍然对其进行解构；尽管勒维纳斯指出绝对他者的无限性，德里达却强调每一他者的个体性。德里达仍然以双重书写的解构方式呈现死亡，德里达的死亡并不是生命线性进程的终点，他将死亡推进可能的不可能性与不可能的可能性交汇处，他仍然是将死亡这一极端境遇推向悖谬的道路。我们不能在毫无悖谬的情况下说："我的死，我已经死了。"这就是悖谬（aporia）的标志。要在生命最后的瞬间跨越死亡的边界，这是一条不可能的通道或者说是非通道、没有通道的，那么死亡也可以说是没有边界的。因此，我们无法定义死亡，"死亡作为语言的踪迹、它的储备、它的内外差异、它的补充作用于语言内部"②。任何附加在死亡一词上的描述都超出了死亡给予我们的意向性，也就是没有现象学的意向内容，死亡置于使意识显现的绝对不在场的阴暗处。从某种意义上说，死亡更为楔入人之本质。"如果我们必须期待死亡，我们也必须期待超越真理的界限。"③ 在德里达的双重书写下，死亡的界限模糊了，死亡概念的确定性被消解了。这正是解构的主要策略之一，通过双关游戏替补形而上学中心的不完满，模糊语言意义的边界。这样双重书写的悖谬也打破了死亡的经济或者牺牲经济。

---

① 德里达. 赠予死亡［M］. 西安：西北大学出版社，2018：54.

② DERRIDA J . De la grammatologie［M］. Paris：Minuit，1967：444. 德里达. 论文字学［M］. 汪堂家，译. 上海：上海译文出版社，2005：459.

③ DERRIDA J . Apories［M］. Paris：Galilée，1996：15.

　　德里达将宗教、死亡与经济联系起来，当解构策略与伦理联系起来就更具有现实面向。上帝为试探亚伯拉罕而诏令他将晚年获得的亲生儿子以撒带去莫里亚山献祭给上帝。亚伯拉罕的父爱与他的信仰遭遇了冲突，如果亚伯拉罕出于对儿子的爱而没有杀死以撒，这在克尔凯郭尔看来就是一种伦理的行为。德里达也将这样的行为视为伦理活动：我一进入与他者的关系之中，与他者的凝视、观看、要求、爱、命令或者召唤的关系之中，我就知道我只能通过牺牲伦理来做出回应，亦即牺牲迫使我也以同样的方式在同一时刻对所有他者做出回应的任何事物。我献出死亡的礼物、我背叛、我不需要为此在莫利亚山上将刀架在我儿子的脖子上。日日夜夜、每时每刻在这个世界所有的莫利亚山上，我把刀架在我所爱的以及我必须爱的事物上，架在我对之绝对忠诚的那些人的头上。① 德里达认为亚伯拉罕是用我的伦理祭献了上帝这个绝对他者，但德里达又将这样的悖谬境遇拉回实际伦理社会中，将绝对他者与每一他者等同起来，这样的境遇成为我们经常会面对的情况。如果亚伯拉罕杀死的是仇人或者他的非法儿子以实玛俐，这就加入了计算，那么便不构成牺牲，因为爱是牺牲的条件，祭献所爱之人才是爱的绝境，才使祭献区别于谋杀。亚伯拉罕并不是在计算、权衡后做出的选择，也没有预期也不可能预期神的赏赐。正是在这样的牺牲经验下，亚伯拉罕的献祭才有着更为超越的意义，是以撒的牺牲呼唤了一种绝对的、无限的、闻所未闻的责任：无条件的道德本身，它发挥了给予死亡的恩赐。② 也就是说，以不求回报的牺牲打破牺牲经济，上帝会终止献祭，同时奖赏亚伯拉罕多子多孙。这里的"经济"（économie）一词我们可以加以解构式的双关游戏，法语中该词既包含通过算计获得的经济结果，也包含通过权衡设计的合理结构。死亡或者亚伯拉罕式的牺牲正是要打破这种经济循环，走向结构的反面，即不可预设的事件。死亡是我们无法得到经验的，或者说无法定义真正的死亡，它只能是每一个具体的死亡，每一次

---

① DERRIDA J, Donner le temps, 1. La fausse monnaie [M] . Paris: Galilée, 1991: 68.
② 德里达. 赠予死亡 [M] . 西安: 西北大学出版社, 2018: 86.

的死亡都是唯一的事件，外在于我，也外在于他者，我们不能计算死亡，它不能在债务与偿还的循环结构中。

牺牲经验并不是去经历死亡，而是面临计算得失的死亡经济时，去力求打破牺牲经济的境遇。亚伯拉罕的牺牲经验正是在于他以不计得失的非伦理行为打破了牺牲经济，他对上帝的献祭是赠予上帝的礼物，也是上帝赠予他的礼物。"通过将我置于他的注视下和他的手中……通过给予死亡的秘密，通过给予一种新的死亡经验，而让我做出回应。"①这一死亡献礼是没有预设的、不计回报的，是一种面向他者的伦理关系。德里达带着一种牺牲经验思考死亡、责任和决定。

二、不负责任的责任

无论是勒维纳斯还是德里达，都在死亡的绝境下唤起一种对责任（responsabilité）的思考。勒维纳斯在主体与他者之间思考责任，在勒维纳斯的他者伦理学中，主体自然要为他者负责，甚至可以为他者的死亡负责。勒维纳斯在好客问题上已经将主体颠覆为客人，但在责任问题中他又进一步声称主体是人质。在勒维纳斯看来，主体间的关系是不对称的，主体对他者的责任也是单向的、没有债务关系的。勒维纳斯的责任也是在一种悖谬处境下展开的，尽管对他者的不可知使得我产生恐惧甚至有杀死他者的想法，但他者的脸孔向我发出"切勿杀我"的召唤，这句律令在勒维纳斯看来是正义的，如他所言，我与他者的关系即是正义。我要为他者负责，甚至为他者牺牲。而我越是要负责，越是无法负责，我为他者之死负责，我越不可能死去。勒维纳斯以死亡的悖谬联系了责任的悖谬，在这样的处境下，"一人为他者到一人成为他者的人质"②。德里达通过《俄狄浦斯在克罗诺斯》的悲剧进一步解释了勒维纳斯的人质问题。俄狄浦斯将自己的下葬地点只告诉了雅典国王忒修

---

①　德里达. 赠予死亡［M］. 西安：西北大学出版社，2018：45.

②　勒维纳斯. 上帝、死亡和时间［M］. 北京：生活·读书·新知三联书店，1997：228.

斯，连他的女儿安提伐涅都不知道。忒修斯成为被誓言、被俄狄浦斯绑架的人质，他对俄狄浦斯而言是一位客人，又成为人质。对忒修斯而言，俄狄浦斯也是一位客人，恪守誓言是忒修斯好客的表现，但这同时也让俄狄浦斯的女儿由于无法获知葬礼地点而陷入无限哀悼，成为俄狄浦斯之死的人质。至此，德里达只是进一步解释了勒维纳斯的主体成为客人又成为人质的问题，但同时也通过死亡问题，在主客的循环互换下，使每一个体成为他者的人质。然而，成为他者的人质在德里达的思想中具有某种献祭或牺牲的可能。

德里达通过以撒的故事，在他者的独特性中思考责任。他将责任的悖论经验与牺牲经验联系起来的问题，以一种不负责任的责任质疑了一般责任的本质，这种不负责任的责任是一种"纯粹责任"或"绝对责任"。"我在自己的独特性中与他者的独特性产生联系，立刻将我抛入绝对牺牲的空间或险境之中。"① 德里达提出好客的非经济是其责任的基础，亚伯拉罕接受上帝旨意献祭爱子以撒在德里达看来是一种绝对好客，也是对上帝这一他者的绝对责任。亚伯拉罕牺牲以撒的同时也牺牲了自己，总之，在这一层面上德里达想到的是与一般责任相悖谬的纯粹责任。"绝对责任不是责任……在绝对而特别的意义上，绝对责任必定是例外而异乎寻常的：仿佛绝对责任不再属于责任概念，因而始终是无法设想、无法思考的。唯其如此，它才是绝对责任。"② 但这里仍然有一种悖谬，那就是如果杀死以撒，亚伯拉罕不仅犯了切勿杀人的戒令，同时也是对具有生命的人的不负责任。如同绝对好客与一般意义的好客一样，纯粹责任也矛盾于一般责任，即责任的悖论是绝对和相对之间的悖论。亚伯拉罕带着儿子以撒前往莫里亚山，亚伯拉罕并没有做出任何回应，而是保持沉默。这是对道德秩序的违背，同时也是构成一种更高责任的标志。责任、决断概念被置于悖论、羞耻、绝境之中，"悖论、羞耻、绝境本身不是别的，而是牺牲；将概念思考向它的极限敞开，向

---

① 德里达. 赠予死亡 [M]. 西安：西北大学出版社，2018：88.
② 德里达. 赠予死亡 [M]. 西安：西北大学出版社，2018：79.

它的死亡和有限性敞开"①。

　　从总体上考虑，在道德秩序中，"纯粹责任"有别于"一般责任"，一般责任可以理解为克尔凯郭尔和德里达所说的一般概念性的"伦理"。克尔凯郭尔强调亚伯拉罕出于信仰而承担上帝给予的悖谬旨意，他身处恐惧之中，他要经历死亡的悖谬。德里达看到了克尔凯郭尔责任与伦理的矛盾，即纯粹责任与一般责任的对立。这一方面需要"一般性和普遍性的自我回应"，另一方面则需要"唯一性，绝对独特性……沉默和秘密"。②也就是说，一方面对于以撒的问题，亚伯拉罕需要回应，另一方面对于上帝的誓约，他要保持沉默。因此，他选择了一种似答非答的回应，被克尔凯郭尔称为非人的或者神的语言。这样的语言不可被普通语言理解，一旦转译为可交流共享的普通语言，献祭将成为共同讨论的协商，进入充满权衡和算计的一般社会伦理，我对上帝的绝对责任也就不复存在。这是普通语言约定俗成的普遍规则化约掉我的独特性，因此，只有以沉默来保持唯一性、独特性，承担起绝对责任。这样，无限的责任与沉默保持着紧密的连接，我的绝对责任是仅属于我的、不可替代的责任，这保持了我的独特性。不与他者对话，也就是我对自己的行为既不给出解释，也不加以回应。这看上去是不负责任的，这样的责任是悖谬的，但也是纯粹的。"绝对义务要求我们以不负责任（背信弃义）的方式行事，同时又承认、确认、再次肯定那被我们牺牲的人类责任与伦理的秩序。"③也就是说，真正的责任是不负责任的责任。

　　因此，德里达的责任可以理解为一种无限性，这种责任的可能性条件是对不可能的可能性的某种经验。因为纯粹责任面对的是独特性的他者，这种对他者的责任甚至可以为他者牺牲。"亚伯拉罕在接近牺牲中

①　德里达. 赠予死亡［M］. 西安：西北大学出版社，2018：89.
②　德里达. 赠予死亡［M］. 西安：西北大学出版社，2018：79.
③　德里达. 赠予死亡［M］. 西安：西北大学出版社，2018：87.

教会了我们什么？伦理的一般性，但无法保证责任反而引起了不负责任。"① 绝对责任应该在责任概念之外，是不可思想的责任，也就是许多论述中常说的不负责任，我们可以理解为非责任，更接近德里达的思想原意。绝对责任的这种悖谬是因为它是关于他者的伦理，在德里达看来，这种作为超出责任概念之外的责任也是我们日常经历的伦理经验。它既不受理性原则也不受主观计算支配的责任，带有一种本质上的过度。如同对待骨肉至亲时，我们不会因为尽到责任的伦理规定而停止付出的伦理经验。对每一他者的独特性的回应，使得对他者的责任是无限的。责任的无限在于人对上帝的责任所经历的悖谬经验可以出现在人与任何人之间。德里达的"每一他者都是整全他者"（tout autre est tout autre）的论述就是这样一种理解。他者对德里达而言是普遍又独特、众多又独一的，德里达政治伦理思想中的平等、公正等问题正是基于他者间的独立、平等。他者的无限性使得他者的脸孔与处境各不相同，这就需要承担对他者的无限责任。

今天的政治责任不是选择一条或另一条道路，而是要经历这种困境，经历不可能的事情。德里达说，要按照正义、理性或自由行事，我们必须没有一般规则，否则就相当于简单地应用程序或标准，这将是不负责任的。我们无法定义责任，我们所能做的就是承担责任，而且这是没有任何秘诀或计划的。德里达根据克尔凯郭尔、海德格尔、勒维纳斯等人的理论对西方历史提出质疑。伦理在这些文本中并不稳定。对他来说，这不是为它寻找基础的问题，基础总是缺乏的，而是服从另一个命令：对未来的开放。我们必须响应这一号召，冒着不负责任的风险。

有意识的主体在他身上隐藏着不负责任或绝对无意识的核心，这是历史永远不会抹去的。任何承诺都会带出这个不可思考或不可想象的核心，这个异端的、异质的维度，没有它就没有不确定性和未来。然后，人们会试图避免这种危险，例如，依靠第三方（国家、法律、政治），

---

① 德里达. 赠予死亡［M］. 西安：西北大学出版社，2018：78.

但随后责任本身就被背弃、背叛。作为对不确定性的回应，无论如何，都会带来巨大风险。最激进的不负责任，通过将自己与任何共同体、文化、社会纽带解脱，打开了与他者作为他者的关系的可能性，可以说，这是一种不负责任的绝对责任。

归根结底，德里达将责任与悖谬联系起来，意味着道德经验是悖谬的经历。克尔凯郭尔也曾指出责任的绝境，就是在面对一个他者时无法为其他众多他者负责。但德里达将克尔凯郭尔对上帝的纯粹信仰转换为对每一他者的绝对责任，"我对每一个人（他者）负起责任只能以对所有其余的人、对一般的伦理、政治不负责任的方式来做到。而我无法围着献祭做出辩白，我必须保持对此事的瓶颈。无论我愿意与否，我都无法为此人而牺牲彼人的事情做出辩白。所以，我会守口如瓶、保持秘密……绝对的牺牲并不是责任的祭坛上不负责任的献祭，而是我们最须服从的义务（作为常人中的一员去面对他者）的牺牲……约束着我的义务的完成"①。绝对责任的悖谬处境也成为日常伦理上的困境，我应该对每一他者负责，但真正践行这一责任时难免会为了回应某一他者而遗漏另一他者。绝对责任提醒我们经常处于这样的牺牲结构当中，例如，面对难民而置身事外的反应，是政治的集体无意识导致我们漠视了与这些无时无刻不在出现的牺牲者的关系。这就是德里达所说的对于认识或不认识的他者，我每一刻都在牺牲和背叛我另外的责任。但并不是绝对责任一定要牺牲掉一般责任，绝对责任需要一般责任的道德价值，正是因为牺牲了至爱的东西而不是厌恶或憎恨之物，绝对责任才是非经济的，是对他者召唤的绝对回应，也正因如此我更加珍爱牺牲掉的东西。同时也意味着我每一刻都需要做出决定并为此负责，责任的悖谬经验需要超越可以理解范围的决定。而超出知识范围以外的决定是怎样的决定？

---

① 德里达. 解构的思想与未来［M］. 夏可君，等译. 长春：吉林人民出版社，2006：373-374.

三、不可决断的决定

德里达试图发展一种自由的决定（décision）的思想，它不是应用知识、程序或者因果关系的预测而做出的决定，负责任的决定，一定要与知识保持异质性。如同不负责任的绝对责任是一种他者伦理，不可决定的决定也是一个对他者性质的决定。在德里达看来，正是由于对他者的责任，使我的决定成为一种不可能的决定，也是一种为了他者的决定。当我们面对责任的绝境时，才会有不可决定的难题。亚伯拉罕默默决定献祭以撒的那一刻，也献祭了自己。"每个决定必须在根本上同时是孤独的、秘密的、缄默的。"① 亚伯拉罕的决定在德里达看来是最道德又最不道德的、最负责又最不负责的。这也正是德里达在最不伦理的地方发现了真正的伦理。德里达将对上帝的绝对责任拉回到对每一他者的责任，同样关于上帝的决定也和在现实中的每一刻的决定一样，是为了他者的决定，是我在自身内部倾听他者召唤并做出的伦理决定。即便是在最短时间内做出的最自然的决定也会以不同方式出现，因此决定包含着不可决定性。

不可决定性就是德里达所阐述的不可能的可能或可能的不可能性的悖谬处境。德里达认为决定必须经历不可决定的经验，不可决定性是一种悖谬的境遇，这并不是在两难的矛盾对立间踌躇不决，它是非经济的，无须权衡。决定是经历了不可决断性的不可能经验，而不是遵循规则的计算过程。决定之所以为决定，是因为它会以不同方式出现，它需要承担错误的风险。反过来说，即便是完全保险的决定，一切都在可能的范围内、在一种可把握的历史进程内，这样的决定还是真正的决定吗？决定就是要面临一种牺牲的境地。实际上，"决定"一词的意思，在德里达看来，就是对可能的颠覆。在决定面前，不可能性使人只能被动地面对它。真正的决定必须超出主体的主观期待，因为决定如同事件

---

① 德里达. 解构的思想与未来 [M]. 夏可君，等译. 长春：吉林人民出版社，2006：364.

一样，突然发生，破坏了当下在场，因此人只能忍受它、欢迎它。意外将我们从知识中解放出来，让我们向异质敞开大门，没有异质就没有责任。决定就是为了他者的决定，这突出了该决定的事件特性而不是结构特性。如果是按照既定的前提定论，以某种结构方式做出的决定并不能称为真正意义上负有责任的决定，因为某种结构在自身形成的历史过程中排斥了事件的独特性，决定就像依据结构的自我生成。要做出一个真正的决定，总是超乎我的能力并不在我的把控内，但我对这一决定负责，因为这是为他者的决定。也许这是一个难以接受的决定，但正是在这种几乎牺牲的经验中才有真正的决定。

我们探讨决定，是要追问真正的决定，也是要探求正义的决定。怎样的决定可以称为正义的？任何一个堪称正义的决定都应经历困境——因为每一个单一的决定都是法治的应用，而正义是无法估量的①。参照规则的程序化决定，可以称为合法，但并不能算正义，抛开规则的决断也不能保证正义，悬置决定不给出决断也难称为正义。德里达认为作为主体中的他者的决定，正义很难是当下的、已完成的。决定的另一悖谬在于一个正义的决定应该是即刻的、紧迫的，我们不能在原有知识中推断正义的决定，正义的决定也无法为其自身提供知识。因为知识与正义是不同分属，它们之间没有连续性，应该从原有甚至无限的知识跳到决定的行动。这既要求对知识做出决定，又要求暂停所有知识。如果没有这种暂停，这将不是一个真正的决定，它只会是客观知识的实施，这是决定可能和不可能的条件。总之，决定应该逾越可计算的经济结构，超越知识。

德里达更加关心关乎政治伦理责任的决定，所以正义的决定自然指向了法律问题。作为过程结果的决定，只有在责任来临时，只有在必须当下做出决定的紧迫情境下，不可决定性才会成为形而上学的绝境，也正是在这里才有正义、决定。那么与不可决定性相对的可计算的、结构

---

① 德里达．友爱的政治学及其他［M］．胡继华，译．长春：吉林人民出版社，2006：437-438.

性的程序化的法律自然就成为德里达解构的对象。法律可以被解构吗？法律的判决就是正义的吗？德里达对法律的解构首先是动摇法律的基础，他提到蒙田关于法律的正义看法，人们对法律的服从是基于法律的权威而不是基于法律是正义的。这种权威的神秘基础在德里达看来是无法言明的，也就是说法律的基础是其自身，它本身代表一种权威，那么法律自某种意义上说就是暴力的。法律似乎寻求一种理想化的情况，就是依靠法律的权威、依据先前的法规，法庭做出的判决就是最终定论，这里没有什么需要决定，也就自然没有什么需要负责。法院认真遵守程序化的办公就是要让事件的独特性保持最小值，如果法院的判决没有权威性，法律的正义价值就会大打折扣。但实际经验上，程序化的法律判决并不适合每一案例。也就是说程序或结构的一般性总是在现实实践层面上拒绝事件不可还原的独特性。这样程序化的决定并不能称为真正意义上的决定，它排除了决定以不同方式呈现的可能。不可决定性是任何决定，尤其是那些关系到政治伦理责任的决定得以实现的条件。"责任概念总是包含了一种超越了单纯意识或理论性认识的行动、行为、实践、决断。"① 既要了解这些词的含义，也要思考其中的异质性、不可想象的东西。亚伯拉罕必须始终保守对上帝的那个秘密，独自做出决定不能与他人分享，以保持对上帝的责任；但另一方面为了上帝这个绝对他者，亚伯拉罕要牺牲另一他者，即挚爱的儿子，他无法对此负责。这也使得他者之间形成一种矛盾处境，使决定成为可能的不可能。正是经历了这些不可决断，决定才成为事件，这样每一次的决定都是新的决定，作为事件的决定并不来自一般性法规，也不归于一般性法规。程序化的决定并不会终止不可决断性，前者并不是定论或者说真正意义上的决定，不可决定性会使决定以不同形式呈现，没有止境，这幽灵般的特性使决定成为未来的决定；不可决断性也不是全然抛弃法规或程序，只是提醒我们在援引法律、程序的同时不要将以此做出的决定视为完全正

①　德里达. 赠予死亡［M］. 王钦，译. 西安：西北大学出版社，2018：36.

义。德里达对法律的解构运作最主要的是将结构性的法律的判决看作对不可决定性的不负责任的忽视。德里达同时指出，法律的正义或者正义的法规可以解构，但在此之上的正义本身是不能解构的，这也成为解构的边界。

解构是在可能与不可能、绝对与一般的悖谬中思考责任的承担，正如卡普托所说的，解构不去能去的地方，解构是在一种悖谬处境与牺牲境遇下思考一种不可能性。决定也是如此，"只有经历不可决断的决断，才是自由的决断"①。如同亚伯拉罕走向莫里亚山，解构走向思想的绝境，这里没有交换和算计，没有出口，无法决定。德里达的礼物、宽恕、好客都是在这样的悖谬处境下，外在礼尚往来的经济循环结构中。解构的悖谬处境使其自身无法完成、解决，只能走向他者，或者等待他者来临，向他者敞开、向未来敞开。我们看到德里达的所有伦理和政治思想都以礼物、差异以及未来的思想为标志。因此，可能的宽恕是不可能的宽恕；可能的好客是无条件的和无限的；真正的决定是我自身的他者的决定；真正的责任是不负责任的，因为它是绝对的。德里达的这些伦理主张动摇了概念的确定性，打破了伦理的互惠经济。从朝向他者的那一刻，延异的时间观就将问题带向悖谬，德里达在悖谬中思考伦理的同时也拷问着政治，即能否有一种为了他者的政治。

第三节　被他者召唤的解构政治概念

我们常说德里达早期主要围绕思想和文本，后期更多地思考政治问题，但实际上更为确切的说法是，他后期对主体的行为更为关注。正因如此，德里达在对蒙田、克尔凯郭尔、阿仑特、施密特等人的作品进行一些解构式阅读后发表的理论批评作品主要焦点不在于政治制度、国家

---

① 德里达. 友爱的政治学及其他 [M]. 胡继华，译. 长春: 吉林人民出版社，2006: 437.

民族体系、现代政治手段等问题，而是意在重新阐明涉及政治伦理的基本范畴，如他者、责任、决定、正义、民主、弥赛亚等。

围绕他者之思，德里达重新诠释了解构政治中与亲缘关系为中心的民主相区别的友爱民主、与法律正义相区别的向他者敞开的正义以及与弥赛亚主义相区别的来临中的弥赛亚性等新的政治理念。

一、解构即正义

正义是西方政治哲学和伦理学的研究重心，在英语和法语中的拼写相同，都是 justice，在这两个语种里都具有公正、公平、正义、公道等含义，在西方政治思想中这些是互相关联的概念，它主要是对现存秩序的思考。亚里士多德在《尼可马科伦理学》里将正义列为重要的德性，认为它是城邦秩序的基本原则，"城邦以正义为原则。有正义衍生的礼法，可以凭判人间的是非曲直，正义恰正是树立社会秩序的基础"①。在《政治学》中，亚里士多德的主要问题也是正义，他将城邦共同体的善看作第一目的。柏拉图的《理想国》也是以正义为阐述核心，建立一个正义的政治共同体。可见在古希腊传统政治学中是以正义来维持城邦社会秩序的。此后的卢梭、阿仑特、罗尔斯、麦金泰尔等人都对正义问题进行过充分的探讨，由于时代差异，对正义的讨论不尽相同。进入后现代，德里达再次以悖谬经验处理正义与法律，以延异时间思考正义，德里达试图超越现有秩序来发掘正义的概念，以他者伦理重新思考真正的正义。

如同赠予、好客、宽恕都有两层意义一样，正义也可以分为有条件的日常生活的正义与无条件的超越意义的正义。有条件的正义是根据政治约束和现行的法律原则组织起来的，无条件的正义是超越任何法律、任何经济、任何规则、任何标准和现行法律的。之所以有这样的区分，是因为有条件的法律正义面临绝境，对德里达而言，任何法律的实施都

---

① 亚里士多德. 尼可马科伦理学［M］. 苗力田，译. 北京：中国社会科学出版社，1990：11.

不可能称为真正意义上的正义，法律正义存在一种悖谬：一方面，法官如果严格遵守法律条文和相关程序做出审判，并不是绝对正义，因为这如果可以称为正义，那么机器人就可以做法官；另一方面，如果法官按照自我的主观意愿审判，那更不构成正义。法律正义成为一种不可能的审判，但正是这个判决的紧迫性使得决定必须当即给出，所以德里达认为在法律审判中，不会有绝对正义在场。因此，无条件的正义应当与当下时间脱离。正义是不可解构的，但它必须在解构中被思考，在超越、脱节、错位的法律之外，"超越于正义，尤其超越于唯法律论之外，超越于伦理尤其超越于伦理学之外"①。与其他政治伦理概念一样，德里达强调一种与在场概念相分离的正义，对他来说，充分在场的正义意味着排除了即将来临的他者。因此，正义从必须屈服于他者独特性的东西中汲取其源泉，不是为了复仇或惩罚，"而是为了恢复礼物的不计算性和他者的非经济的超立场的独特性这样的正义"②。它在任何现在之前，比记忆本身更早，它作为未来来临。在这种解构的时间观构建的思想维度中，正义的概念不再是当下在场的、可理解的、预先设定的，也就是说正义概念不再是原样的重复，它将是有差异的再现。只有这样的正义才能真正思考与独特他者的关系。

正义是具有绝对独特性的。正义总是针对独特性，针对他者的独特性，尽管它声称他者具有普遍性。作为绝对独特性的他者，我们必须欢迎它。因此，凡是遭受了其独特性否定的人都必须寻求正义。对德里达来说，正义不是交换或给予正义，而是在礼物中形成了与他者不对称的关系。对德里达来说，正义并不在于"做正义"，因为做正义等于将与他者的关系铭刻在交换的契约性经济关系中，这种关系将他者视为相同的重复。但是，为了使礼物不服从于交换的姿态，要使其与他者的无法估量的独特性相称而无法衡量，因此给予他者的礼物必须是我们所没有的礼物。"正义的问题……再也不会与赠予的问题无关……正义就是给

---

① 德里达. 马克思的幽灵 [M]. 何一，译. 北京：中国人民大学出版社，2016：28.
② 德里达. 马克思的幽灵 [M]. 何一，译. 北京：中国人民大学出版社，2016：24.

予人民所没有的东西。"① 因此，正义是一种创造，就如同遵守交通规则并不能称为正义，因为规则或者法律条令不是正义，正义是要去创造规则。所以正义看上去是无法实现的，它就像礼物一样，总是即将到来。因此，现实中似乎不会有真正的正义，因为正义与它的在场概念背离。一种超越法律的正义，没有一般规则可以适用，因为它只适用于每一独特情况，适用于某一个体，适用于某一民族。纯粹的正义不进入手段和目的的逻辑，而是进入一种更原始的逻辑，高于理性，具有纯粹无私的表现形式。它不遵循法律，而是破坏了法律；它不设定界限，而是消除了边界。正义与其概念的背离，就在于正义是与每一独特他者的关系，没有哪一规则可以包涵任何变化。因此，正义的可能基于正义的不可能。

德里达认为必须考虑已有秩序中处于边缘位置或者被排除在外的他者，他者虽然带来不确定性，但他者的不确定性是蕴含在他者自身之内的，是真正正义的可能性条件。不确定的他者和他者的不确定性呈现出无止境的延异，因此正义是没有固定形态的、无限的，德里达也表达过由于正义自身的异质性，它与自身是无法达到同一的，它永远在具体之上。现有民主制度也许有具体的正义因素，但是无法等同于正义本身。正义是对现有秩序、界限的超越，也就是对原有秩序的颠覆、重构，是将他者纳入秩序并重视他者的责任，德里达的这一处理继承了勒维纳斯的他者思想，勒维纳斯在《整体与无限》中指出与他者的关系即为正义。德里达也认为正义要保持与自身的异质性，正义内部的差异使得法律不能以同一标准或模式来判定正义，因此出于正义的需要，法律需要不断调整，每一个正义的判决都是一次全新的判决。因此，正义是面向未来的具有不确定因素的且随时会颠覆现有制度的，所以现有制度与正义并不是一种直接关系，也不应该将某种秩序等同于正义。

正义需要重塑法律。通过超越计算、程序和规则，正义的呼声向未

---

① 德里达. 马克思的幽灵［M］. 何一，译. 北京：中国人民大学出版社，2016：27.

来敞开，它指挥着法律的转变和重建。① 为了更好地解释正义概念，德里达将法律与正义做了明确区分。如上文所述，德里达在悬置了法律基础后，揭去法律的正义表象，法律的正义就是可探讨的，也就是可以解构的。法律是可计算的、可判断的，从而最终形成社会强制性的具体条文、规则；正义是不可计算的，他者的不确定性使正义无法通过理性分析得出统一的内容，无法付诸实践。在法律实践的历史中，可以看到法律为正义提供可能却无法保证它的实现。德里达通过指出法律实践中面临的无法克服的悖谬或绝境解构了法律，再将解构与正义建立联系。第一个难题就是法律规则的悬置，即执法主体在执法过程中对法律决断的斟酌和分寸的把握。尽管法律是从正义原则出发制定的，但由于执法主体的主观原因，无法保证法律决断的过程能有效约束在一种普遍的原则内。也就是德里达所认为的"一个决断想要成为正义的决断……在每一种情况下都重造法律"②。执法主体不可避免的这种"违法行为"是法律自身都难以克服的。另外一个难题就是法律规则的暴力，由于法律是以自身为基础的，法律规则既不能保证执法主体的合法性也不能保证他者的无限权力，对他者权利的维护是德里达判断法律决断是否正义的主要考量。因此，法律只有通过自身的强制力作为保障，贯彻一种社会普遍接受的规则同时也是对他者的暴力，这也意味着法律的正义源于它自身的暴力。"勒维纳斯说，与他人的关系也可以说就是正义"③ 关系，德里达进一步认为这种关系是无限的、不对称的，它不需要任何预设规则，随时需要被调整、创造。此时的一个依据法规程序称为正义的决断可能是对某个不在场他者的不正义，如同法国大革命后期以正义之名所展开的恐怖屠杀，冠以正义之名的行动最终背离了正义的理想。解构质

---

① 德里达. 友爱的政治学及其他［M］. 胡继华，译. 长春：吉林人民出版社，2006：466-467.

② 德里达. 友爱的政治学及其他［M］. 胡继华，译. 长春：吉林人民出版社，2006：436.

③ 德里达. 马克思的幽灵［M］. 何一，译. 北京：中国人民大学出版社，2016：24.

疑的就是绝对在场的正义的确定性，无条件的正义是无限的。这种观念之所以是无限的，是因为它不可还原；之所以不可还原，是因为它对他者也有所亏欠。以正义之名的决断不可能是正义的，法律中纯粹的正义只能是一种设想，因为法律规则的实施过程不可避免地被现实化。但这并不等于摒弃或拒绝结构化的法律规则，法律规则可以给予正义实践一定的参考和权威性。在德里达的伦理思想中，作为事件反面的结构并不是毫无意义的，尽管结构不能完全代表在场的真理，却可以为我们所使用。只是德里达的解构所传达的积极意义在于：当我们使用结构时，不能将其看作绝对真理，在场中心的缺乏使思维有了另一个场域，我们应该获得一种实践上的能动性。

　　德里达对正义的讨论正是对解构策略的运作，正义的悖谬并不是说推导出正义不可能，正义就无效，就无须探讨正义，而是需要另一种正义，在同一的经济学之外的正义。正义与非正义的思考"事关解构的可能性。……解构的魅力，无论具有怎样的力量和欲望，它都是某种不可能的体验"①，正义的不可解构性是正义可能的条件。如同礼物不能在互惠循环中一样，正义也不能被占有、被交换，不能在场，否则正义就是非正义，正义必须是与当下分离的绝对礼物。对现有秩序自身进行解构，反对中心与边缘的对立，在一种相互关系中维护他者权利，只有不可决断的、不被现实化的、永远来临的决断才是正义之决断。因此，他说解构即正义。由于解构思想中心的缺席在伦理领域中就是主体不能成为伦理行为的出发点，只能是对他者负责、为他者的决定，而他者又总是不在场的，这使得德里达的一些伦理概念总是在来临的路上。向未来展开的正义并不意味着需要一直被动地等待，虽然它是一种难以实施的可能，仍然值得期待。从时间上说，如果没有对正义的理想性期待，就不会有对正义的无限切近，正义就不会最终降临；从空间上说，如果没有经历这种不断付诸实践的经验，去经历正义不可能的过程，就不会

---

① 德里达. 友爱的政治学及其他［M］. 胡继华，译. 长春：吉林人民出版社，2006：445.

最大可能地接近正义。① 这种对正义的期待就是一种弥赛亚性，同样是民主制度的基础。从政治层面理解，正义是遵守法律规则、充分计算后的决定，这不能成为政治意义上的正义。从伦理层面理解，正义应该创造规则，为做出正确的决定创造每一次的规则。

二、无解构即无民主

早在 20 世纪 80 年代，德里达在社会科学高等学院时期，在一次主题为"民族性和哲学民族主义"的研讨会上，就提出了民主的概念。1989 年的一个访谈以《推迟的民主》为标题发表于《另一海角》一书中。1991 年《除名字以外》一文中再次谈到民主。1994 年《友爱政治学》更是展开了对民主的探讨。2002 年德里达发表了一场围绕民主问题的讲演，名为《最强者的理性》，于 2003 年发表在《无赖》一书中。如果从上述所有民主含义进行分析，通常被视为一个政治概念的"即将到来的民主"（démocratie à venir），更是被作为一个解构政治的概念来运作，即超越政治。"即将到来的民主"，就是在不放弃正义、自由等要求的情况下进行政治解构。

同正义一样，民主不应该简单看成程序或结构问题，也不应该落入某种互惠的交易循环，同样也不能是绝对同一性的关系。主体与他者的矛盾关系、主体内在的他异化都要求尊重他者的差异同时也要求避免一种民主。而传统民主概念往往是指在政治层面建立的人与人的关系，"背后支撑这种关系的，在哲学上是各种本体论及其认识论，在语言上则是以 being 为基础的是非判断"②。简单说来，民主就是是或非（la démocratie c'est le oui ou le non），这在民选体制中尤为常见。服从大多数人的选举结果，是多数人统治的民主政治，它以计算数量为基础，选票决定结果成为公正的民主程序。在德里达看来，这样的民主是可计算

① 陈晓明. 德里达的底线 [M]. 北京：北京大学出版社，2009：409.
② 尚杰. 冷战与后冷战时代的政治哲学 [J]. 社会科学辑刊，2007：3（170）.

的，它在以"大多数"作为概念基础，符合多数选票的决定就是民主，民主就是完成了的。如果抽空民选这一政治意义，民主会是什么呢？

如果只是将民主看作某种政治秩序的命名，如果将某一民主体制看作历史性的、无限性的、完美性的，那本质上只是政治层面的民主。在不可能的伦理层面上谈，民主自身具有一种不完整性，这种不完整性意味着民主总是即将来临的，因为这种不完整性是其自身构成决定的，某一自称民主的政体是无法体现这种不完整性的。民主建设的未完成其原因在于民主自身的内在矛盾。民主①一方面作为政体，依靠权利和权威，另一方面民主又代表着每一个体的公平。排除了他者的权利，如何保证每一个体的公平？他者的出现使民主概念的真理成为民主的非真理。所以，当某一民主政体声称捍卫民主时，反而走向了民主的反面，威胁到了自己。因此，我们不能使用民主的概念去定义民主，这会引起民主的自体免疫。因为民主既不是概念也不是理念，民主一直等待自己，它是即将来临的，但它永远不会成为自己。所以，德里达的民主是一种即将到来的民主。

德里达一直不满现有民主概念、民主体制，他认为"作为欧洲观念的民主，这个观念的存在从来没有令人满意过，而同时又仍然有待来临"②，德里达要解构的是以兄弟、血亲的友爱为纽带的民主，女性作为他者在起点上就被排除了，这是对女性、姐妹作为他者的压抑。这种出于自然关系的社会共同体是传统民主和平等的根基，在此基础上也构建了民族、国家概念。德里达所设想的即将到来的民主以超越血亲关系、面向他者的友爱为基础。之所以说民主在到来的过程中，是因为民主在本源处存在某种悖谬，即民主概念里嵌入了对不同个体的平等的同时也涵盖着对差异性和独特性的包容与尊重，因此还无法出现真正的民主，承认这种不可能是民主可能的条件，这种悖谬"既让民主面临毁

① 在民主这个词中，包含 Demos（人民）和 kratos（权力）一对互相抗衡的意思。
② 德里达.解构的思想与未来［M］.夏可君，译.长春：吉林人民出版社，2006：14.

灭的威胁，也让民主保持生命力"①。一方面民主可具体为一种政体，另一方面也可以将民主脱离政体，离开政体这一名称可以给民主增加任何如公平、正义等经验。要使民主具有更复杂、更真实的内涵，要使民主负有更具未来性的责任，就不能把政治限制在古典时代的政治意义上，而要寻求一种突破国家、民族界限以外的民主关系。德里达通过他者和未来，突破原有的自然界限，如民族、国家等，来召唤或承诺一种具有异质性的、承认绝对差异的、担负无限责任的"即将到来的民主"（démocratie à venir）。因此，民主不再是普通政治意义上的国家民族问题，而是通过解构而到来的，正如德里达所说的"无民主即无解构，无解构亦无民主"②，这也说明了解构主义的政治面向以及未来政治的解构基础。

这种"即将到来的民主"（démocratie à venir）并不是"未来民主"（démocratie de l'avenir），不是构建一个新的整体或新的国家体制。后者是在场的、意识中模式化的民主，而前者是历史性的生成过程，它的概念与承诺联系在一起，它跨越公民、民族、国家等概念，是对于政治、政体关联的民主截然相异的民主的召唤和承诺。尽管这种民主是期许的，但也无须一直等待它在将来的发生，而是现在就为这"即将到来的民主"做出必要的准备，将平等、正义、对他者的无限尊重刻入民主的概念之中。德里达将勒维纳斯的他者伦理植入了政治哲学，对他者无限敞开的民主承担着对他者的无限责任，以他者伦理作为民主形式的参照，以判断民主形式的纯粹程度，以及它对多元政治、文化的包容程度。这让我们看到，此时此刻还没有任何完满的民主形式，即便是现代欧美国家普遍奉行的自由民主制度也不是理想的形式，仍受到这一体制下的各种极端主义的不断威胁，当民主抹平一切差异时，也就走向了自

---

① 德里达. 友爱的政治学及其他 [M]. 胡继华，译. 长春：吉林人民出版社，2006：39.

② 德里达. 友爱的政治学及其他 [M]. 胡继华，译. 长春：吉林人民出版社，2006：149.

身的反面。因此，民主不应该是一个在场的确定完成的状态，而是一直处于自我解构的变化中，处于"也许"的领地。

从现实政治领域来看，现代自由民主制度也并非完成，我们在这里可以开展一个德里达式的悖谬游戏，民主在其内部存在体系上的悖论和时间上的悖谬经验。我们可以以《人权宣言》的诞生地法国为例，主张自由、平等、博爱的法国是典型的西方自由民主制国家。但是构成民主社会的行政体系的各部门里，无论是行政人员还是运行机制都是依据一种自上而下的等级规定的。更为悖论的是西方民主国家希望将这样的民族体制推广至全球，并试图排挤其他体制国家。另外一个更具说明性的例子是，法国近现代的崛起和发展并不是在实行自由民主制度后才实现的，而是在经过战争和殖民掠夺后，国力逐渐强盛的法国才慢慢走向了自由民主。今天，理论上日渐完善的自由民主制度仍然在法国无可非议地运行，但今天的法国在政治、经济、人权、种族等各个方面面临着前所未有的危机和困境。还可以举一个具体事例从另一侧面说明该问题，如非洲的马里共和国，它效仿法国建立了民主制度，尽管原因多种，但该制度并没有使其摆脱非洲国家的种种困境。这些事例在某种程度上印证了德里达的观点，民主不是已完成的完美体制，它的悖论恰恰说明其内在异质性会产生时间经验上的悖谬，它是和现时时间分离的，民主只能是即将到来的民主。

西方为民主做了定义或者说西方命名了民主，而德里达对于是什么的问题是非常小心的，他认为民主既没有理念，也没有概念，也没有理想，也没有真正的本质①。如果以真理概念解释世界，那么在已经规定的思想框架下一切事物概念直接套用即可。符合既定概念的能称之为该事物，否则就是非该事物。概念本身无法用语言准确表达，语言是有界限的，我们不可能定义民主，因为一旦定义了就是完成的，完成的就没有了时间。"民主"不是一个稳定的政权。它总是在移动，是不确定

---

① 德里达. 无赖［M］. 汪堂家，译. 上海：上海译文出版社，2011：50.

的。以民主的方式谈论它，需要假设对这个词的含义有一个清晰易懂的共识，但这种共识永远不会出现。这个词的中心有一种比任何权力都更原始的不确定性，它授权一种激进的自由，包括质疑民主，甚至质疑政治本身。民主总是匆匆忙忙。它不等待时间，它也没有足够的时间了，但它必须给自己时间冷静下来。它不做自己，从不停止差异，指代他者的他异性。当自由民主选举是可计算的、可操控的时候，民主本身就发生了异化，只有在选举不可操控的情况下，选举才能为民主增加分量，定义的民主成为非民主，这是民主之悖谬，却也正是民主开始的地方。因此，在德里达看来，民主的到来需要推迟。正义与当下时间脱节，民主是无限完善的制度，因此仍然是即将来临的。对正义和民主的期待就是一种弥赛亚性。

三、不可解构的弥赛亚性

德里达的宽恕、好客都是一种带有弥赛亚性质的思想，而德里达提出的弥赛亚性也是对他主张的正义和民主的呼应。正义是解构伦理追求的价值取向，对不可解构的正义的期待使得德里达近似呼吁地提出"没有弥赛亚主义的弥赛亚性"（le messianique sans messanisme）。德里达将弥赛亚性（messanité）与弥赛亚主义（messanisme）做了区分，也是为了说明弥赛亚性并非乌托邦。弥赛亚性并非德里达首次提出，最开始是基于形容词 messianique（弥赛亚的），一些法国学者创新词汇将其名词化为 le messianique（弥赛亚性），德里达初期阐述弥赛亚性问题时就使用了这一表达，后来德里达在出版的《法的力量》（Force de loi）中还使用了 la messanité 一词，之后 messanité 基本取代了 messianique，所以弥赛亚性的译文在国内并不统一，messanité 作为阴性名词在法语的表达中更为普及，本书选用较为接近法文意义的弥赛亚性。为了更好地了解弥赛亚性，首先应该了解弥赛亚主义。弥赛亚主义是基于圣经教义的犹太教、基督教及伊斯兰教等所共同宣扬的宗教传统，它以给定的救世主和明确的未来作为宗教信条，尽管体现了人类的美好期待，但同时也限制了这一期待，它更像是一种唯一的、排他的体系。德里达的弥赛亚性则是要表达超越民族、宗教等人类界限的一种普遍的向未来敞开的经验，它是一种没有预设的、普遍的开放结构。正如德里达所说："这种对未来的期待的普遍性，还有这种期待与正义之间的关系，就是我所说的弥赛亚性。……一旦你把'弥赛亚性'简化为'弥赛亚主义'，你就是在破坏它的普遍性，这样做会导致严重的政治后果。你实际上把特权赋予了众多传统中的一种，并且承认了某个民族是上帝的选民，某种现有的语言、某种现有的原教旨主义。正因为如此，不管'弥赛亚性'和'弥赛亚主义'之间的区别是多么微妙，它都是非常重要的。"① 对正义、民主政治伦理理念的期许形成对未来历史发展过程中的警醒力量。德里达试图将二者结合在一起，而不是摧毁任何一个。在弥赛亚主义中，经验的结构被认为是弥赛亚性，而弥赛亚主义则是指通过先验条件在特定的历史和经验条件下产生的东西。弥赛亚性在一定程度上是思考他者的主体间性，也就是说，将它与呼唤我的他者联系起来的未来性。德里达的弥赛亚与未来相关，"弥赛亚呼召属于一个普遍的结构，它是对未来的历史开放的不可简化的运动……它的语言是：期望、承诺、对即将到来的事件的承诺、迫在眉睫、紧迫性、救赎的要求、对法律之外的正义的要求，等等"②。

德里达认为未来与他者一样是绝对敞开的，具有不确定性的，因此未来永远是期许的，是一片也许之地。未来就是也许，就是他者，对未来的期待、对承诺的信任是人类普遍的，否则正义的决断将不会出现，对未来的期许也是一种弥赛亚的到来，但这种向往应该是普遍性的，不应该被现实社会中声称的明确的信条或完满的制度遮蔽。弥赛亚性作为一种向未来敞开的普遍经验应该是有着弥赛亚主义的宗教产生的基础，但它绝对不是弥赛亚主义，更不是乌托邦思想。德里达批判弥赛亚主义

---

① 德里达. 解构的思想与未来［M］. 夏可君，译. 长春：吉林人民出版社，2006：58.
② 德里达. 马克思的幽灵［M］. 何一，译. 北京：中国人民大学出版社，2016：166.

或乌托邦都将未来的期许承诺为有朝一日的在场呈现，也是批判在场行而上学的确定性的许诺。德里达将它们做了坚定的区分也是想表明弥赛亚性是来临的、现实的，"弥赛亚性（我将其视作经验的一种普遍解构，它无法被归结为任何种类的宗教弥赛亚主义）绝不是乌托邦性的：它在每一个此地此时都指向一种不同寻常的真实和具体的时间的到来，也就是说指向那最不可化约掉的他者。没有什么东西比这种弥赛亚性的、紧张期待着到来的人/事之事件的忧虑更为现实或直接的了"①。由此可见，弥赛亚性与他者或事件的密切联系使弥赛亚性远离了乌托邦，这是驳斥弥赛亚性的一种乌托邦主义的关键。弥赛亚性指涉的是当时当下真实、具体的事件，也就是一种具有异质性的他者性。但是弥赛亚性期待的事件是没有期待界限（horizon）的期待。因为期待的只能是他者，而他者的来临是无法预计的、超出计算的。所以历史总是充满不可预测性，在此意义上说，事件可以作为历史和未来的前提。面向未来的无限期待、承诺和事件总是在到来的途中，这是弥赛亚性的实质，同正义一样，弥赛亚性是不可解构的，它属于一种不确定性的模态（modalité）。

德里达并不是第一个将弥赛亚与马克思主义联系起来的哲学家，西方马克思主义代表人物布洛赫在《乌托邦精神》中强调人的自我救赎并不是靠神，而是靠人内在的乌托邦冲动，乌托邦存在于弥赛亚的降临之际，他认为马克思主义与乌托邦精神相似。本雅明在此启发下将弥赛亚观念融入政治思想中，将弥赛亚时间结构引入政治思想中，以此来理解革命理念的时间。德里达在《法的力量》中就有对于本雅明《暴力批判》的解构性解读，受其影响，德里达将马克思主义关于未来的设想与革命的逻辑同弥赛亚性联系起来，马克思通过革命走向新世界，革命可以实现新社会、开创新纪元，也可以看作弥赛亚的到来。但德里达的弥赛亚性还是因为看到革命的面向未来的政治内涵，理解向未来的无

---

① 德里达. 友爱的政治学及其他［M］. 胡继华，译. 长春：吉林人民出版社，2006：538.

限开放的革命，就能够更好地体会弥赛亚性。德里达以积极的态度理解革命，他同马克思一起将弥赛亚主义从革命中驱除，但同时又解构了终结论、目的论的革命思想，使革命成为一种全然开放的体验，成为弥赛亚性的政治实践。弥赛亚性是研究德里达伦理、政治关系的重要概念，弥赛亚是"即将到来"（à venir）的，因此民主、正义、事件等都如同他者一样无法预期，不能被现实化，因此也不能提供确定的伦理，更不可能在现实政治层面提出具体的正义、民主基础。但德里达力求在即将到来的未来中拓展他者伦理空间，从目的性的政治中走出。德里达认为政治是经济的、算计的、权衡利弊的，而伦理则相反，是不可预判的。可预计的、互惠的不能成为伦理，因为他者同事件一样是不可预测的，弥赛亚性的伦理观念付诸政治实践是一种不可能的可能，其悖谬之处在于：一方面为我们期待的事件或者他者的到来需要革命性的变革；另一方面带有政治规则下的革命或者目的论革命会出现与弥赛亚性相反的效果，甚至走向非正义或政治集权。伦理与政治之间没有连续性，伦理向政治的转变需要承担伦理消失的风险，因此德里达从不在现实政治实践意义上做出具体回应，他将政治伦理问题设置在未来时间，不断提醒政治伦理的他者意义。所以德里达的政治是面向他者的政治。

本章小结

　　他者为德里达提供了可能与不可能的场域，德里达在两个场域之间构建了思想的划分，因此他的政治伦理概念具有可能的政治层面和不可能的伦理层面。伦理层面是纯粹的、不可理解的，政治层面是可计算的、可理解的，因此，德里达的伦理问题基本上是在礼物、宽恕、好客等伦理概念中找出一种双重逻辑，即伦理概念的真理也就是其非真理，这样的逻辑矛盾造成了伦理概念的自我解构。在悖谬经验中，伦理概念的双重逻辑消解了概念真理，因此，永远不会在场的礼物必须看起来是不可能的。宽恕是一种礼物，真正的宽恕是宽恕了不可原谅的宽恕。好客只能是无限的和无条件的。独特的死亡必定是不可能的可能，负有绝对责任是不负责任的责任，一个主体的决定是一个他者性质的决定。至于正义，存在于与现实当下的分离中。即将到来的民主也将无限期地完善，并受到其诺言的威胁。对正义和民主的期待是一种没有弥赛亚主义的弥赛亚性。

悖谬经验在德里达看来也是伦理经验，而这些悖谬经验源于他者。我们的目的并不是重述德里达思想的悖论方面，而是通过他者的不可还原性发现德里达悖谬逻辑下给出的政治伦理概念。因此，解构的目的并不是决断于所有传统只留下虚无的空想，而是追求一种哲学、伦理学思想维度的超越，也就是在解构时间观念的思想平台中动态地寻求政治观念的现实能动性。基于上述政治伦理概念，德里达的政治是怎样的，它与一般意义的政治又是怎样的关系？

第五章

面向他者的未-来政治

　　既然德里达的政治伦理是在一种时间的差异体验中理解的，是在他者的不确定视域中展开的，因此，他的政治是即将来临的（à venir）政治，而不是在未来某一时刻出现的既定政治。它不是一个实现规定好的概念，为区别概念化的未来政治（politique future），我们参考德里达模仿海德格尔通过添加连字符来打破封闭概念的做法，在这里把这种将要到来的政治书写为未-来政治①。德里达本人对 à venir 有过专门的解释，他也是将这一非概念的短语拆分介绍，强调 à 的意义，"à venir 中的这个 à 在强制命令（求助于述行语）与……'或许'（对于到来的事物、对可能永远不会到来或早已到来的事物的非述行语陈述）之间犹豫不决"②。德里达的政治哲学是将未来政治化，他将未来时间作为一个关键概念和关注点。从《哲学边缘》中的事件问题开始，德里达的政治思考显现出未来面向。

　　如果说德里达早期的作品中已经有政治关注，那么德里达后期作品中是否还有早期的解构理论？从面向未来的时间观，到解构核心策略的建立，德里达解构之初的多部著作均带有鲜明的现象学基础。但是进入政治伦理领域后，德里达涉及现象学的问题越来越少，甚至很难见到现象学表述。虽然德里达在伦理领域的思想核心受勒维纳斯影响至深，但

---

① 除上述哲学层面的原因，还有翻译行文的考量，为表述精炼并区别概念性译法，对德里达解构的政治思想称为未-来政治。

② 德里达. 无赖［M］. 汪堂家，李之喆，译. 上海：上海译文出版社，2011：122.

不可忽略的是，勒维纳斯也是由现象学走出的思想家。在德里达思考的现象学语境中，有两个重要来源，一方面是突出主体的胡塞尔，另一方是强调他者的勒维纳斯。那么，为何德里达后期的作品似乎与现象学中断了？实际上，如果深入阅读德里达的《他者的耳朵》《友爱政治学》《马克思的幽灵》等作品，依然可寻得德里达与现象学的联系，而且德里达还将围绕现象学展开的解构理论推向了社会现实，为现象学的未来发展带来了另一种可能。

　　未来对现象学和德里达的时间观念来说是必不可少的。德里达将未来划分为"也许"范畴，而"也许"是理解德里达友爱政治的基础。德里达在政治伦理思想中的先验维度，在"也许"概念中得到体现。正是把握这一先验维度，才能更好地理解德里达的未－来政治及其超越性。我们也不难理解德里达从早期关于差异的表述走向后来关于幽灵、弥赛亚的表述。所以，对德里达政治伦理思想的解读应该把时间性，特别是把作为他者的未来当作一个核心的概念和方法论加以关注，进而对德里达"面向未来"的政治伦理思想的可能性进行更深入的分析理解。

第一节　未－来政治面向他者的基础

　　转向未来他者的先验目的论即准先验维度参与早期德里达胡塞尔先验现象学问题的研究，也成为其后期政治伦理思想架构的重要思考维度。德里达后期作品中较为鲜明地讨论政治问题的著作主要有《马克思的幽灵》《友爱的政治学》《流氓》。准先验思维和"也许"概念以及对他者的"承诺"为这些政治著作的民主、正义、友爱、弥赛亚等问题提供了思考场域，同时也成为把握德里达后期复杂、艰涩的政治伦理话语的关键。

一、转向未来他者的先验目的

德里达后期的政治伦理的论述之所以艰涩、难以把握，并不是一句"解构文风"可以简单概况的，这与其背后的哲学基础有着密切联系。我们在研究德里达后期思想时总是追问他在 20 世纪 90 年代后的政治伦理反思是否与《声音与现象》或《论文字学》这些明显非政治性的话语一致，而无论是德里达自己还是后继研究者都可以给出肯定回答。本书在前面几章的论述中就表达过德里达的前后期思想是由解构的核心概念贯穿的，这里还将进一步补充。写于 20 世纪 50 年代的《胡塞尔哲学中的生成问题》直到 1990 年才得以发表，德里达在正文前写到该作品是他大学时期在哲学或政治学的地图上对哲学的自我定向的尝试。之所以说德里达思想没有明显转变，另一关键证明是德里达早期作品中关于现象学先验维度的思考仍然成为其后期政治伦理问题发挥奠基作用的较为明显的要素之一①。

胡塞尔现象学的目的就是追求对主体性的自身构造描述，他认为，"主体性自身发展或构造的目的论趋向从其产生的一开始就表现得明确无疑。正是……意识的流动，才导致主体与自身形成'原差异'。这种'原差异'是自身觉知的前提……最初的时间意识构造已经构成对象性之构造的'原住所'，联想性时间化的成就之进行就已经具有目的论含义，它是一种'朝向'"②。在主体的构造过程中，未来时间性扮演了重要角色，未来时间对现象学来说是必不可少的。在内时间意识的层面上，胡塞尔在对于绝对意识和意向性的描述中，前摄（protection）是一个关键概念。它是对将要来临事物的本原意识，意识能够确认现在的对象是先前所期望的对象的实现，因此提供了必要的实现绝对意识。未

---

① 方向红教授曾对德里达思想中的先验性问题有着系统的研究，他认为德里达的政治思想中有准先验维度。可参见其文章《生成与解构——德里达早期现象学批判疏论》和《幽灵之舞——德里达与现象学》。

② 倪梁康．胡塞尔现象学概念通释［M］．北京：生活·读书·新知三联书店，1999：451．

来时间对于现象学主体在其自身自我构成的最基本层面上是必不可少的。

另外，胡塞尔的先验目的是要理性返回自身主体，为此，胡塞尔开始转向现实层面的思考，尽管这一层面并没有充分展开，却打开了现象学研究的更多可能。也就是胡塞尔后期对欧洲人精神危机的讨论。胡塞尔认为自然主义大行其道而引发的欧洲危机正是由于其对自身来源的遗忘，对理性目的的遗忘。有着古希腊传统的欧洲精神被胡塞尔诊断出岌岌可危的病症，应对精神危机更为深层的理论在于先验意识。他认为通过理性返回自身能够克服这一危机。

德里达坚持将时间从当下在场的现在中脱离，面向未来的时间可以推断出这样的意向性描述：过去的经验成为我们根据对未来的期望构成现在的视野；当然也要保留现在的意义，因为未来已经回到过去，并以踪迹的方式部分地向我们提供了自己。在对现象学时间问题进行批判后，德里达对胡塞尔的先验目的论展开了质疑。德里达发现胡塞尔先验目的论的规定与现象学原则相矛盾，现象学要求每一个在直观中原初给予我们的东西只能在它被给予的限度内加以理解。而先验目的论观念强调在本己构造之前，超越主体意识，这种带有形而上学之意的观念似乎背离了现象学。这样的目的论观念对其先验主体而言是否会在发展历程中在某处遮蔽自身？德里达进而对胡塞尔"欧洲精神"下的"欧洲中心论"加以批判。历史自然不是偶然事件的堆叠，它的形成需要一种先验观念，通常也被我们称为某种精神，如果精神返回到某种主体性的形而上学，将会成为没有任何怀疑的狂热追求。德里达正是在目的性上与其不同。德里达认为理性返回自身的过程势必会出于理性某一特殊"利益"而将目的论视域外不可预计的事件排除在外，也就是说先验目的论中没有差异的事件和不可知的未来，接受先验目的等于结束了理性的未来，理性自然会出现反对自己的情况，也就是德里达提出的"自体免疫"观念。德里达进一步将问题扩展至社会层面，"欧洲中心论"就是国家或民族在返回理性中以各种符合欧洲利益的规则作为目的论视域，将独特性事件和异质性他者排除在外。胡塞尔要以坚定的意志和规则返回普遍的、无限的、无旨趣的理性，但是德里达的分析看到胡塞尔返回理性的意志中的利益违背了无旨趣的特点使我们无法接近理性，德里达在这里将意志的旨趣从理性自身转向异质性的未来他者。早期的德里达对他者旨趣的观点并不十分凸显，但后期对他者的道义和责任则成为贯穿德里达政治伦理思想的主题。①

德里达似乎暗示：唯有拒绝不再是经验的，现象学才能真正超越。这种超越在德里达后期的政治伦理概念中有所体现，后期思想中也明显蕴含着先验维度，而且这种先验性超越了胡塞尔的先验唯心论，成为德里达后来的民主、弥赛亚、幽灵性等问题的显著要素，被德里达称为"准先验论的"设定。德里达对弥赛亚性曾做出这样的解释："没有弥赛亚主义的弥赛亚性是不可解构的，就像正义一样。它是不可解构的，原因在于一切结构活动都预设了它，不是将它作为确定性的某种基础……而是属于另一种模态。关于这种结构准先验的 quasi-transcendental 假设。"② 可以说，德里达在批判胡塞尔先验现象学的同时也开启了其政治伦理的思考维度。

二、面向未来他者的"也许"

"也许"（peut-être）问题是德里达在《友爱的政治学》第二章中专门讨论的一个主题，德里达将对政治的理解放置在一个不确定的"也许"境地，政治便同幽灵一般，不再是在场的存在，它可以处理不断出现的疑难的实践。对于理解德里达后期著作深邃、发散的思想言说，"也许"思想对友爱政治问题起着基础性作用。"友爱要开启的他者面向，德里达把它定义为也许。"③ 因为"也许"的领域外在于知识

① 方向红. 幽灵之舞［M］. 南京：江苏人民出版社，2009：62.
② 德里达. 友爱的政治学及其他［M］. 夏可君，译. 长春：吉林人民出版社，2006：544.
③ 陈晓明. 德里达的底线［M］. 北京：北京大学出版社，2009：454.

规范并向未来的他者敞开。这正是德里达转向未来他者的准先验维度在其政治伦理思想中的一个鲜明体现。这也从另一侧面回应了德里达后面几部作品虽然不再提及胡塞尔或现象学，却以其他方式呈现的问题其思想大体上还是保持连贯性。

"也许"代表一种纯粹可能和强烈期待，更代表一种微弱推测。"也许"被德里达总结为一个古老的思想，源自古希腊对于不稳靠的事物的思考，"也许"代表的可能与不可能以一种决断的方式说明，不可靠和可靠一样是事实存在，不可缺少。德里达对"也许"的讨论秉承解构的一贯手法，依然是从词源学入手。peut-être 一词在法语中大多作为副词出现，德里达在一些情况下将它理解为名词，理解为事件，进而成为可以思考的哲学问题。"即将到来的也许不仅是这件事或者那件事；它最终就是也许的思想，也许本身。来临者也许即将到达，我们不必确定它何时来临；但是，来临者可能就是也许本身，可能就是前所未有的也许，一种对于也许的全新体验……任何形而上学家都不可能也不敢想象的特殊体验。"① 在德里达看来，时间、历史当中的无法预计的事件性就是"也许"。"也许"有一种不确定、不稳定、不可信、不可知的风险，在传统古典哲学中一直被排斥、被蔑视。在德里达看来，没有必要对任何肯定的东西说出肯定，而是要接纳不确定的东西，"这种比问题更本源的默认就可以肯定未来可能性"。"也许"是在这一问题之前到来，在本源的默认前到来，在更为本源处涉及他者的问题。

德里达的"也许"是参照尼采承诺的"未来哲学家"和"也许的哲学家"的精神，小心谨慎地对"也许"的范畴进行了系统研究。"也许"是突破规范知识的典型事例，在德里达看来，"也许"外在于哲学的范畴，它在确定性和真实性之外。这正符合德里达对先验维度的超越，突破规范知识的有限才能接近无限的理性，因此，德里达要在概念、规则之外寻求向理性的返回。在这一层面上说，德里达在先验维度

---

① 德里达. 友爱的政治学及其他［M］. 长春：吉林人民出版社，2006：48.

上比胡塞尔走得更远，即一种准先验。在这样准先验的维度下，概念的真理是概念的不可能。进入政治领域也是如此，"政治问题，并非必然又非注定是政治的。只要以一种占统治地位的传统观念来规定政治，它也许完全不是政治的，不是尚未成为政治，就是不再成为政治"①。德里达在"也许"思想下思考的政治是一种超越的政治，因为在"也许"领域中一切都转向未来和他者，我们对他者负有责任，我们意志的旨趣也转向了他者。当我们意志的旨趣是绝对的、不对称的他者时才能摆脱利益、算计的兴趣，才不会因为放弃异质性他者而引起自体免疫的结果，才能走向真正的理性。这是德里达准先验的另一层面。这正如德里达所说的"也许是再次以他独特的方式，继续使德性反对德性，让德性自反"②，今天被认为是完美的自由民主，就是在抹平一切差异后开始出现了自体免疫的效果。

在对尼采的另类阅读中，德里达发现了"也许"的他者面向，"尼采说的那些正在来临的未来哲学家们也是一些自由精神，'非常自由的精神'。但是，通过这种最高级的剩余的自由，他们也是更伟大和更异类的东西，即完全他者或基本他者。对于这个未来的基本他者，我们要说这些未来哲学家同时既是它的形象又是它的责任"③。未来哲学家可以是有具体形象的人，也可以是一种精神象征，他们代表未来的新哲学的方向。在德里达看来，"也许"的内在他异性或不可能性代表着某种新东西，那是未来的新哲学出现的可能的机遇。而未来哲学家有能力思考那种不可能性、不可决断性。德里达以"也许"思想对抗施密特敌友决断论，我们所做出的决断不过是根据主体自身，而无法根据他者。解决问题确实需要决断，但出自主体的决断可以作为解决问题的根据

---

①　德里达．友爱的政治学及其他［M］．夏可君，译．长春：吉林人民出版社，2006：46.

②　德里达．友爱的政治学及其他［M］．夏可君，译．长春：吉林人民出版社，2006：53.

③　德里达．友爱的政治学及其他［M］．夏可君，译．长春：吉林人民出版社，2006：58.

吗？面对他者，我们无法决断，所以要看到决断中的不稳定性以及可能的风险。因此，也许是指向他者的也许，对也许的思考关涉巨大的政治伦理责任。

德里达以"也许"构想一种新的哲学特征，将"也许"定位在不可计算、不可预计的风险之中，这一风险的思想维度就是新哲学的思想疆域。我们可以在民主、正义中体验到"也许"作用的效果，那种以内在方式在自身内产生作用，同时又自我离弃，这是"也许"给予事件的悖谬力量。德里达的"新哲学"依然以他者为关键词，"也许"的作用还是离不开他者。"只有任他者乘虚而入，自我离弃才是可能。而只有他者先行于我并塑造了我，只有他者是我的内在性条件，他者才能乘虚而入。"① 德里达在"也许"哲学中的他者更多是受尼采启发，德里达在尼采的孤独离群者、活着的傻瓜身上看到了自我当中异质性的他者对自我的塑造，自我只有向他者敞开才能有独特性的主体。在他者成为主体内在的条件下，主体因为内在的异质性彼此不可同化，形成没有计算、没有互惠的非经济的平等关系，在此基础上才有真正正义、民主、友爱的可能。所以，德里达的也许就是这些政治伦理概念的他者面向。

德里达将未来看作"也许"范畴，"也许"也是德里达反对在场的、确定性的时间观的一个概念。"由也许引出：也许，即将到来；也许，未来事件即将发生。"② 这个"也许"的思想，也许促使了对事件的唯一可能的思考，除了也许之外，就没有更好的范畴来规定未来。这么一种思想把友爱、未来以及"也许"联系在一起，从而向他者的到来敞开。如同延异是为文本解构而展开的解构概念，也许是在时间层面、历史维度中发生的可能性，它连接了历史与哲学、政治与伦理，它始终与他者相连。它代表了一种不可预见的、未知的可能性，始终处在

---

① 德里达 . 友爱的政治学及其他［M］. 夏可君，译 . 长春：吉林人民出版社，2006：66.
② 德里达 . 友爱的政治学及其他［M］. 夏可君，译 . 长春：吉林人民出版社，2006：58.

期待的到来之中，这种到来是他者的到来，是主体不能把握的到来事件。对也许的思考，是将事件推向未来继而探讨事物的不可决断性，这也是德里达政治思想的一个基本视域，他将政治置于也许之地，政治同样具有不确定性，民主、正义、弥赛亚性都属于这样的也许领域。"也许"是德里达后期思想中的基础问题，它也是延异时间观念在历史层面体现的事件性、他异性。也许暗含了对不确定的可能性的承诺，对未来有所期望、有所承诺。

三、对未来他者的"承诺"

在"也许"的不确定境遇下，德里达的民主、友爱、责任等问题的思考有了另外一种可能性。对于也许引发的承诺，德里达认为它是不可能的和必要的，稳靠的和不稳靠的，有限的和无限的。"承诺，以'也许''危险的也许'所蕴含的基本方式做出承诺"①，德里达对承诺的思考是从语言本质和人与语言关系开始的，但经历了他者语言过程，承诺最终和也许、责任一样开始关涉政治伦理思考。例如德里达强调了民主与承诺之间的联系，而且强调了承诺与威胁之间的联系。在一种双重决断、承诺和威胁中，民主思想不是当下的状态，而是未来。正是与承诺的原始联系，使任何民主成为即将到来的事。

德里达对承诺的解构产生了一种伦理，在这种伦理中，主体在无限的对话者共同体面前承担着无限的责任，呈现了一种以共同体为导向的承诺的伦理。承诺的行为体现了德里达更广泛的言语行为和传播理论。因此，为了了解承诺的源初意义，有必要了解在德里达哲学中的言语行为问题，从而考察承诺的言语行为带来的可读性的准先验视野。德里达专注于承诺为无限的读者群体打开了解释或可读性视野的方式。

德里达使用言语行为理论作为他解构性阅读的资源，他的言语行为理论是一种替补性的理论。德里达并没有将交流视为意义的传递，而是

---

① 德里达. 友爱的政治学及其他［M］. 胡继华，译. 长春：吉林人民出版社，2006：47.

将交流视为一种重新语境化的行为，即重复或将话语移植到新的解释语境中。话语超出了作者的控制，正是因为它可以在作者不在的情况下被替补。德里达解释道，为了可读，签名必须具有可重复、可替代、可模仿的形式，它必须能够脱离其生产的当下的独特意图。我的话语对于不知名的读者来说，在无法预料的情况下，它仍然意味着某些东西，尽管不能保证它仍然意味着它原本的意思，不可预见的上下文可能根据解释的偶然特征来补充我话语的意义。而承诺与上下文中呈现的替补性相当。

德里达通过对承诺概念的解构发掘了与"也许"相同的准先验维度。在《他者的单语主义》（*Le monolinguisme de l'autre*，1996）中，承诺被视为准先验条件沟通的可能性本身，即使所有言语成为可能的言语行为。"当我一张口，当我一动手写作，我就许下一个承诺。不管我愿不愿意：在此，这个承诺致命的结晶必须与意志、意向或一贯相连的表意截然分开。这个承诺下的表演行为不是一般的语言行为。它是所有其他表演性话语的前提……一个语言被承诺，它同时存在于所有语言之前，召集所有话语……"① 德里达声称所有解释都以承诺的范围为前提。

按照通常理解，承诺预设了保证所说的话语的自我恒常性。然而，德里达认为，原则上不能证明自己的话是真实的，并且已经给出了承诺。话语背后的意图是无法表达的，在德里达看来，我们不能肯定地说已经做出了承诺。承诺不能在任何话语中表达。这样的承诺是不可表示的，因为其意向性是不可判定的。我们永远无法确定自己的意图是什么，更不用说别人的意图了。这种不确定性的原因包括无意识欲望的影响、无法维持恒久不变的效果，以及虚假承诺的出现。鉴于这种不确定性，我们只能提供意图的证明，"我们只能对难以置信的事做见证。……只能对说得出来的事相信，因为它存在与证明，指涉知识的界

---

① 德里达 . 他者的单语主义［M］. 张正平，译 . 台北：桂冠出版社，2000：72.

线之外"①。假如一个人能够正确地识别和"命名"自己，从而作为一个人的意图的保证，那么一个人的承诺将因此成为一种可预测的确定性，即一个可以预先预测的计算的、程序化的数据。那么，承诺将不再是承诺。换句话说，背叛的威胁必须仍然存在，否则承诺就不能理解为真正的承诺。"在我形成一个承诺，一个企求，或一个如是的欲望之前，也就是说在我不知道在句子完成前有什么东西在等我，什么事会发生在我身上之前，也就是说谁也不知道谁在等什么，什么在等谁之前，我只要一开口，我就处在现在这个承诺，这个威胁之中。从此，这个承诺与威胁把语言，一个承诺下或是受到威胁的语言，聚合起来，互为因果，进而在他的扩散之中聚合。"②

德里达将承诺推至极限，我们永远无法知道向谁承诺了什么，这种绝境可以通过承诺的形式来考察。第一人称复数形式的"我们承诺"即法语的"nous nous promettons"，我们是谁，又承诺给了谁呢？德里达的基本主张是：我们无法知道这个"我们"是谁。相反，"我们"总是作为任何可识别的我们的视野而被赋予。因此，承诺不能简化为第一人称单数形式"我承诺"（je me promets）。因为一个承诺总是给予他者：自我和他者构成了一个主要的我们，一个不确定的共同体。给予他者承诺也意味着对他者负责。尽管未来不确定，但"我们"仍然必须为此负责。或者更确切地说，它的责任将归于我们。这种不可避免的归责是无限责任的基础。德里达对他者的承诺打开了对未来的责任，这不仅是承诺敞开的解释视野，也展开了伦理层面的影响。

事实上，德里达谈论的未来（à venir）本质上是准先验的，因为它从"可预见范围之外"的任何人那里汲取了一种承诺。一个已经给出但尚未完全实现的承诺。在这样的"有希望的话语"中，双重运动正在发挥作用：一方面，某些传统被共同体所命名，作为实现承诺的一部

---

① 德里达. 他者的单语主义［M］. 张正平，译. 台北：桂冠出版社，2000：22.
② 德里达. 他者的单语主义［M］. 张正平，译. 台北：桂冠出版社，2000：24.

分；另一方面，同样必须认识到有限的当前现实与这个词实际承诺的无限之间的距离，这种距离是不可替代的，因为没有它，承诺一词就变成了一个幻象。例如，民主的承诺，民主只能是未完成的可能性，德里达将这种可能性描述为即将发生的意外事件，作为具有承诺结构的民主。这是一个由激进和无休止的政治批评驱动的开放的和永久变革的承诺。当一种特定的民主历史建构在其无限正义中被误认为实际民主时，隐藏在未来（à venir）中的超验力量就被封锁了。

在转向他者的先验目的维度下，"也许"成为德里达所言的新哲学的特征，"承诺"被解释为准先验视域，这一种哲学理念和视野下的新政治究竟是如何架构的？与以往政治又有何不同呢？

第二节　从在场政治到未-来政治

政治作为一个历史范畴，并不是从人类社会一开始就有的历史现象，随着人类政治活动的发展，政治才开始形成了自身概念。伴随着哲学和政治学研究的不断演变，产生了政治哲学这一门关切政治价值和本质并为政治问题和理论提供哲学方法论基础的学科。德里达试图批判一种以在场形而上学哲学思维为基础的政治学说，但他并没有期待建立另一种终极政治学说，在他指向他者的未-来政治中，并不是要建立某种制度，他要讨论的是一种即将来临的政治，而不是讨论将来在场的未来政治制度。德里达将时间看作未来、他者，为未来的民主政治提供理解基础，也是未-来政治超越在场政治的基础。面对当时时代背景而产生的终结论政治和敌友政治，德里达以坚定的解构立场展开了政治伦理层面的对抗。德里达对政治的理解建立在反对在场的本体论基础之上，反对在场性的时间观念正是解构政治的深层逻辑。

一、从在场政治时间逻辑的批判到未－来政治时间逻辑的建立

政治（英语 politics，法语 politique）源于古希腊语 polis、politeria 城邦一词，当时主要指对城邦的管理和统治。政治产生之初就与伦理密切交织在一起，作为西方政治哲学源头的古希腊思想家们就将道德价值作为政治活动的指向。柏拉图在《理想国》的前两章阐明了全书的主旨，即国家的构建是实现城邦正义。亚里士多德在《政治学》中曾说："政治团体的存在并不是由于社会生活，而是为了美善的行为。"① 因此，当时的政治还是归属于伦理框架下的，但这一时期的政治理念和政治原则也正是由于当时美善的道德理念的在场的至高性而呈现出完满性，以至于没有未来讨论的空间。在中世纪政教一体背景下，伴随着奥古斯丁、阿奎那等思想家宗教神学的发展，政治的道德树立了绝对中心，即上帝的至高道德。从马基雅维利以后，直到马克思的近现代政治，都主要是国家中心和权力中心的政治，虽然马基雅维利时期随着科学的发展，政治和伦理分离的主张盛行一时，但现代政治还是以与国家权利相关的正义、民主等政治伦理概念为对象。这一政治哲学除了树立中心外，往往突出一种二元对立结构，如民主与专制、资产阶级与无产阶级等。由此可见，以往的政治哲学是以西方传统哲学为方法论基础的，它赋予当下在场以特权，因此，强调完满的本原使一切政治理念成为已经完成的，这就驱赶了时间，加之二元对立的构架形成一种封闭的政治哲学，即在场政治（politique de présence）。在场政治以预设的架构评判当下发生或者未来预定的政治活动，而既定的政治架构排除一切边缘或异质性他者，不会随时间而变化。

因此，追求在场形而上学的政治哲学大都具有在场本体论特征，这使得政治呈现一种在理性规范内以预设的道德理想为参考框架，既没有面向未来的时间，也没有言说的空间，一切都在可知范围内，不可知、

---

① 亚里士多德. 政治学［M］. 吴寿彭，译. 北京：商务印书馆，1965：104.

不可预设的他者被排除在外，在场政治讨论的正义、民主等政治概念是封闭的既定概念，相当于之所以谓之正义是因为它是正义，之所以谓之民主是因为它是民主。这样的政治概念符合传统的逻辑思维，是理性可把握的，但同时也是已经完成的，或者在未来已经设定好的。这样的政治是没有未来变化的，相当于杀死时间，杀死政治未来的可能性。从这一层面上说，在场政治实际上杀死了政治。德里达正是看到了这一点，才会指出当用传统政治的概念去规定政治时，它就可能不再是政治。他正是在这些政治概念的不在场中看到政治伦理中的他者，延宕的时间推迟一切概念的意义，正义或民主的真理引发自身的自体免疫，概念的真理反而成为概念的反面，但德里达并非仅仅停留在发现这些矛盾，而是发现在这些政治概念的悖谬之处才真正有其自身，也就是在对立矛盾之外才能发现真正的政治概念。德里达的未-来政治就是一种反中心、反体制化的多元政治，它更关切规范之外的主体的独特性，更注重个体的感受。因此，在时间逻辑上更强调未来、强调流变，力求从封闭的固化政治中解放。德里达的时间是一种时间差异的体验，是指一种过去（没有过去的现在的过去），更是一种将来（不是现在的将来的未来）。未来是一种礼物，因为"礼物永远不在场，它被给予在永远没有在场过的过去，被接收在永远不会在场的将来"①。这个礼物不是一件东西的礼物，它给予但没有给予任何礼物，在此时间基础上理解德里达的政治思想。

　　是否具有在场政治的时间逻辑转向未来政治的时间逻辑的可能呢？首先，从哲学方法论基础来看，随着解构理论的日趋成熟和论证需要，解构思想在政治领域逐渐发挥作用，政治哲学转向对他者、差异、未来的关注。其次，从政治理论层面来说，现代政治理论陷入危机，传统的政治哲学思想似乎在走向固化，没有未来变化的可能。再次，从现实层面来说，民主制度下暴露了种种问题，并不是确立完美的民主制度后推

---

①　BENNINGTON G, DERRIDA J. Jacques Derrida ［M］. Paris：Seuil, 1991：178.

动了社会发展，而是随着时间发展，或者说是在上升期历史进程中建立
了民主制度，欧洲国家的殖民过程、工业革命、启蒙运动等发展到一定
阶段后才出现了民主制度，推动了社会发展。非洲民主国家依然落后就
是最好的反例。因此产生了时间与制度经验的悖谬。正因如此，才有
未–来政治建立延异时间逻辑的可能。概括来说，他者与未来就是德里
达未–来政治的时间指向。

如果说早期德里达在形而上学批判中建立了延异逻辑，那么进入政
治领域后德里达构建了一种面向未来他者的时间逻辑。德里达反对以在
场的现在为中心，而主张非确定性和非线性的时间观念的根本目的是对
在场形而上学的批判，揭示人们穷极一切所要获得的本原是无法触及
的。"解构像我们像在我们习惯性思维过程中，突然遭遇到一个十字路
口，把时间性质的直线型思维空间化了，因为我们面临着不同的方向。
我们不得不选择，我们得为选择的结果负责。"① 因为延异始终推迟了
最终时刻的到来，那个揭开一切答案、呈现本质结构的时刻只能留在承
诺的空间。这种推迟的时间打乱了秩序、威胁了当下在场的理念，如同
一个幽灵时间。幽灵是没有任何条件限制其出现的。这就是为什么它的
返回来自不可能的可能的顺序，一种来自不可能的可能，来自在因果关
系中不再是可控的或可预见的时间。这种幽灵时间是在场时间所不能把
握的时间模态，是从未过去的绝对过去，是脱出现在的绝对未来。事件
在与现在分离中以不可能的形式纠缠可能并产生大写的历史，因为它不
属于历史。幽灵时间是一种保持可能中的不可能的时间，在某种时间里
不可能继续纠缠可能。"这种纠缠是事件经验的幽灵时间。"② 德里达对
待政治事件的处理也是建立在这种时间观念之上。

德里达由此开始了解构实践。这种实践在政治领域就是要颠覆人
种、性别、地域等二元对立的结构以及其中的等级观念，如男性对女性

---

① 　尚杰. 精神的分裂［M］. 上海：同济大学出版社，2006：248.
② 　DERRIDA J. Dire l'événement, est-ce possible？［M］. Paris：L'Harmattan, 2001：
　　99.

的压制、欧洲理性对世界的中心地位，都体现了其中一方的在场的优先地位。德里达通过他者反对这种二元主导下的中心主义，但并不表示德里达是站在他者立场上将二元建制中的对立方进行调换，建立新的中心的，而是倡导没有固定场所、地位和没有中心的延异，建立一种流动变化、无确定界限的思维。德里达从解构时间观出发，建立了以解构策略为基础的政治思想，这就决定了他的政治是跨越现实存在空间，而进入不确定的应许范围，不论是在时间还是在空间内，差异带来的不可还原性和不确定性成为德里达解构政治的主要视域。对他者的思考构成了德里达政治思想的核心概念，即不确定性和责任感。由于他者的存在使现存体制出现不确定性，只有面对他者时才有可能超越现存体制，这就要求承担对他者的无限责任①。

人们对于"现时呈现"的真理性本原的追问已经延伸至伦理、政治、经济等领域，而人的生存世界、时间体验也同时成为一种封闭结构，绝对未来和不可同化的他者从根本上被抹去了。对于这种本源上消解绝对他异性的传统哲学，德里达用解构的时间观念为他者与未来开启了一块领地。德里达解构的时间观，在他后期的政治、伦理思想中依然有着基础性的影响，特别是对政治时间的未来维度的探讨，德里达以差异的时间观和绝对的他者来阐发其未-来政治。与解构所强调的时间的延宕与空间的分离相呼应，强调在场的政治成为德里达批判的主要对象，这种政治思想以西方传统哲学为根基，呈现出一种封闭的时间结构，预先设定瞬间与永恒、线性与非线性、先验与经验等二元形式，并形成一方对另一方的从属地位，赋予当时当下的优先地位实际上也否定了时间。这种政治思想以既定的政治范式和政治准则衡量政治行为，并预设了它的完满性不受时间影响。德里达以不可还原的时间和边缘化的他者重新思考政治模式和政治实践，他主张面向时间、无固有形式的政治思想，不停滞于过去的辉煌时代，也不假定未来必将在场的预设，而

---

① 欧阳英. 走进西方政治哲学［M］. 北京：中央编译出版社，2006：398.

要看到对于流变的时空，未来是无法预知的，没有任何一种政治组织形式可以完美解决不断涌现的新问题。他者与未来一样会带来不可知的因素，我们无法过滤这些因素中的风险，不能因此逃避未来、拒绝他者，而要全时地向未来和他者敞开，因为蕴含风险的未知因素中同样蕴含值得期待的希望。因此，德里达将未来视为政治重要的他者，在延异时间观念下需要将时间逻辑架构在形而上学强调的理性规范之外，政治的意志转向不可预计的他者，始终保持即将到来的时间指向。德里达面向他者的未-来政治在其后期思想中主要体现为幽灵政治和友爱政治，德里达正是延用异时间逻辑为现代僵化的政治哲学注入能动性。

如果说时间观念是构成思想的坐标，那么德里达的政治伦理思想有着鲜明的解构时间观念的基础。德里达将时间性看作他者、未来，所以其政治伦理思想的时间指向就在于他者和未来。他者的差异让人们看到形而上学的衰落，差异推延了意义的在场，也就是意义的同一性被质疑了，意义的阐释有了其他可能。因此，形而上学的权威被颠覆了，德里达通过颠覆固定的文本结构，打破了政治体系的权威。德里达的政治伦理概念也不可能在原来概念的真理中寻找，而是有了新维度，这便是他者与未来。

二、从终结论政治到幽灵政治

福山等思想家认为自由民主为政治的圆满形式，他们以各种形式宣称马克思主义已经结束。诚然，终结论问题在福山那里被推向高潮，但却更像迎合西方思想的借题发挥。概括来说，终结论政治的主要特点是预设一个理想的政治范式，认为历史将向理想的终极景象发展。福山终结论背景的两端就是黑格尔的自由国家和马克思的共产主义。年轻的福山在东欧剧变后非常顺应时代主流思想，将马克思唯物史观排除了，在黑格尔那里找到唯心论基础后，以科耶夫思想为支撑来说明民主制度的胜利。福山吸收了科耶夫对黑格尔的敏锐观察，在黑格尔"获得他人承认"的人类意识认同基础上，可以通过适合的政治经济学模式实现自由国家。受到启发的福山指出，只要现代国家中的政治经济与意识匹配，将结束一切纷争和灾难。自由民主成为他预设在历史未来的终极景象。1992 年，福山的《历史的终结与最后的人》出版，这一理论在当时几乎成为一种潮流且大热。

当整个西方沉浸在民主制度的历史性胜利时，德里达却疾呼当今世界并未出现一种完满的普世型社会形态。1993 年，他的《马克思的幽灵》发表了。显然终结论政治同以往形而上学传统一样，有一个完满的预设，没有未来，因为已经排除了时间。同时，科耶夫、福山等思想家在打压一个中心的同时树立另外一个中心的做法也是解构所不能接受的。德里达警惕这种"占统治地位的话语"①，即"它通过各式各样的声音，以一种坚定不移的信念，不仅诊断出建立在马克思主义模式基础上的社会制度的终结，而且诊断出整个马克思主义的传统的终结"②。德里达一再强调制度的失败不代表精神的终结，正因如此，他在开篇编写出复数的马克思的幽灵们，指出马克思的精神不止一种。德里达呼吁的是一种幽灵思想，并不是某种类似福山的政治学说。德里达要为马克思的幽灵们辩护，"现在［维护］马克思的幽灵们。（但是已经没有什么关联的现在［维护］。一个脱节或失调的现在，……却常常要冒险在某个其边界一直都可以限定的语境的确定关联中把根本不存在的东西维系在一起）"③。马克思的幽灵不止一个，就是说马克思的精神不止一种，作为某种体制或秩序是在特定的背景下被规定的，所以某一社会秩序的坍塌并不意味着马克思精神的终结。而西方社会所追求的全球一体化政治也不可能在任何背景下确定下来或原样复制。因为德里达对马克思主义的阅读依然是延异式的，所以也被称为德里达幽灵学或者解构下的马克思主义。本节探讨的并不是马克思的幽灵政治学，而是德里达解读下的幽灵政治。

---

① 德里达. 马克思的幽灵［M］. 何一，译. 北京：中国人民大学出版社，2016：54.
② 德里达. 马克思的幽灵［M］. 何一，译. 北京：中国人民大学出版社，2016：58.
③ 德里达. 马克思的幽灵［M］. 何一，译. 北京：中国人民大学出版社，2016：5.

尽管德里达在马克思主义危难之际积极为其发声，但他仍然将马克思归为同黑格尔、卢梭等人一样的古典哲学家之列，马克思主义在德里达看来仍然具有传统形而上学的哲学思想，因此，马克思主义接受解构的洗礼在所难免。德里达早在《论文字学》中就提到了马克思主义的形而上学问题，他认为"物质""矛盾""辩证法"等在马克思主义中具有形而上学的特点。德里达对于形而上学的一贯策略就是延异，发现被西方传统中的对立模式所排挤的剩余部分，所遗忘的、非此非彼的东西。传统哲学在追求同一目标或起源的过程中，起源于目标的意向就是传统哲学重视历史本身。但在延异思想中，历史的轨迹并不是像人们自认为的那样线性发展，而是在推迟、置换中，在无数岔口中走成了弥漫的网状。因此，历史的坐标发生了变化，它不再以单向时间作为历史的参照，而是以空间化的时间去理解历史。由于事物目标的推迟，所说的东西和所指的东西发生了错位，声音与观念之间并不直接对应，声音不是当下在场的，如果用文字代替声音，也会有同样的效果。这里德里达引入并非当下在场的文字作为声音的替补，延异策略中自然不会缺少替补，这样的延异效果离不开替补手段，替补显然是对中心的替补，是由于中心的不完满才会有这一替补，实际上替补了中心的同时也消解了中心。同一发音可以书写出不同拼写形式的单词，指向多种思想意识，文字不能视为在场的，类似文字的看似不在场，却不是真实不存在，也不是想象之物。

德里达解构了马克思主义的形而上学部分，德里达并不像国内读者那样把马克思主义看作唯物主义，或者说他对唯物主义有自己的判断。他认为马克思的唯物主义依然是以语音中心为框架的，而语音中心是唯心论的根本。那么马克思主义的唯心主义部分是什么？德里达认为是马克思对"物质"概念的定义。即"物质"是与实在、在场、事物或感觉经验等相关的，这些词语都指向逻各斯中心主义，物质成为可以事先理解的先验所指。因此，"物质"这一指称已经外在于马克思主义的文本，马克思主义文本的意义已经在文本展开前预设好了。这样的"物质"概念在德里达看来是唯心论的，只有摆脱形而上学的逻各斯中心主义，"物质"才能拥有异质性的物质性，才能称为唯物主义。从这一意义上说，德里达的唯物似乎比马克思走得更远一些。德里达又对马克思的使用价值和交换价值进行了置换，他指出马克思将使用价值等同于物本身。但物成为商品并不在于它的使用价值，而是在于它的交换价值。在使用价值前，物品也要具有交换、补充，也就是交换价值。劳动产品并非天然就是商品，但经过交换价值这一幽灵链条的运作，物的本质被遮蔽了，它同时可被当作商品和货币，物的原始用途的使用价值被屏蔽了。当我们看见一物时在找出它身上看不到的东西，这种不可见性就是幽灵性。产品被当作商品就是幽灵链条的替补后呈现出的对物的错觉，也就是假的被当作真的，真假的界限模糊了。在幽灵状态下，不在场的东西可能是真实的东西，这意味着基于商品交换所确定的社会关系、我们生活的世界并不能本真地呈现，是虚幻的。

德里达将马克思主义中的唯心论概念剔除之后，保留了他认为最具批判精神和最具未来革命性的部分并进行讨论。令人欣慰的是，德里达对马克思主义的解构并不停留在对逻辑中心主义的拆解，或是单纯的文本意义上的解读。他试图将解构带入现实领域，这必将与和它有着相似之处的马克思主义相遇，他要通过解读实现马克思主义的现代转型。德里达并不是通过文本的表层意思去解释马克思主义，而是强调"解读就是改变"①。这是德里达幽灵政治的真正意向。终结论政治向幽灵政治转向的可能条件：首先，理论层面上，在马克思主义走向历史衰败的至暗时刻，世界仿佛只有自由民主制度这一中心，世界发展呈现一元趋势。其次，现实层面上，在苏联解体、冷战结束后，西方世界并没有因为共产主义的失败而走出原本的困境，全球的政治、经济局势依然严峻，自由民主制度下的人类依然面对各种各样的灾难。再次，同样具有开放特质的解构主义与马克思主义，在走向现实政治层面解决终结论政

---

① 德里达. 多重立场［M］. 佘碧平，译. 北京：生活·读书·新知三联书店，2004：71.

治时一定会相遇。

任何社会进步都不能被我们忽视，在自由民主的统治下，地球上从未有如此多的男人、女人和儿童像现在这样被奴役、饥饿或灭绝。面对国际法的危机，德里达希望"提出一个关于人、社会、经济、民族的新概念"①，呼唤一种"新国际"（la nouvelle Internationale）。这种"新国际没有国籍、没有民族主义，不是宗教的、神话的"②，这是一个谨慎、秘密、不合时宜和没有地位、没有头衔和名字、几乎不公开、脱节、没有党派、没有国家、没有共同公民身份的联盟，一个受到不止一种马克思精神启发的联盟，而不回到抽象的政治教条。这个联盟是对那些像福山一样想要通过让人们相信自由民主将导致的"历史终结"理想来压制马克思幽灵的人的驱魔，也能够抵制那些马克思主义教条的人。"以世纪新启蒙的名义，在不放弃民主和解放理想的情况下，尝试以不同的方式思考和实施"③ 民主政治。

终结论政治所预设的历史线性发展在德里达看来是不成立的，幽灵状态下的历史可能是断裂的、网络的。幽灵无处不在，历史事件的降临是以何种方式到来的呢？是弥赛亚式的来临。它指涉的是一种经未来经验降临的方式、革命性的形式，这一方式并不以人们期待或预期的方式来临。德里达的弥赛亚概念是与未来密切相关的，他区分了弥赛亚性和弥赛亚主义。德里达试图将二者结合在一起，而不是摧毁其中的一个。在弥赛亚主义中，经验的结构被认为是弥赛亚性，而弥赛亚主义则是指通过先验条件在特定的历史和经验条件下产生的东西。弥赛亚性在一定程度上是思考他者的主体间性，它与呼唤我的他者联系起来。这就是使弥赛亚性对将要来临的、必须受到热情款待的他者负责或回应的原因。但是这个他者，必须作为"事件"出现，而不是作为过去的产物进入未来。民主、友爱等正是这一弥赛亚召唤的伦理关系。弥赛亚性具有幽

---

① 德里达. 马克思的幽灵［M］. 何一，译. 北京：中国人民大学，2016：92.
② 德里达. 马克思的幽灵［M］. 何一，译. 北京：中国人民大学，2016：91.
③ 德里达. 马克思的幽灵［M］. 何一，译. 北京：中国人民大学，2016：91.

灵特性，它是一种不可能的经验，不在场却有可能真实的东西。德里达引入这样一个没有被人意识到的经验结构，这个经验解构就是人们对未来的召唤、承诺。这个经验结构的引入使得德里达指出弥赛亚性是准先验的。事件如同他者，我们无法预期，在期待中成为对他者的无限好客、对到来的他者的无限责任。事件以降临性的方式发生，这个即将到来的他者带来新的伦理关系，所以不带有任何目的的伦理关系。这个救世主的号召仍然是马克思遗产的一种不可磨灭的印迹，一种既无法抹除也不应当抹除的印迹。否则，就会简约事件的事件性和其他人的独特性与相异性。抹去事件性与独特性的政治正是终结论政治的做法。

弥赛亚式的召唤正是向未来各种差异敞开的召唤。差异不断出现，马克思的幽灵提醒我们不断重新思考国家间、民族间、人民间、公私间的关系。一劳永逸的普世社会形态是不可能的，西方国家的民选体制和代议制的正义性越来越受到质疑，资本、媒体成为操控选举的决定力量，政治承诺的正义不复存在。民选体制并不代表真正的民主体制，这正需要突然降临的事件或他者打破传统政治，从而看到那不可解构的正义。正义要面向未来无法预计的经验，无目的地迎接降临的事件。对马克思主义的激进处理就是解构，解构是对马克思主义批判精神的一种继承，幽灵政治以一种敞开的姿态面对未来的各种可能。

三、从敌友政治到友爱政治

德里达将语言符号看作持续性、延展性的差异化系统，后期他将视野超越语言范畴投射到政治领域，符号与意义间的关系成为一种多元异质性文化创造，符号本身的差异性带动了文化、政治的差异化思考。此时，德里达的延异思想更多的是反思国家、个人界限外的差异化问题。德里达在《友爱的政治学》中回溯了友爱的谱系，却并没有遵循线性的时间顺序展开对友爱的阐述。而是主要通过漫长的迂回解构了卡尔·施密特的思想，引出根植于过去又面向未来的友爱可能导向的政治。对于政治基本概念的思考，敌友关系是一个重要的维度。德里达巧妙地抓住了施密特的《政治的概念》这一文本，在对其中的敌友政治解构的过程中，阐发了其别样的友爱政治。二者的核心分歧就在于对敌与友的划分，在此基础上探究政治的本质。德里达为施密特的敌友世界加入一个"一个没有朋友、没有敌人的世界"①，以此引出未来的友爱政治，建立另一种民主的基础。

这里有必要交代施密特的敌对思想，这是其敌友政治的核心，它以二元对立的结构为基础，使得敌友政治呈现为一种在场政治。施密特主张找出能使政治最大限度地区别于其他领域的本质性因素，对政治进行本原性的还原。道德中的善恶、经济中的盈亏等均不属于划分政治的标准，施密特给出政治的本质在于划分敌友，其划分对象便是他者，对他者的敌友划分是独立且对立的。在这一划分基础上，施密特将政治概念根植于敌对中，通过敌人来理解与其对立统一的朋友概念。在明确了敌友问题后，施密特进而将这一概念引入生活世界，展现了敌对性如何体现在人类生活中。由此可见，施密特实际上依附于他的敌人，而德里达的绝对好客思想似乎让人失去了"敌人感"。但德里达绝不会树立这样的对立，他以一种幽灵般的友谊谨慎地解构施密特的敌友对立。对于这种非敌即友的二元对立模式的政治概念，德里达展开了他与施密特的对话。德里达如何拆解敌友政治的二元基础？友爱如何与政治联结？敌友政治如何转向友爱政治？

德里达的延异思想不断发展和超越，他曾对伊丽莎白·卢迪内斯库说："延异指的是宏观的普遍差别，而差异指的是微观的差异。只有承认差异的普遍性，才能更好地理解各种微观的差异，不管是文化、民族、语言方面的，还是人种方面的差异。从地球上有生物的时候起，延异就开始存在了，那是一种生/死或存/亡的关系。在很早以前，在还没有人类的时候，在动物界里，这种关系就形成了。延异现象是伴随着生物和生命的产生而产生的，它超越了'人类'与'动物'的界限，超

---

① 德里达. 友爱的政治学及其他［M］. 胡继华，译. 长春：吉林人民出版社，2006：112.

越了各种文化、哲学与传统的界限。"① 德里达的延异更强调差异化和非对立的异质性,这与施密特敌友划分中的联合或分裂、统一或对立完全不同。虽然德里达将施密特看作最后一位伟大的政治形而上学家和欧洲政治形而上学的最后一位发言人②,并且赞同施密特将政治的本性定义在敌友关系基础上,但德里达主张在政治上化敌为友,强调政治应该成为友爱的政治。德里达首先解构的是施密特的敌友界限,他从西方哲学史出发,指出施密特的敌友政治是《理想国》中"公敌"与"私敌"问题的延续。施密特在界定敌人上认为:"……在潜在意义上,只有当一个斗争的群体遇到另一个群体时,才有敌人存在。敌人意味着公敌……"③ 也就是说,在施密特的敌友政治中,敌人需要从公共和私人两个层面来说,而真正的敌人是公敌。施密特对于朋友的划分似乎没有这么明确的公私之分,而且友谊更多存在于私人领域。施密特本人也承认两个概念间的不对等,私人情感与公共领域确实不是同一层面的对立。德里达认为:"我对那些具体的带有对立性质的差异也提出了质疑。我想坚持的观点是,延异并不是对立,甚至不是辩证的对立。延异包含有与他者相同的意思,不能只强调延异所包含的差别和不同的那些方面。当然,有些人可能会从这个表面上抽象的解释中找出指责所有提倡社团主义的理由。"④ 也就是说存在公共领域的敌人可能是私人情感上的朋友这一情况,从而使朋友与敌人的界定发生反转。如果敌友界限上出现模糊,那么以明确敌人为政治本质因素的敌友政治就陷入了难以自洽的困境。施密特无法保证政治领域中敌友关系的纯粹性,敌人与朋友间的模糊界限使它们的划分不断延异。施密特没有从现实层面考虑敌友之间是否有转化的可能性,这在德里达看来是不能把握政治本质的。

---

① 德里达,卢迪内斯库. 明天会怎样 [M]. 苏旭,译. 北京:中信出版社,2002:28-29.
② 汪堂家. 汪堂家讲德里达 [M]. 上海:上海三联书店,2019:155.
③ 施密特. 政治的概念 [M]. 上海:上海人民出版社,2004:109.
④ 德里达,卢迪内斯库. 明天会怎样 [M]. 苏旭,译. 北京:中信出版社,2002:29.

因为全然抛开现实，仅凭敌对性来确立政治的存在就意味着一直寻找敌人，也就是说对我而言，他者要么划为朋友，要么归为敌人，抹去了他者的他异性是对他者的暴力，也是非正义的①。德里达认为以民族、国家这样的公共领域为基础区分敌友不够彻底，应该将公共领域的差异推至个体之间的差异，才能建立面向未来的差异政治。

德里达以政治哲学中较为边缘性的友爱问题来思考敌友政治，他首先看到的是传统友爱的排他性和自身的悖谬。他认为自古希腊以来男性中心主义的、兄弟关系的友爱观念是划分敌友的前提，在此前提下我与他者的友爱政治和我与他者的敌对政治实际上是同源的。谱系学的纽带是被设定的、被构造出来的，并非纯粹实在的，它蕴含着象征的话语效果。德里达质疑这种以兄弟关系、血缘纽带为自然基础的真实性与合理性，法律规范、民主政治都是以一种比喻意义上的博爱为基础，实际上还是一种同化或者排斥他者的政治，排斥他者同样是敌友政治的本质，它们都是以同一性思维作为基础的政治。德里达强调的是"同一就是他者，此就是彼"②。德里达想建立的是一种超越兄弟关系的、充分肯定他者差异为基础的民主政治，这种面向他者的无限友爱的政治相较于以西方传统思维为根基的政治而言，是一种尚未到来的别样政治。

在德里达看来，友爱真理的疯狂在于"友爱并非保持沉默，而是沉默保护了友爱。从对它自身说第一句话的时候，友爱就自我颠覆了。所以，它说，它对它自己说朋友不复存在；承认这一点的同时它自我承认。友爱说出了真理，这就是最好永远被保留在未知之中的东西"③。在德里达的解构思想中，语言是有边界的，我们无法明确言说真正的概念，尤其是身体感觉，但身体感觉又是真实存在的，那么感受的概念真

---

① 朱刚. 敌对的抑或友爱的政治？——施密特的"政治的概念"以及德里达对他的解构［J］. 西方哲学全国学术研讨会，2011.

② 德里达. 友爱的政治学及其他［M］. 胡继华，译. 长春：吉林人民出版社，2006：89.

③ 德里达. 友爱的政治学及其他［M］. 胡继华，译. 长春：吉林人民出版社，2006：81.

理在言说时就已经是不可能的了。所以德里达的友爱政治并不是亚里士多德传统上的男性中心的友爱，依据德里达准先验的思维来阐述：友爱的不可能性是友爱可能的条件。友爱真理的不可能使得真正的朋友是一个反常的例外。如果说敌人是镜像的自我，那么友人则是另一自我或者自我中的他者。当自我与他者融合时，敌人与朋友的对立身份就会转化，敌友之间、我他之间的界限也会模糊。因此施密特所谓道德敌对的优先性就无法保证，敌我对立性也无法证明，敌友政治由原本的敌对基础转向友爱基础。因此，德里达发现了超越敌人中心、敌友对立的别样友谊和别样政治。

德里达的这部著作是在与索莱尔斯和克里斯蒂娃的友谊中断多年后，在曾经的朋友保罗·德曼、福柯去世后发表的，文中反复出现"噢，我的朋友们，并没有朋友"，映照了那些不再是朋友的朋友，伴随着已故之友的幽灵。德里达这种幽灵伴随的话语策略言说的是一种超越观念分歧、时空局限的友谊。它来自过去的那时那刻，却并不在场，但又非全然缺席，这样的友爱承诺一种未来，是一种即将来临的友爱。德里达在该书开篇章节就指出"友爱，无论如何，都来自于幸存的可能性"①，幸存是在哀悼中体验对朋友眷恋的痛苦，在死亡前哭泣，这是友爱的灵息，幸存是死亡时间的绝境。幸存的时间成为友爱的时间，这样一种时间是在自我撤退中呈现的。这样的"时间差池"② 导致了当下时间的脱节，亚里士多德所称的本源的友爱如果没有时间是无效的。"如果脱离了时间，本源友爱就毫无效用，在时间之外它绝对无法呈现。"③ 友谊在时间考验下产生荣誉，没有时间就没有朋友。这样的友谊需要向时间敞开，但并不属于当下时间的需要，也不是过去的决定，

---

① 德里达. 友爱的政治学及其他 [M]. 胡继华，译. 长春：吉林人民出版社，2006：28.
② 德里达. 友爱的政治学及其他 [M]. 胡继华，译. 长春：吉林人民出版社，2006：28.
③ 德里达. 友爱的政治学及其他 [M]. 胡继华，译. 长春：吉林人民出版社，2006：29.

同样不是出现在某一既定的未来。这样的友谊形成的社会生活联结会指向一种未－来政治，一种别指向他者的友爱的政治。

从代表在场的终结论政治和敌友政治到代表未－来政治的幽灵政治和友爱政治，在对他者的处理上是两种政治的根本差异，前者是以在场时间观念作为基础，而后者则是以未来时间作为指向，这可以看作二者方法论上的区别。德里达的未－来政治哲学是关于作为他者的事件的，因此，未－来政治与作为一门科学的在场的政治学有着本质的区别，原因在于科学是计算性思维，它限制了政治的可能性和视野，意味着事物的终结。未－来政治是如何打开政治的另一种可能，如何超越在场政治的？

第三节　以他者名义解构在场政治

德里达以一种悖谬的经验出发，提出按照政治的概念是无法找到真正的政治的。依据可知的概念，对应的政治处于程序律令的秩序，而人们总是期待有这样一种可把握的政治体制是符合我们期待视域的，但在德里达准先验的维度下，这样一劳永逸的政治是不可能出现的。政治的他异性使得任何追求概念意义上的民主政治都会走向其相反一面，德里达从向他者敞开的时间观出发，将延异策略实施在政治领域，形成了以解构理论为基础的政治伦理思想，瓦解了强调在场的政治的思想基础。围绕他者伦理，德里达重新诠释了新的政治理念。民主、弥赛亚等问题始终处于来临的途中，永远不能成为在场的完满的终结。

一、政治的绝境：政治的他异性

对于德里达来说，在场政治无疑是失败的。然而，这样简单的概括也未免有些牵强，因为政治的失败与其运作密不可分。在场政治本身立足于二元对立、互惠经济的封闭结构，使得原有的政治陷入一种悖谬的绝境。而与目的论上以政府和被统治者的完美身份为导向的体制模式相反，德里达将政治定义为它与自身的区别。哈贝马斯和本宁顿都表示过民主的不足，德里达认为这种不足对于民主政治本身而言，是自身构成性的，政治则永远是"即将到来"的未-来政治。

这种构成性的不足体现在德里达的好客观念中，在德里达看来，好客的绝对原则规定：无论情况如何，只要有人来就要接受。然而无条件的好客是不易完成的，例如对于目前对难民的接收，并不是从好客本身出发的，而是以法律条款作为先决条件。只有符合法律要求，难民才能被接收，否则招待难民的法律也会成为拒绝难民的法律。在德里达看来，好客概念既有预先设定又有相互矛盾。"人们可能为了保卫或歧途保卫他自己的好客，保卫那使他的好客成为可能的'自己的家'而潜在地变成了仇外者"①，为了能够为他者提供庇护，我必须保持自我领地的边界。这样一来，排斥成为招待的可能，好客总是包含对立面的萌芽。而在实践层面上，好客必须尽量保持双方相同以避免对方入侵，但这将引起德里达所谓的自体免疫。"所有这些就好像好客是不可能的，似乎好客规则规定了这种不可能性，就好像人们只能违反好客规则，就好像绝对、无条件、夸张的好客规则，就好像好客的绝对命令要求违抗所有的好客规则。"② 所以好客的绝境体现为包容和排斥的双重矛盾，这也是它自身的构成性。

同样的矛盾也出现在民主概念内，民主在本质上以实现正义为目标，它意味着自由和平等，现实层面上就是以法律体系为向导。为了体现自由意志，民众的自由和放纵很难划分界限，以自由为本质的民主可能走向流氓。为了体现平等，人们更注重数字权威，民主选举制度下公民每人一票的分配看似平等，但无视每一个体的能力、贡献等差异；此外，以法律为向导的民主意味着国家暴力的必要性，为了赋予公民民主权利，国家要对违背他们的人实施国家权利，民主依赖于国家与公民的

---

① 德里达. 论好客 [M]. 贾江鸿，译. 桂林：广西师范大学出版社，2008：55.
② 德里达. 论好客 [M]. 贾江鸿，译. 桂林：广西师范大学出版社，2008：73.

权利不对等之上，因此，以平等为本质的民主最终趋向不平等。在个体能动性的可能性层面上，这意味着每当人们寻求正义时，就会冒着走向相反方向的风险。对德里达来说，政治就在于这种内在不稳定的条件所发出的自我质问，也就是解构本身。因此，正如德里达所说："没有民主就没有解构，没有解构就没有民主。"

政治民主包含一定的前提条件，即少数服从多数，在一种兄弟友爱的理想条件下达成互惠合作的民主政治。在德里达看来，政治制度被视为社会纽带的具体化，人之间的联系依赖于这些基本的伦理关系，这些社会条件为民主设定了适用的范围，民主在社会条件约束下无法摆脱不对等、不正义的幽灵。德里达将这种"幽灵"条件赋予了积极的价值，他声称民主只有在对激进他者出现开放的情况下才名副其实。对他来说，政治存在于在现有系统中无法预见或理解的破坏性的可能中。没有这种可能性，就没有政治，剩下的只有永恒不变的秩序。这种对他者出现的开放和对不可预期的未来的期待意味着民主永远是即将来临的。

让民主陷入绝境走向自身反面的因素并不是来自民主之外，而是来自民主本身。德里达认为"民主整体一直是自杀性的。假如它有未来（à-venir），那就需要另一种方式去思考生命和生命的力量"①。为避免民主的"自体免疫性"的灾难后果，民主必须看到异质性的他者，真正的民主需要向民主的他者，即边缘者、非同一者保持开放。在德里达看来："民主政体的自身免疫过程，总是包含一种反馈或延缓。反馈的比喻属于空间和时间的模式，属于我长久以来以间距的名义坚持将其作为主题的东西，如时间的空间化或空间的时间化。"② 自体免疫等于再次推迟了民主，对德里达来说，民主是"即将到来的"，因为绝对的民主法则要求我们必须无条件地欢迎绝对他者的出现。

德里达将政治伦理化，不是因为他将好客的伦理要求视为政治的典范，而是因为他将好客问题表述为好客与敌对之间的滑动，而不是最初

---

① 德里达.无赖［M］.汪堂家，李之喆，译.上海：上海译文出版社，2011：46.
② 德里达.无赖［M］.汪堂家，李之喆，译.上海：上海译文出版社，2011：48.

的含糊不清——任何人都可以平等地成为客人和主人。因此，主人和客人的不确定性在本体论上先于主人—客人互惠的可能性。德里达将政治构建为绝境，保持好客、民主的不可能性，他认为民主的非同一性本质源于内部与正义的差异，这也是政治的可能性的条件同时也是它的不可能性的条件的原因。对德里达来说，这样的表述指明了一个绝境：政治固有的他者性在于，作为一种意义的制度，政治无法解决其内部矛盾，从而成为政治性的。换句话说，政治存在于超越政治的东西中，即超政治。"我倒要将这超政治的原则变成一个政治原则，一种政治规则或政治立场。在政治上，也必须尊重秘密，尊重超出政治或不属于司法范围的一切。这就是我称之为'未来的民主'。"① 政治的绝境是其自身构成性的，而正是这种构成性的过剩不可避免地将民主置于"未来"的时间性中。

在德里达的阐述中，他清晰地传达了对于追求同一性的在场政治的绝境，他认为，由于民主在结构上的不足，提醒我们警惕对完满本原的神话般的诉求。德里达正确地观察到，政治应该被精确地表述为反对以任何计划恢复这种神话。显然，德里达将他的政治思想建立在质疑民主政治概念的形而上学基础上。因此，德里达解构了理想的民主政体，民主被延迟了，这并不是简单推迟民主的经验，而是看到了"他者的异在性、异质性、独特性不相同性、差别性、不对称性和他律性的不可否定的经验"②。民主是延异性的，"民主只有在延异中才是其所是"③，我们可以体会到德里达关于未来民主的超政治基础观点的激进程度。德里达认为政治"他者"，对政治来说是"不可接近的"。它"超出"或"不再在"政治的管辖范围内。就政治层面而言，它是绝对的、不受约束的。德里达要超越在场政治，重新阐释政治的非政治维度，在政治不可能的地方表述政治。总之，对德里达来说，政治悖论是从其与外部的

---

① 德里达. 世纪与宽恕（续）[J]. 金丝燕，译. 法国（论坛报）月刊，1999，12.
② 德里达. 无赖 [M]. 汪堂家，李之喆，译. 上海：上海译文出版社，2011：51.
③ 德里达. 无赖 [M]. 汪堂家，李之喆，译. 上海：上海译文出版社，2011：52.

构成性但不可能的关系中产生的。因此，德里达将政治建立在悖谬经验之上，并描述为他异性的爆发。

二、他者伦理对在场政治的解构

德里达的赠礼、宽恕、好客、民主、正义等概念都可以从伦理和政治两个层面理解，在伦理层面中，上述概念的悖谬处所发现的真正的伦理概念实际上是对政治层面概念的替补。也就是说，德里达用概念的伦理层面对政治层面的替补实际上是用他者伦理解构了在场政治，再以他者伦理下的具体概念为参照重新思考别样的向未来敞开的政治。由上文关于他者问题的阐述可见，西方主体性哲学普遍对他者选择忽视。笛卡尔开启了西方主体性哲学的思辨，胡塞尔将他者看作主体意识中的显现，而海德格尔虽然讨论他者，却更多地将其视为阻碍主体本真性的障碍而加以警惕。勒维纳斯却在笛卡尔有限的主体与无限的上帝的论证中，阐发了他者的无限性，释放了被传统主体性哲学的总体性遮蔽的他者。无限的他者不能被总体性涵盖，这是勒维纳斯一直强调的向外或超越。勒维纳斯强调的超越性正是他者的"脸孔"，"脸孔"无关于样貌身份，而是他者无法被总体性所囊括的"超出部分"。"超出部分"正是他者的无限性，勒维纳斯所强调的对他者的责任，在德里达的后期思想中表现为无限好客、无限友爱等伦理。德里达面向他者的伦理总是指向那"超出部分"。

未−来政治是一种具有超出部分的政治，悬挂在"超出部分"之上。对于超出政治理性的部分，即政治理性无法解释的部分，需要运用另外一套法则，即伦理。"德勒兹、德里达、福柯、利奥塔、拉巴尔特（Philippe Lacoue-Labarthe）、南希（Jean-Luc Nancy），无论他们的哲学在概念思想、策略和语调上存在着多大的差异，但法国哲学已取得了如下共识，即一致断言在政治组织与一切政治意义的组织努力的剩余之间存在着区别：也就是说，必须在政治共同体与必然超出这种共同体或者在其（自我）构成的过程中不能被共同体解释的东西之间做出这种区别。"① 区分了政治的超出部分与政治本身，如何处理政治与伦理的关系是研究德里达政治伦理思想的首要意义。之所以会具有超出部分，根源在于差异和他者。这个替补不应该是从政治之外带来的部分，因为他者是自我之中的他者，未-来政治就是带有自身异质性的政治。同时，未-来政治并不意味着未来的政治。它是"作为将要来临的政治"的政治。这里有一个问题，为什么这个补充不能脱离事物本身？答案似乎很简单。补充是必要的，因为"政治"一词与其所指代的事物之间的关系一直存疑。古希腊政治以追求至高美德为目标，亚里士多德认为"研究至高美善的科学就是政治学"②，实际上却是充满算计的尔虞我诈，今天的情况更是背离了政治的实际所指。德里达用概念的伦理层面解构了概念的政治层面，再由伦理层面出发的未-来政治替补了在场政治，留下了即将来临的政治踪迹，真正的民主政治只能在来临中。本宁顿曾说过，"……民主永远不能呈现完满形式，因此我们永远可以以民主的名义批判所谓的或自称的民主"③。

　　我们可以以民主这一概念为例，即将到来的民主就是具有民主所没有的超出部分，当我们用民主概念解释民主，就会出现我们上文所提到的民主的悖谬。而现实层面也同样会遭遇悖谬，今天的"民主国家"在强行将民主制度推向全民的同时，又压制高度的民主自由对民主政府的威胁。这种双重性代表了民主概念中固有的异质性，这一鸿沟阻止了民主作为一种政府形式实现。当我们用传统概念解释民主时，就会引起民主的自体免疫，因为知识或概念排除了民主中的他者，民主概念下的民主走向了自身的反面。然而政治不能就此消除，我们需要一种未-来民主，它是所有政府形式中的"超出部分"。这里又出现另一个问题，

① BEARDSWORTH R. Derrida & the Political［M］. New York：Routledge，1996.
② 亚里士多德. 尼各马可伦理学［M］. 北京：中国社会科学出版社，1990：2.
③ BENNINGTON G. "Demo"，in The Politics of Deconstruction：Jaques Derrida and the other of Philosophy［M］. Martin McQuillan ed. London：Pluto，2007：35.

如何理解这种超出部分或这种补充？我们借鉴朗西埃的解释——"我们可以在这里看到政治本身的构成性的超出部分"。因此，即将到来的民主是一种补充，它使政治成为对于统治实践来说不可化约的东西。相应地，我们可以在其中看到超出政治理性并使其依赖于另一种律令的东西，也就是通常被认为的"伦理"①。

他者伦理强调的是被排挤、忽视的部分，伦理层面理解的政治成为政治层面理解的政治的替补，即未-来政治对制度政治的替补。权利是统治与被统治划分的天然界限，即拥有权力的人对没有权力的人实施统治。前者对后者有行使权力的资格，这就为政治提供了不对称立场的许可。也就是说，权利的合法性基于不对称性，权利并不是任何人都拥有的。这对民主政治而言是矛盾的，即没有统治理由的人却统治其他人。在现实社会中的长幼、贫富、父子等关系中，就有这种不对称的对立。作为被排挤、没有特殊资格的一方就是他者，未来的民主就是要看到他者的权利。这在政治层面来讲是非常困难的，因为接纳他者就要接受他者的差异性"在民主的深处存在着无法拒绝、也无法同化的他者和异质性……我强调：无法拒绝的——对他者的他者性、对另类的、独特的、非同一的、相异的人的他者性以及对非对称性和异质性的经验"②。

政治的补充可以理解为政治差异的补充，这个政治之外的部分是那些被排除的、没有特殊资格的他者，权利应该是任何人的权利。因此，政治具有异质性。没有统治理由的人统治他人，是基于现行政治秩序的程序规定。这样的权力由于缺乏合法性，需要其他权力的补充。它需要被排挤的不在计算内、不具有资格的他者的补充。政治作为一种意义的制度，无法接近其内部矛盾。那被排挤的、不具备资格的他者就是政治的他者，我们需要在政治中引入异质性的他者对其补充。政治对他者的包容与接纳是未来政治的方向，更是其存在的条件。而他者是政治的异

---

① RANCIÈRE J. La démocratie est-elle à venir ? Éthique et politique chez Derrida Jacques [J]. Les Temps Modernes，2012，3：669-670.

② DERRIDA J. Voyous [M]. Paris：Galilée，2003：61.

质性成分，因此政治必须面向他者。

超出政治概念范畴的未-来政治以他者伦理为基础补充了政治，说明他者伦理对政治而言并非简单的道德参照，而是以他者伦理拆解了在场政治后以他者为指向的新政治的重新思考，因此，他者伦理是政治存在的关键要素。德里达他者伦理与政治思想的复杂关系呈现了对以往政治伦理学的超越，但他的他者伦理总是在伦理的不可能处发现伦理，以此消解又重构的未-来政治让人看不到现实可能，难道他的政治伦理思想就这样无限分延下去吗？换句话说，未-来政治不会碰到自己的边界吗？

本章小结

德里达的未-来政治是在准先验维度中展开的，凭借自身中他者伦理对终结论、敌友论等在场政治进行解构。因此，首先要了解德里达政治哲学中面向他者的准先验维度和"也许"领域。德里达将胡塞尔的先验论推至准先验，再将其转化为解构视角的过先验。他将先验目的中的旨趣由理性者转向他者，再将理念中的知识规范剔除，形成他所说的过/超先验。"也许"领域正是符合了德里达的准先验维度，它在知识规范之外，又向他者敞开。

以此为基础，德里达未-来政治展开了与在场政治的对抗。德里达未-来政治的时间逻辑突出了他者的政治伦理地位和未来的时间维度，并以此展开具体的政治批判。可以说，德里达政治伦理思想的先验维度是来自现象学的，但正是德里达将准先验的思考带入政治伦理领域，才唤起了现象学对政治伦理的理解，而这正是现象学突破困境未来发展的可能。在在场政治中，由于其崇尚可知性、同一性，以线性时间看待发展并确立了未来明确的完美体制，因此将这类政治称为终结论。德里达以幽灵性涂抹了自由民主体制的中心，留下民主的踪迹，以马克思的幽灵揭示出完全在场的政治秩序是不存在的。接着，德里达又对另一种寻求目的性、对立性的政治体制进行解构，以非男性中心的友爱模糊敌友的对立和身份政治的界限。

　　幽灵政治与友爱政治作为未-来政治对抗在场政治的具体表现，显现出一种超出在场政治的部分。超出的部分是对在场政治的补充，之所以有补充肯定是因为不完满，他者伦理为基础的未-来政治对在场政治替补的同时也消解了在场政治。德里达以他者伦理解构了现代政治后又对政治进行了新的思考。同时，德里达对未-来政治中不可解构的伦理部分的认识体现了他对现实始终保有一种批判精神。这些思想立场对于我们反思和批判现实政治的局限和困境有某种借鉴和启发意义。我们应该如何评价德里达的政治伦理思想呢？

第六章

德里达政治伦理思想评析

我们将德里达的政治思想阐释为未-来政治，这是一种从他者视角开始走向超越期待的政治。他者面向也开启了未-来政治非凡的政治伦理意义。德里达的政治伦理思想自然具有其独特性，而且其核心内容相较于现代政治哲学而言是跨越性的，但这种别样的政治思想一定不是在原有政治模式基础上的一次提升，而是在另一思想维度里展开的他者政治。因此，将未-来政治放到现当代政治哲学的大背景中考察，与这些当代哲学家在政治领域的思想交锋，更能看出德里达政治伦理思想的特点，同时也能体现德里达的政治伦理思想对同时期哲学家的相关研究的影响，还可以带给我们对于德里达政治伦理思想更为丰富的认识。但德里达在政治领域的独特表达在迎来广泛关注的同时也伴随着相当多的质疑，有针锋相对的祖克特、伊格尔顿等，也有继承德里达民主框架但走向歧义的朗西埃。然而，德里达的政治伦理依然显现出其作为哲学家的社会责任，同时更是再次突出了他对哲学本身的关注。政治的思想一直是差异的思想，差异的思想也一直是政治的思想，是关于政治的轮廓和界限的思想。我们也将受益于德里达的未-来政治，在他者伦理维度中努力建设更美好的生活。但德里达政治伦理思想的未来仍然有可探讨的区域，如他者视角给出了现实警示之后应如何行动，德里达政治伦理思想在遭遇不可解构的部分而趋向本体论形而上学的倾向时应如何克服，这些疑难的解决将为德里达的未-来政治提供更广阔的未来。

第一节 德里达政治伦理思想的基本特征

今天，提到政治领域的思想家，很少有人首先想到德里达。但德里达阐述的诸多政治伦理概念以及直接关系政治的问题使我们不能忽视其思想中的政治伦理意蕴。尤其是他对政治的解读，开辟了一种政治思路，一种另类的政治风格，这是对当代政治的更新。德里达的政治思想也对后现代政治哲学产生了极为重要的影响。后现代主义的盛行伴随着法国哲学的崛起，在福柯成为全球后现代思想的焦点时，德里达以其个人强烈的写作风格迈进哲学世界，再次引起人们的关注。德里达同许多后结构主义者一样拒绝人们将他定义为后现代思想家，如他本人所说，"我认为我既不是一个后结构主义者，也不是一个后现代主义者"①，但德里达思想立场鲜明的解构特征很难使人们拒绝这一人为的流派划分。虽然后现代主义不能完全涵盖德里达的思想，但他的核心观念和理论要义深刻地影响着后现代主义的发展，正因如此，他被后世研究者认为是后现代的开启者或奠基人。德里达从他者伦理视角出发力求超越现代性，反思西方的自由民主制度及其理念，并警惕欧洲中心主义，他的政治伦理思想为当代政治提供了哲学基础。

一、浓郁的超越与批判精神

关于超越的问题，当哲学思维在一个思想平台的时候，思想的可能性就会穷尽。这就需要阐发出新的东西，可以称为异域或者缺失。但这并不等同于和传统哲学一刀两断。德里达的独特之处在于虽然思想基本源自传统哲学，但是他会思考出不一样的东西。超越指的是提出新问题，并不是在原有问题基础上的提高。正如德里达所说"解构是一种

---

① 德里达.马克思和儿子们.[M].何一，译.北京：中国人民大学出版社，2016：511.

世界的新形态"①。按照现象学层面理解，当一个对象不以任何方式处于另一个对象之中时，就是超越。也就是说，德里达的政治伦理并不是包含先前现代政治伦理并高于它的思想，而是在另一思想维度中展开的伦理思索，虽然这样的政治伦理不好把握，但他者提供的思想维度真的带来了新问题。

德里达为什么要不断超越呢？德里达政治伦理思想相较以往的独特性根源在于他在法国自由、个性的思想文化影响下，对以往思想尤其是对德国现代哲学的独特阅读和发扬。继承传统意志的德国哲学大都从宏观层面讨论问题，这就使得这一时期的德国哲学保留了更多的形而上学元素，如广义上的观念论与同一性。而后现代哲学是在微观层面上讨论问题的，它注重生活世界的细节，更强调身体感受。但身体感受和语言表达并非同一层面。当我说面包很香时，这句话并不能如实地呈现香的感受。语言遭遇了自身限度，思维与存在的同一性就值得怀疑了。这既是二者的根本区别，也可作为德里达思想特质产生的深层原因。需要强调的是，德里达并不是要完全抛弃形而上学，而是以形而上学自身反驳形而上学。德里达哲学看起来似乎否定总体性、否定普世社会形态、否定公众性和可交流性。德里达解释说："我不希望否定任何什么东西，……因为不能被理解……认为自己已经知道读者或听者不会懂得更多，而放弃一种陈述的困难、一种皱折、一种悖论、一种增补的矛盾，这对我来说，是一种不可接受的亵渎。"② 我们可以换一种方式理解德里达的否定或批判：尽管一致的事物、道德的准则、天赋的权利等可以作为衡量幸福生活的标尺，但当把这些衡量标准被不切实际的一刀切并成为我们行动的指南时，往往会出现严重的后果。例如一些宏大的概念遇到当今的新危机时，就会出现问题；例如我们用种族主义来解决具体问题时，就会出现南非种族隔离的悲剧。这些宏观概念看似正确，但由

---

① 张宁. 解构之旅·中国印记 [M]. 南京：南京大学出版社，2009：37.
② 德里达. 解构的思想与未来 [M]. 杜小真，译. 长春：吉林人民出版社，2006：7.

于与实际不符，这种形式思维、概念思维在科学层面是有自身价值的，但是从生活世界、人性本身来看，它并不成立，而且有着潜在的危险。

德里达的政治伦理思想是如何超越的呢？德里达经常拒绝来自各类思想的概念，但会借用各类思想的纲要并发现其悖谬，进而产生新的理解以超越此前思想。他的政治伦理思想也是通过这样的方式跨越以往思想的。德里达的政治哲学渗透了他者伦理思想的政治主张，或者说是从他者伦理角度研究政治问题，人们可能会认为德里达依据悖谬经验解决宽恕或好客等问题等同于将政治道德化。面对一些人对此思想的滥用以及现代世界的危机，德里达重新激活一种面向他者的政治伦理。如果说他者面向是其政治伦理思想的跨越之处，那么从根本上来说，其跨越基于解构的差异思想。德里达的政治伦理观点依然延续其对于形而上学的解构策略：从他者伦理出发，以伦理概念的新理解为策略，对政治行为和政治主张进行全新思考。绝对中心主义体制是德里达首要拆解的对象，同一的、总体的、极权化的思维模式遮蔽了社会的多元与异质的性质。同时，德里达几乎在任何既定概念中都引入了时间，而且是空间化的时间，这就使得原本确定的、完成的概念变得不确定，时间会带来无条件的变化，面对不可预测的未来和来临的他者，我们必须无止境地以新的思路去应对。正是由于上述两方面，德里达以一位知识分子的责任和良知对传统政治的二元对立结构加以批判，承认悖谬处境的合理性，不断提醒敌友关系的变化和完美体制的自满，理想的政治生活总是在即将来临的途中。因此，政治的思想一直是差异的思想，差异的思想也一直是政治的思想，是探索政治的轮廓和界限的思想，特别是围绕自我免疫双重束缚的民主政治思想。德里达面向他者的未-来政治并不包含原有的自由民主政治，也并不高于自由民主政治，而是一种现象学意义上的超越，未-来政治与自由民主政治并不在同一内部，也非绝对彼此外在。未-来政治绝不是优于自由民主政治的另一个终极政治，而是与自由民主政治有着深渊之隔的别样政治。

如此超越的政治伦理之思会如何发展？德里达以超越性的方式留给

我们以开放性的思考，这是他哲学的魅力，也是我们难得的思维体验。政治伦理思想的发展趋势是很难预测的，它与哲学思想的发展和当时社会人们的思维变化、政治行为有关。但哲学家们在发展自己的政治伦理思想时，一般都会寻求社会价值和个人伦理关系的推进。首先，在科技日新月异的今天，人们越来越依赖于科技时代中的正义，但如果沿着德里达的政治伦理思想主张延续下去，会越来越远离现代科学标准。德里达曾在《论文字学》中表达过哲学在有关人的研究的学科中的优势地位。"文字学不应该是一门有关人的科学，因为它首先提出的问题是人的称谓问题，并以之为自身特有的问题。"① 如果德里达倾向科学，他就不会一方面将科学依附于其他学科，另一方面又接触科学的限制。科技本身并无对错，但是我们要警惕科技带来的理性扼杀人类感性的情况，一切发展完全依靠科技甚至在意识形态层面一味地抬高科学而挤压其他思想是非常危险的。试想如果程序化的法律即可给出正义，那么正义将会以其他非正义的形式反馈社会。所以要以即将来临的正义对抗科技的霸权。其次，新时空维度下的好客。随着全球化的到来，个体交往的时间与空间界限被消除，真实可感的时空交错使得人们对国家、民族的归属感并不很强烈。在局势纷繁复杂的今天，移民和难民激增成为摆在各个国家面前的一大难题，好客的无条件将继续成为今日各国有条件好客的可能性。最后，回归主体独特性的民主。今天的思想也好，社会形式也罢，都朝向多元化发展，强加于民众的单一民主显然不能尊重每一主体的个性，而导致了各种问题。在哲学、伦理学重回主体的今天，给予主体中的他者以充分承认的民主即将到来。

二、差异性与多元性的理论立场

第二次世界大战后的法国经历了一系列社会变革和政治事件，暴露了自由民主制宏大叙事（grands récits）下的完美体制对社会问题和民

---

① DERRIDA J. De la Grammatologie［M］. Paris：Minuit，1967：124.

众情绪的无能为力，传统政治哲学受形而上学影响往往从宏观层面思考问题，追求事物的同一性和真理的确定性。以这样的思维模式去诠释外部世界似乎是符合把握一切事物的思路，但是它给了事物一个既定的解释说法，用概念为千差万别的事物下定义的同时也终结了事物。这就是自由民主、种族主义、敌友政治等作为标准化、规范化的价值内涵去解决具体问题会出现惨剧的原因，这些宏大的现代性叙事看上去很完美，但并不符合纷繁多样的实际。所以，启蒙以来形成的概念思维传统更符合科学研究，但它不能扎根生活世界，因此，用这样的形式思维去解决差异的、具体的人性与探讨日常生活、社会政治的道德伦理是值得怀疑的。

后现代主义就是在这样的反思中逐渐酝酿，而这场遍及整个西方社会的新思潮直击欧洲自启蒙时代以来建立的真理观念和价值体系，打开了一个强调差异性和关注个体的时代。而解构视域下的未来政治更多从微观层面反思，关注个体伦理和生活世界的细节，形成非中心的、差异的微观政治。

德里达也尽量回避如元叙事（méta-récits）这类词语，"除非是为了表明它们不足以说明我试图要做的事"。德里达对于终结性的理想政治表示出极大的怀疑，面对福山提出的历史终结论受到的狂热追捧，德里达发出这样的提醒："那种狂热利用将会把这本书扭曲为处于一种自由主义民主中的得胜的资本主义的最佳的意识形态陈列柜……"① 德里达看到在自由民主政治中的他者，正消解其完满性。排除不能被民主概念吸纳的异质的他者，只会引起民主的自体免疫，而包容他者才是走向真正的民主。德里达差异性的他者伦理是其政治伦理构想的基本前提，从差异思想发展到政治意义上的不可预测的他者，再由对差异和他者的信念出发警惕向中心聚合的现代性政治，可见，面向他者的视角要求一种差异性政治，差异性的政治又会带来政治伦理思想的个体性。在对每

---

① 德里达. 马克思的幽灵 [M]. 何一，译. 北京：中国人民大学出版社，2016：513.

一他者的责任面前，需要关注的是每一个异质于自我的个体。消除自我作为整体对象的传统，取消自我或主体的中心位置，以每一他者视角为基础的伦理成为探索社会政治的重要路径。

由于德里达政治伦理思想的差异性特征，他的政治伦理主张呈现多元化特点。法语 Pluralisme 多元主义的 plur 前缀指复数，但并不是多个政治就是政治的多元性，政治本身的构成元素和存在环境是不同的，因此，政治本身就具有多元性。德里达的政治伦理思想在与现代性的同一化、整体化的对抗中呈现出多元化理论观念，这也是德里达强调差异性和个体性的结果。

德里达政治伦理中的多元性表现为对一元或者二元对立的批判。在生活方式多样化、价值取向多元化的后现代境遇中，政治伦理不能仅由一种结构、一种模式作为统一标准。德里达的他者思想就是要破除现有的单元化秩序，他用幽灵学说质疑现有秩序，包括社会道德秩序、政治伦理秩序等。"如果说有所谓的幽灵性的东西存在，也就有种种理由至少质疑这一确保诸种现在的秩序。"① 二元论也是中心主义的一元论产物，德里达早期以替补策略颠覆这种对立结构，后来在政治伦理领域经常使用的便是幽灵概念。德里达以一种幽灵时间拷问封闭的、普遍的、二元对立的公理体系。幽灵的双重属性使得原本界限分明的二元之间界限不断模糊，甚至互补。"首先需要质疑的是现在对其自身的当代性。在弄清楚人们能否分辨过去的幽灵、将来的幽灵、过去的现在的幽灵、将来的现在的幽灵之间的不同之前，我们也许必须自问一下，那幽灵性的作用是不是不在于阻止实存的现在与其他的现在之间的这种对立，甚至辩证法。"②

面对敌友政治、历史终结等政治哲学主张，以及 20 世纪 60 年代高涨的反种族、反殖民、反欧洲中心主义思想，德里达的解构视角对二元论的观察为政治实践提供了新思路。例如对施密特敌友概念的解构，兄

---

① 德里达. 马克思的幽灵［M］. 何一，译. 北京：中国人民大学出版社，2016：40.
② 德里达. 马克思的幽灵［M］. 何一，译. 北京：中国人民大学出版社，2016：40.

弟情义的友谊一定有敌人，敌人可能是他人也可能是自我，而以自我为基础的敌友关系就变得不成立，进而以自我为中心的哲学世界也值得怀疑。主体身份不再是非敌即友的确定性，没有了明确的原则，也就失去了政治伦理的基础。"这样一个无疑是后现代的主体，始终是一个困扰过福柯也困扰了德里达的主题。"① 无论政治学的二元结构还是宏大话语，德里达都实施了双重主题、双重缠绕的阐释，在差异和他者的推动下走出僵死的思想困境。解构在伦理和政治等方面形成了一种多元化形式。事实上，如果"政治"意味着倡导一个特定的政治秩序高于另一个秩序并成为某一终极秩序，那么解构本质上并不是"政治的"。重视差异和倡导多元的解构旨趣密切联系者政治实践，提醒我们保持与异质性的他者的对照，为此德里达曾说："今天，不仅是为了给他们预言一个未来，而且更是为了给他们呼吁多样性，或者更严肃地说，是为了给他们呼吁异质性。"② 用异质的空间与时间思考世界，对世界的多元化、包容性始终保持开放，德里达在多样性中建立了一种新的政治伦理思维模式。

三、不确定性原则的贯彻

在西方哲学传统中，有着对真理和终极价值的寻求，也就是一种对确定性的执着。启蒙理性坚信通过人的理性构建和实践，可以把握人类理想的政治形式。这种普遍的理想目的是明确的，而且只要能够达到这一目的，一切方法都是合理的。人逐渐走向类似福柯所说的社会规训，成为实现目的的手段，进而失去了自由，自由民主政治背离了原初目的，走向非正义。与此相对的，后现代主义看到了概念整理的不可能性，因而开始消解定义，模糊界限，中断连续的思运。这样的思想理路蕴含着一种概念的自我毁灭的力量，"影响着政治实体、认识实体以及

① 陆杨. 德里达的幽灵 [M]. 武汉：武汉大学出版社，2008：392.
② 德里达. 马克思的幽灵 [M]. 何一，译. 北京：中国人民大学出版社，2016：6.

个体精神——西方的整个话语王国"①。20 世纪后半叶的思想家对现代性的同一化、理性化提出了质疑，如勒维纳斯的他者伦理、利奥塔的微观政治、德勒兹的差异哲学等。德里达的他者政治在本质上也是对政治的现代性的解构以及对启蒙思想的反思。

如上文所说，语言的界限让德里达看到了事物的不确定性、神秘性，但同时也带来了真正可探讨的新问题，不同于形而上学思维的新维度。这种维度在政治伦理领域体现为德里达要摆脱原本的政治概念，走出政治的原本意义，以他者之思揭示当代政治对原本政治概念的背离，指向政治概念的不可确定的部分或者不可能性。以不确定性警示现代主义的普遍性和确定性。在德里达的政治思想中，经常可以看到政治的不可能成为政治可能的条件。德里达的民主、正义、宽恕、好客等政治伦理概念都是在概念的非真理处寻找可能性，如果从这些概念的可把握的、确定性的真理含义出发，在德里达的思维领域中就会走向这些概念的反面。这个思维领域的搭建一定是引入了不可知的新维度，即德里达一直强调的他者。不可知的他者伦理是一种逻辑推导的律令，而基于此的政治一定是向未来敞开的、带有神秘性的。他者伦理是不可能的伦理，德里达将不可能的他者伦理作为政治实践的参照，而他者的差异性和不可预见性也使德里达的政治伦理思想呈现出一种跳出整体性和同一性之外的独特性质。即德里达的政治不再追求未来某一确定的、预期内的政治，而是彻底向不确定的他者敞开。

德里达对政治的事件化看法就是将政治整体切割，政治不再追求全面性或整体性。这也是后现代思想家比较常见的思维，"他们认为世界是由片段组成的，但片段之和不等于整体"②。在德里达的事件哲学中，事件是进行中的系列，"事件永远不可能全部地或整全地发生或结束其发生，事件在某种程度上是即将来临的，期待发生的。例如：今天发生

① 王潮. 后现代的突破［M］. 兰州：敦煌文艺出版社，1996：22.
② 常士闇. 政治现代性的解构［M］. 天津：天津人民出版社，2001：25.

在伦敦，明天发生在别处"①。事件概念如其他真理概念一样，是不可把握的，甚至事件本身也是不易辨认的。事件意味着突然来临的他者，具有不可预计的特点。德里达之所以关注政治的事件性，是因为事件是不在我们预料之内的，它总是突然到来，切断我们对政治概念的看法。在德里达看来，政治事件是具有唯一性和独特性的，它对未来有着诸多方面的影响。德里达将政治领域发生的一切看作事件来思考，使得其政治伦理思想总是走向不确定、不可预期的世界。

第二节　德里达政治伦理思想的理论意义与现实价值

德里达政治伦理思想是在现代性危机和西方社会内部矛盾的背景下产生的，德里达以异质性的他者视角反思西方民主政治，进而阐述一种即将到来的民主政治。德里达的政治伦理思想提出了完全区别于启蒙理性为基础的现代政治，同时对当代政治给出了新的反思维度。德里达不仅影响着同时代哲学家，而且在与他们的思想交锋中，进一步阐明了自己的政治伦理观点。如果将时间性理解为即将到来，也就是作为事件象征的他者的突然出现，如果伦理和政治在其差异中紧密地联系在一起，如何通过德里达的政治伦理思想了解人？如何处理人与人的关系？

一、对现当代政治哲学的批判与反思

首先，对现代政治的质疑与批判。现代政治是伴随人类社会从传统农业社会向工业社会、征服自然的过程而产生的。它以 18 世纪启蒙思想为理论起点，确立了人的中心位置，人对世界的把握让这一时期的政治哲学不断反思如何能够达到理想的正义和理性的王国。科学和理性成

---

① GLENDINNING S, EAGLESTONE R. Derrida's Lagacies: Literature and Philosophy [M]. Routledge, London & NewYork, 2008: 35.

为组织社会秩序的基础，洛克、伏尔泰、孟德斯鸠等哲学家将一切社会问题放置于理性法则中处理。对传统的批判和革新使得人从自然状态进入社会状态，人的自由、平等得到提升的同时，却在科学化、程序化的体系中被监控起来。国家在理性化的过程中，人与人之间在一种可计算的规则下，连民主也是标准化的。19 世纪后期，叔本华、尼采、海德格尔等非理性主义的代表人物对理性主义展开了批判，政治领域也在寻求非理性的思想基础，脱离权利意志，为后现代的政治伦理思想做了有力的铺垫。德里达在吸收尼采、海德格尔思想的基础上，力图在一个新的思想维度改造西方政治。他把与差异性的、不确定的他者的关系作为理解政治的基础。由于对他者的无限责任，人与人的关系不再是现代政治可计算的、程序化的体系结构，而是全然敞开的、非经济的联系。德里达的赠予、宽恕、好客等思想就是与现代政治相反的开放性思想，在不可预计的他者面前，甚至不知道此为礼物，甚至宽恕不可宽恕，甚至承担一切无条件好客的风险。社会的一切都不再是现代政治中科学的、可把控的，实际上在德里达的政治主张中，这种科学的、理想的政治体系是不可能的，意味着追求这样的政治体系是极度危险的。对现代政治的批判，仍然是德里达解构思想的运作。

其次，对当代政治的反思与更新。当代政治哲学以强烈的后现代特点努力革新以传统形而上学思维为基础的现代政治，与德里达同一时期或稍晚一些的法国思想家相继投入对别样政治的新思考，多元思想的碰撞也使得这一时期的政治哲学更为丰富。后现代时期，法国哲学家可谓群星闪耀，这里我们只选取与德里达基本同时期的重要哲学家进行概括性比较，以及对受德里达影响较大的代表性哲学家加以介绍，试图呈现后结构主义政治哲学的思想内容以及德里达政治哲学理论主张的影响。

提起后现代主义政治哲学，福柯微观视角的权利哲学可谓当时的代表性理论。他从结构主义的继承到超越，提出了话语理论和权利谱系学，对西方社会思想和政治原则进行了惊人的批判。这位年长于德里达几岁的朋友与德里达的思想碰撞出现在福柯的《疯癫的历史》一文后，二人对笛卡尔的我思是否排除了疯癫问题有着各自坚守的观点，福柯结构主义的野心和德里达消解结构的理想呈现出一种正面的对立。

关于二者政治学思想的探讨，我们可以从理性和等级关系问题入手。在西方传统价值观念中，差异意味着价值的缺失，价值的缺失意味着威胁的存在，因为它不可理解，如果置之不理，它就会脱离管控机制。处理威胁有两种方式：一种是排斥，另一种是消解和整合。福柯认为后者更为普遍，差异总是被消解并加以整合。这是当代社会政治管控的主要方式。但是仍然有人希望差异以一种肯定和接受的方式取代消解整合。正是由于它在社会生活的各个层面遭遇权利，因此对于那些接受了在我们思想系统之内进行思考却又反对最深的社会传统的人来说，这种坚持是必不可少的。德里达通过对在场的批判暴露了人们自以为是根基的幻象，即以等级作为权力支撑。他反对在场的虚假特权，反对虚幻的确定性，德里达通过对西方传统思想中的二元对立的批判，如内部外部、善与恶、真理与谬误、话语和书写、白人与黑人等，总结出这些对立并不是简单转换的关系，而是一方对另一方假定的特权。从这一角度的阐释，也是后来德里达对经济剥削、性别不平等和种族歧视方面的哲学贡献。

由上文福柯与德里达伦理思想的整理可以看出二者的差异，对于他者性质的根本争论梳理出福柯关注自我的伦理学和德里达面向他者的伦理学。福柯的他者观念呈现了关于差异的诱人承诺和一个有待探索的新存在领域；德里达认为西方理性始终依赖于一个纯粹存在世界的许诺，但他又清楚这是一个无法被信守的许诺。福柯与德里达从各自的立场出发，最终却在一条原则上一致，即人类不应该只被当作手段，正确行为的基础应该在人们遵循的原则的普适化理念中寻求。福柯与德里达的思想时而针锋相对、背向而驰，时而交叉互补、互相诠释。二者的思想永远无法实现全面交汇，但至少他们开启了一个异域的思想进向：福柯的异托邦、德里达的他者。也许这使人们朝向自己不同的未来面向，但同时也使我们有了更广阔的思想场域。

后现代政治哲学另外一位绕不开的人物就是利奥塔，这位与德里达同样有过在法属阿尔及利亚生活经历的后现代话语代表人物，虽然与德里达没有过正面交锋，但二者在思想上依然具有后现代视域上的联系。利奥塔的叙事理论主张弱化时间或中断时间，这与德里达的空间化的时间观念相接近。二者在反线性时间的时间观下，后期都进入了政治领域。所以在他们的政治哲学中依然保留着早期思想的思考模式，利奥塔的博士论文《话语，图形》主要讨论了预先设置的对立结构解释一切事物会消除人对差异的感受。后来利奥塔在此基础上反对理论上的基础主义，投射到政治领域就是反对政治的权威主义。接着利奥塔将目光转向政治伦理的核心观念——正义，并且强调在承认差异与纷争中寻求正义。利奥塔多元的、异质的正义与德里达不可解构的正义有契合之处。但利奥塔后期为终结宏大叙事而试图建立一种正义的体系与德里达抛弃所谓主义、原则的主张存在分歧。

德勒兹是与福柯、德里达齐名的法国哲学家。同样作为德里达的朋友，与德里达有着听上去相同的差异论主张。后现代思想的奇异之处就在于尽管都是来源于海德格尔的差异问题，但是理解德里达的差异并不等于理解德勒兹或利奥塔的差异。德里达本人也承认他与德勒兹的差异是方法与姿态上的差异，德勒兹否认其思想与解构主义有关，甚至很少谈起德里达的文本，但德里达始终围绕文本和语言展开表述。德里达激进的后现代思想源自尼采，而他的问题来源是胡塞尔、索绪尔。尽管都是对传统同一性进行批判，但二者的思想有着根本差异。带着这样的差异理论，德勒兹和伽塔里一同完成了一本政治伦理著作——《反俄狄浦斯》，反俄狄浦斯即反自我，即拒斥同一性的主张。自我的欲望可能孕育法西斯主义，他将欲望的产生和欲望的压抑同资本主义社会发展联系起来，作为消灭资本主义的政治纲领，所以他的政治哲学被称为欲望政治学。福柯认为他的理论是一种思维方式、生活方式。德里达曾在悼念德勒兹的一封信中将其称为"事件思想家"。在某种程度上说，相较德里达，德勒兹的政治哲学思想更具实践性倾向。

直到今天，受德里达思想影响的后现代哲学家也颇多，如吕克·南希、斯蒂格勒、约翰·卡普托、希利斯·米勒等，都是从德里达思想中汲取重要内容并发展各自不同的论述。

由上可见，德里达的政治思想与启蒙思想以来的政治的不同，主要表现为：一是以差异政治冲击政治中的中心论；二是以多元政治对抗政治趋同；三是由宏观政治转向微观政治。德里达的政治伦理思想是在不断对抗和转向的思想潮流中突破传统哲学界限的。德里达政治伦理思想的多元、差异的观点"在整个西方民主思想发展的历史长河中还是具有重要价值的，是一次思想观念上的更新"①。

在当代政治思想中，德里达的遗产具有双重的、独特的地位：既是隐退的，又是在场的。德里达更多的是通过政治思想实践的方式，而不是通过具体概念的方式影响当代政治。如果这是德里达留给当代政治的遗产，那么可以将问题理解为那些我们称为政治伦理的概念，在当今的政治哲学中，传递了某种思维和行为方式，它与政治的关系既是间接的，也是非偶然的。这种"方式"首先在差异的问题中表现出来，因此，延异和解构是政治的或政治伦理的。德里达的解构对当代政治思想的作用在于：德里达思想的在场与缺席构成了对当代政治的丰富与更新。他在可能的场域和不可能的场域之间构建思想的划分，如在有条件的好客和无条件的好客之间，或者在可计算的法律和不可计算的正义之间，以超越伦理的伦理提出适当的要求。德里达在可能的和不可能的场域之间建立了一个不可调和的鸿沟，开启了一种悖谬的体验。

这种绝境的经历之所以带有特定的政治层面，是因为德里达的思想是建立在"以他者名义"行动或理论反思的基础之上，并不断地对理想政治进行解构。德里达将哲学思想实施到其他经验、斗争和反思领域。德里达给予我们一种积极的政治思想而不是保守的，他让我们考虑的不是一种政治哲学的统一，而是解构的多元政治。

---

① 常士間．政治现代性的解构［M］．天津：天津人民出版社，2001：273.

二、对解决现实政治与文化困境的积极启示

如果说解构是政治的，那么阅读解构能够指导我们化解生活世界的危机吗？我们总想找到其实质性的操作模式，但是如果足够了解德里达的思想，就会发现德里达对危机的告诫是他最接近于解决实践问题的地方，通过防范程序化和目的论思维，解构的警惕有效地阻挡了任何确定的政治主体或施政模式，再以解构性的政治伦理联结人与人的更为根本的关系。即便在今天飞速变化的世界形势和思想趋势背景下，德里达的他者面向的政治伦理主张继续延伸，依然能够警醒我们。

解构根本上要警惕的是西方深厚的形而上学思想带来的思维模式固化，无论是逻各斯中心主义还是二元对立结构，这都是解构之初就已明确的方向。随着解构思想对现实政治伦理的关注，不难发现种族主义、欧洲中心论、终极政体的理想主义等问题就是现代社会危机对启蒙以来的形而上思维定式的挑战。不转变固有的思维模式，思维总是限制在既有的框架中，会对人类社会的良性发展构成相对的阻碍。因此，要在这些解构关注的危机中看到其固化的思维，重新定位人与人的伦理关系。

伴随着的蔓延以及右翼势力的上升，种族主义情绪愈发高涨，人们似乎没有从非洲的种族屠杀、种族隔离中吸取教训。种族主义问题的关键在于没有正确了解人的本质，人被固定在某个圈子或系统中，划分出不同族群。然而人的内心世界和身体感受是千差万别的，这种差异是绝对的、不可还原的独特性，无法强行统一。德里达所强调的神秘性、独特性就在于此，基于传统观念论的宏大叙述表面正确的概述却不符合现实实际，因此无法解决人类历史上的悲剧。其根本原因在于那些独特性的他者被遗忘、被无视。我们忽视了与他者的关系，就将远离正义。遗忘了对他者的责任，就将陷入危机。今天种族主义、恐怖主义的根源就在于人类不再关注对彼此的责任，他者被无限边缘化。德里达一再提醒我们对他者的责任，那是一种纯粹的、绝对的责任，尊重、包容他者，让他者显现为他者，就是接纳人类的独特性。以一种无条件的好客接收

独特的个人，可以牺牲自己的领地、价值观念乃至生命。种族屠杀的悲剧以宽恕问题拷问着我们每一个人：法律条文能够达成和解、宽恕受害者已亡的事实吗？宽恕的悖谬在于涉及的加害者和受害者一方已经不在人世，原谅或宽恕便成为不可能，所以德里达提示我们在不可能的宽恕中寻找宽恕。宽恕本质上是人与人的伦理问题，更是与他者的伦理问题，德里达不断强调的他者，"其中充满了'友谊'或'宽容政治学'"①。

与种族主义有着直接关联的便是欧洲中心主义。对自柏拉图以来的欧洲理性主义的推崇，加之欧洲文化、经济的兴盛，欧洲逐渐形成了对其他民族模式和民族文化的统治地位。对其他民族和文化的排斥或殖民，本质上是逻各斯中心的思维惯式。从胡塞尔的"欧洲危机"开始，尽管他的分析是返回先验认识问题的，但欧洲中心论的存在已经愈发深入人心。今天，即便是倡导多元文化、多元种族、多元宗教的法国，文化冲突、宗教冲突并没有得到实质的改善，反而在每次社会危机爆发时愈发严重。好客的欧洲一直奉行有条件的好客，接受欧洲文明照耀的人是这片土地的主人，对于企图进入疆域的他者有着严格的接待准则。主客的对立与主人的权威地位便是二元对立与中心主义的形而上学思维，如果说给予他人在自己本国好的生活是一份礼物，那么双方必须在不知情的情况下完成赠予，否则将陷入礼尚往来的互惠计算，就不能称之为礼物。如果说欧洲接待外族是一种好客，那么就要在知道对方身份、目的前就要无条件地欢迎，甚至让出主人位置，这才是真正的好客。尽管这里蕴藏着巨大的风险，而且与规定的好客的政治条件矛盾，但不可否认中心论导致的互惠算计的经济结构导致了各种冲突危机，德里达的提示是：政治正是开始于为他者冒险。

我们国家今天提倡的文化自信，即在各种文化中心主义背景下提升人的主动精神。过去的历史造成一些人仍然被某种自卑思想冻结，盲目

---

① 尚杰. 精神的分裂：与老年德里达的对话 [M]. 上海：同济大学出版社，2006：335-336.

崇尚西方文明。陷入这样一种思考系统之中，以静态的方式看待生活就是忽略生活本身的现实。生活在运动中变化，它具有真正的差异。不快乐只不过是延迟的快乐，贫穷只是延迟的富有。德里达始终提醒我们他者不是自我，每个主体的独特性都是神秘的。要走出固定思维，重新定位人的关系，超越外在表象来理解人。

走出固化思维模式，究竟要走向一个什么样的人和人类关系呢？德里达一直努力表达的非礼物的礼物、非宽恕的宽恕、非好客的好客等，是他努力带领我们走出形而上学的逻辑判断句"什么是什么"的思维模式。他并不是将一个肯定句转换为否定句，而是尽量表述一种不确定性，比确定性更为古老、更能接近本意的东西。当我们预先设定某一概念是什么，或者应该如何思考时，思想也就走向了终结。非礼物的礼物、非宽恕的宽恕、非好客的好客等表述表达了人对自己正在做的事情并不知晓。如第五章的分析，一旦知道了这是定义中的礼物，礼物便陷入经济循环，不能成为真正的礼物。宽恕、好客等问题都具有同样的悖谬经验，它们都不再是形而上学回答是什么的逻辑概念。个人的经验是独特且无法复制的，我们有可能由于无知或者不能全知而感到恐惧或不安，而这也正是值得我们庆幸的。因为掌握了确定性的人生，必将缺失惊奇和悸动，成为平淡无味的人生。因此，人之为人更多的是在于面向他者，德里达对他者的描述意味着对人的理解不再建立在确定性的知识体系之上，走出固有的思想维度，直面不确定性。

因此，生活世界中人与人之间的关系不应被视为融合，而应该将其视为永远开放的未来，与即将发生的事物和突然出现的事物之间的关系。因此，在一个以西方中心主义、种族主义和对他人的不理解为特征的世界中，我们的反思旨在表明一方面人不能被束缚在一个系统中，人具有绝对的和不可还原的独特性，在它身上存在着真正的差异，它每次都会出现，因此它不是原样的重复；另一方面，生活在共同体内并不意味着消除所有个性和他异性。身份以他异性为前提，为了自我的身份，自我需要他者，因为主体要在他者身上言说着自己的意义，以自我身份显现的主体保持着他者踪迹。所以，不关注他者会直接影响我们的共同体，人是社会的人、政治的人。自我从来都不是单独的，我们为发生在他者身上的事情而复杂，而他者经历的事情也在我们身上留下踪迹。因此，我们的生成最终是为他者而生存。

面向他者在于我与他者的关系是一种期待，期待一个不可预知的、打破所有预期的他者的到来。因此，我们的世界在经历各种危机时，重要的是向他者敞开，并单纯地欢迎他们。跳出互惠和算计的结构，从某种程度上说，才是人与人更为根本的关系。德里达的启示或说希望是我们能将真正的赠予、宽恕、责任和好客融入自身，并受益于此，因此，欢迎他者就是达到自我的完全实现，在他者身上感受无限的踪迹，一切都来自无限、一切都趋向于无限。为了回顾我们留下的踪迹，也为了即将到来的正义与民主，让我们继续前行。德里达试图告诉我们的是"解构所质疑的正是这种提前给出的既定理想，它强调的是在我们面临的这些困境中，在历史复杂矛盾的无限进程中，既非提前也非滞后地创造出解决问题的办法"[①]。我们的世界是复杂多样的，因此总会有这样或那样的危机，人在本质上也是复杂多样的，所以会犯这样或那样的错误。正因如此，我们才迫切地期待着无限完善的民主，共同为美好生活而努力。

第三节　德里达政治伦理思想的疑难

德里达政治伦理思想的超越性确实为我们提出了许多值得思考的新问题，也为我们重新理解德里达的解构思想提供了新内容。德里达在他者伦理思想下解构现代政治并重构新政治，从未来时间面向的民主、正义、弥赛亚性中都可以看到他对现实的批判与多元、包容、差异化社会

---

① 张宁．解构之旅·中国印记［M］．南京：南京大学出版社，2009：44.

的召唤。这些思想立场对于我们反思和批判西方民主政治的局限和困境有着某种借鉴和启发意义。德里达虽然对今天西方政治世界提出了新的问题，但警示过后，很难给出具体的实践模式，这在削弱了其批判力的同时也使他陷入了缺少现实操作的疑难。另外，他的新问题总是伴随着对原有理论的拆解，这当然是解构的特点，德里达本人应该也会想到他的解构效果有一天会作用于自己的思想。解构看似在无限的拆解和否定过程中，但在政治伦理领域似乎遇到了不可解构的部分，原本强劲的解构势头趋向某种确定的东西，那么德里达的解构在哪里遭遇了自己的难题呢？

一、操作性与建设性的贫乏

谈到德里达政治伦理思想的限度，可以结合一些著名学者的评论归纳为两个方面。首先，解构主义没有明确地为政治行动提供实质性的模式。根据德里达的主张，文本的解构本质上是一种政治行为。他将解构作为一种阅读文本方式的基本原理，并声称解构具有政治后果——它是一种构成"世界"的新方式。伊格尔顿（Eagleton）指责德里达的伦理思想空洞，缺乏实质内容。朗西埃认为德里达对守规则约束的行动不屑一顾是暴力的、非正义的。他指出德里达描述的无家可归、负债、种族清洗和其他"十灾"的受害者"可能不会同意它关于正义与维护法治的关系"。在他看来，德里达的民主理论必须首先掩盖政治实践的细节，才能符合悖谬的逻辑结构。德里达的解构主义立场彻底地否定和批判了一切中心性、确定性和普遍性，因此会让人觉得缺乏规范性基础，使得民主政治失去实践的操作性和现实的可能性，从而陷入彻底的相对主义，甚至在一定程度上难以摆脱历史虚无主义的思想困境。对这一局限的认识有一定的合理性，由于解构主义拒绝概念上的可理解性或者确定性，民主、正义等原则在核心上是模糊的，所以，德里达的民主思想结合实践的可能甚微。

其次，德尔达理论不能告诉人们未来会怎样、该怎么做，批判力度因此受限。卡特琳娜·祖克特（Catherine Zuckert）曾在《德里达解构的政治》一文中试图评估德里达解构的政治思想会有"怎样的实际后果"①，她认为由于德里达悬置了政治原则和评价标准，最终导致取消了人的思考能力。这也与德里达的时间观念有关，他的时间是一种不能以在场把捉的时间，过于强调不可预测和断裂，无法言说的幽灵时间悬置了历史。德里达的延异时间观拒绝普遍性、总体性，将政治的时间逻辑直接指向未来或他者。将一切寄予他异性的未来，使政治生活失去了明确的方向。由于后现代法国哲学整体上对抗观念论，所以他们理论中的一些概念就指向其不确定性、不可知性。就德里达而言，他并没有从字面上提出政治的定义，然而值得注意的是，无论他的言论多么怀疑政治、批判政治概念，他仍然在很大程度上依赖于对概念的解构。更准确地说，德里达的政治思想不断地解构广义上理解的政治、民主，以及主体与他者的关系，但在这过程中，他只是通过这些来构想政治。德里达的政治甚至带有施密特的意味，只是寻求一种理论层面的敌友、他我关系的幻想。但德里达依然在呼唤、在提醒未来有更好的政治。

简而言之，解构强劲的批判在拆解自由民主政治的同时，却没有为具体的实际操作留下空间，他者的不确定性在否定原有政治伦理概念的同时，只留下危机中的提醒。所以，德里达政治伦理思想的疑难呈现为一种悖谬：解构的可能成为行动的不可能，批判的可能成为建设的不可能。

二、形而上学本体论的羁绊

源自前文提到的解构的界限，带有叉号的本体论特征使得德里达的政治伦理带有形而上学的底色。朗西埃认为德里达将他的政治实践方法限制在质疑原有旧概念的形而上学基础上。方向红认为解构在对马克思主义进行最为激进化的处理中体现了一种本体论局限。在激进化过程

---

① ZUCKERT C. The Politics of Derridean Deconstruction [J]. Polity，1991，23（3）：335-356.

中，我们首先区分两种马克思主义，一个是赋有批判精神的，一个是作为本体论、政治体系的。德里达首先批判后一种，然后将前一种进行更为激进的处理。其实就是要留下一个既在场又不在场的马克思主义，也就是马克思主义不是如本体论政治那样呈现，只有一种批判精神。也正因如此，德里达在《马克思的幽灵》第一章的开头便阐明他要为马克思的幽灵们辩护，复数的使用代表了不止一种马克思精神。德里达告诉我们今天是一个脱节的时代，实际上是想说本原上的脱节的在场。为了论证，他将海德格尔在《阿那克西曼德的箴言》中的"裂隙"加以引用，并进而说明存在一种不在场的在场。即时间的混乱、年代的脱节是在本源处就有的，同一的本源是不可能的。存在、在场、本源等本体论表述在德里达论证中频繁出现，虽然被表达为恶或者罪，但是可以看到"德里达的理论遭遇马克思的过程中生长出一种本体论征候"①。以反形而上学逻各斯中心主义为目标的德里达似乎在向一种本体论靠近，虽然他者在本体论上打了个叉。因此，德里达政治伦理思想的疑难在于：尽管他努力搭建一个外在于本体论的思想平台，但在政治伦理问题中陷入了本体论表述的困境。

另外一个本体论征候在于德里达的政治伦理思想主张趋向绝对他者，一直确信未来。这是导致德里达的政治伦理思想走向另一中心的征兆，面向他者的政治也有成为他者政治原则体系的嫌疑。德里达在勒维纳斯和海德格尔身上察觉出的古希腊逻各斯结构的语言难题也同样困扰着他自己。在德里达政治伦理思想中，解构已经不再是否定一切，不再是拆解一切的利刃，解构在正义、民主等政治伦理问题上发现了有解构不了的东西。德里达非政治的政治或者非伦理的伦理表述让人再次感受到解构理论之初涉及政治伦理问题时一直表现的不确定问题，不确定本质上是对不可能的肯定。直到在德里达政治伦理著作中，越发明显地表现为对未来和他者的肯定。在德里达的文本中寻找其政治伦理的位置才

---

① 方向红. 幽灵之舞 [M]. 南京：江苏人民出版社，2009：34.

发现解构其实没有放弃对肯定性的寻求，对即将到来的他者的肯定。这虽然回应了关于解构只是一味否定哲学，但过于强调对他者的肯定，走向他者中心论的趋势。

这对解构自身意味着什么？德里达走进政治伦理领域后，似乎对早期解构思想有了更深的反思和校正。我们在阅读德里达后期作品的过程中似乎可以体会到，尽管他依然坚持解构立场，但解构的锋芒有所削弱，尤其是对每一他者的肯定。因此，德里达政治伦理思想的另外一个疑难在于：在拆解政治形而上学基础的同时，却在无意中趋向形而上学色彩。

本章小结

本章的目的是对德里达政治伦理思想进行全面的评析。总结其思想特点，解释其思想独特性，是开展评价的基础。德里达向他者敞开的未-来政治呈现多元化、不确定性、差异性等基本特征。但德里达鲜明的解构特征的政治伦理绝对不是与现代政治伦理相对立的，而是超越性的；不是包含现代政治伦理并进一步发挥，而是走向别样的政治伦理思考，在非政治伦理的地方发现政治伦理，并迫切而坚定地期待着未来的、无限完善的政治。

德里达对政治哲学的另类解读，树立了新的思考模式，批判了以启蒙理性为基础的现代政治，反思、丰富了当代政治。德里达更多地通过政治思想实践的方式，而不是通过具体概念的方式影响当代政治。德里达影响着当代许多相关领域的思想家。他不仅与当时的福柯、利奥塔、德勒兹等人有政治哲学方面的交锋，同时也影响着后续法国思想家的一些政治哲学主张。德里达解构视域下的他者政治对当代政治思想的作用在于：德里达思想的在场与缺席构成了对当代政治的丰富与更新。德里达思想中最具实践的部分就是他对现实世界政治、文化困境的启示，它要我们始终警惕固化的形而上学思维，将礼物、宽恕、好客等思想真正带入我们的思想，永远相信即将到来的民主、政治，在不可能的他者那里期待未-来政治。德里达给予我们一种积极能动的政治思想，随时迎接生活世界的疑难。

　　但德里达的政治伦理思想也面临着自身的疑难。无限的未来和不可预期的他者让德里达的思想难以将其政治警示与实践行动结合，也在某种程度上削弱了其理论的批判性。而且不断抬高的他者与未来似乎走向了另一形而上学的中心论。因此，德里达解构的政治思考并非无底的，德里达在将马克思主义激进化的过程中遭遇了自己的底线，德里达似乎走向了本体论话语体系。同时，其政治思想逐渐呈现出趋向他者为中心的政治思想的征候。但无论怎样，德里达的未-来政治都是现当代政治伦理思想中重要的一部分，他通过不断的批判提醒我们以差异、多元、敞开的姿态期待未来的不确定的他者。

结　论

　　德里达的政治伦理问题向他者敞开的同时，也向我们敞开了一片有
待进一步思索的场域。这是我们的机遇，说明关于德里达的研究还没有
穷尽。在伦理与政治的相遇中，我们走进了这片场域。在这里我们经历
不可解构与可解构、不可能与可能、非经济与经济盘根交错的双重缠
绕，在这片场域里，思想挣扎着以求看清政治与伦理的关系。

　　我们在思考德里达政治伦理问题时，发现了解构时间观念与他者对
于这一问题的重要性。概括而言，时间观念为政治伦理问题的讨论搭建
了新的思想平台，而他者则成为政治伦理的关键纽带。德里达在传统形
而上学同一性的再现或重复中引入时间，他的时间是一种差异的时间经
验。由此，原样的重复变为有差异的再现，从根本上怀疑了同一性思
维。空洞的概念发生了变化，不再在场，也就是称谓无法代表事物。德
里达以非线性、空间化的时间观念作为其思想内核，揭示了存在论立场
之外的延异。延异、踪迹、替补等解构策略打破了在场的中心论，将
他者带回哲学视野。这些早期的解构概念已经有政治伦理的致思取向
并贯穿了德里达后期思想，更成为日后理解其政治伦理思想的方法论
基础。

　　延异展开了对他者的寻求，进入与他者的关系意味着进入另一延异
的政治伦理关系。这是一种不可能的经验，在每一次、独一次的他者召
唤下，形成与他者的不可能的伦理关系。在德里达看来，伦理不应该依

据道德标准或规则体系来理解，他的伦理是一种超越伦理的伦理。与独特他者的关系将主体带入社会，意味着展开一种政治层面。伦理指向不可能，而政治指向可能。由此，解构之思进入政治伦理领域。

因此，德里达的政治伦理概念具有不可能的、纯粹的伦理层面和可能的、可计算的政治层面。但他倡导伦理层面的理解，也就是在他者引起的不可能的经验中加以理解：首先，在悖谬经验下，可能的礼物是不在场的礼物，可能的宽恕是无法原谅的宽恕，可能的好客是无条件的好客。其次，在牺牲经验下，由于向他者敞开的伦理必将面对不可决断的时刻，这一时刻的到来意味着要牺牲一种伦理，对某一他者的责任意味着对其他他者的不负责任，真正的决定只能是他者性质的决定。最后，走出经济循环的封闭结构，形成向未来他者敞开的政治概念：正义是与当下脱节的，民主是无限完善的，弥赛亚是即将来临的。德里达的政治伦理概念都包含一般意义和不可能的意义，其根本是因为德里达的思想建立在以他者名义行动或理论反思的基础之上，不断地对政治概念进行解构。

如此与他者的关系呼唤一种未-来政治。他者是一个事件、一个未来，但不是通俗意义上的可预测、程序化和可重复的未来。德里达所描述的未来是不可预测的、没有预期的、没有条件的。未来的重复上演对于德里达而言并不是原样的重复，而是有差异的再现。德里达的未-来政治哲学是关于作为他者的事件的，因此，未-来政治与作为一门科学的政治学有着本质的区别。原因在于科学是计算性思维，它限制了政治的可能性和视野，意味着事物的终结。因此，当我们一定要给政治一个真理性的概念时，就基本上关闭了通向前所未有和不可预测的未来的道路。因此，未-来政治包含了更多的部分，即政治理性规定之外的部分，这无法解释的部分只能依赖他者伦理的律令。德里达的未-来政治之所以会有知识之外的部分，是因为德里达政治思想中的准先验维度。他将先验目的中的旨趣由理性者转向他者，再将理念中的知识规范剔

除，形成他所说的过/超先验。这一思考维度与德里达在政治思想中的
"也许"领域十分契合。对于德里达的未-来政治，我们在现象学意义
上给出了它对以往政治的超越解释，不是包含在场政治且在其之上的终
极制度，而是全然不同于在场的来临中的政治。正是政治概念的悖谬性
质，使得理想的在场政治只能是自封的政治状态，德里达的未-来政治
以他者伦理替补了终结论政治、敌友政治等在场政治。

德里达更多的是通过政治思想实践的方式，而不是通过具体概念的
方式影响当代政治。德里达的政治伦理思想以其鲜明的特点为政治哲学
研究注入新的解释范式，这是其解构思想进一步深化的结果。但解构思
想的激情也不会一直张扬下去，未-来政治遇到了缺乏理论构建和社会
实践不足的质疑，我们可以从解构思想的基本要义为其辩护，但它自身
的疆域是难以回避的。无论怎样都不能否认德里达给出的警示与启示。
任何情况都不应该忽视他者，他者与我们息息相关，我们应当对发生在
他者身上的事情负责。当反殖民浪潮的兴起、恐怖主义的区域性爆发、
霸权主义的渗透等政治问题的事件性愈发明显时，出乎意料的他者便召
唤一种未-来政治以回应这些问题，这些政治问题需要一种事件性、流
变性的思想解说。当我们反思当代极端政治事件并寻求世界政治的未来
可能性时，可以尝试返回到德里达的政治伦理思想中。

我们以政治伦理作为解读德里达的入口，一方面论证德里达政治伦
理思想是其解构思想的一以贯之，回击了解构研究经历了巨大思想转折
的说法；另一方面，由政治伦理入手回看解构之思，能够更全面地认识
解构的整体思路及其实践的政治作用。尽管我们已经基本完成了这项工
作，但思想还应该有更宽广、更深远的发展。2021 年末，艾克斯-马赛
大学举行过一场《德里达 2021：生命政治与解构》的研讨会，很多学
者认为重新开启生命政治辩论的时候到了。对于全球化的政治动荡，我
们应该如何理解德里达无条件的好客、不可能的宽恕等政治思想？如何
处理德里达的政治概念与日常生活世界中政治的新发展之间的关系？因

此，未来的研究工作应该拓宽思路，更好地处理德里达政治伦理主张与现实政治之间的张力，伴随时代发展，不断地、更深入地挖掘德里达政治伦理思想的自身价值。

参考文献

一、中文文献

·著作类：德里达中文译著

［1］包亚明．一种疯狂守护着思想——德里达访谈录［M］．何佩群，译．上海：上海人民出版社，1997.

［2］雅克·德里达．文学行动［M］．赵兴国，等译．北京：中国社会科学出版社，1998.

［3］雅克·德里达．声音与现象——胡塞尔现象学中的符号问题导论［M］．杜小真，译．北京：商务印书馆，1999.

［4］雅克·德里达．多义的记忆——为保罗．德曼而作［M］．蒋梓骅，译．北京：中央编译出版社，1999.

［5］雅克·德里达．他者的单语主义［M］．张正平，译．台北：桂冠出版社，2000.

［6］雅克·德里达．书写与差异［M］．张宁，译．北京：生活·读书·新知三联书店，2001.

［7］雅克·德里达．明天会怎样：雅克·德里达与伊丽莎白·卢迪内斯库对话录［M］．苏旭，译．北京：中信出版社，2002.

［8］雅克·德里达．德里达中国讲演录［M］．杜小真，张宁，译．北京：中央编译出版社，2003.

［9］雅克·德里达. 论瓦尔特·本雅明［M］. 郭军，译. 长春：吉林人民出版社，2003.

［10］雅克·德里达. 多重立场［M］. 余碧平，译. 北京：生活·读书·新知三联书店，2004.

［11］雅克·德里达. 胡塞尔《几何学的起源》引论［M］. 方向红，译. 南京：南京大学出版社，2004.

［12］雅克·德里达. 论文字学［M］. 汪家堂，译. 上海：上海译文出版社，2005.

［13］雅克·德里达. 友爱的政治学及其他［M］. 杜小真，胡继华，译. 长春：吉林人民出版社，2006.

［14］雅克·德里达. 宗教［M］. 杜小真，译. 北京：商务出版社，2006.

［15］雅克·德里达. 解构与思想的未来［M］. 杜小真，胡继华，等译. 长春：吉林人民出版社，2006.

［16］雅克·德里达. 论精神——海德格尔与问题［M］. 朱刚，译. 上海：上海译文出版社，2008.

［17］雅克·德里达. 论好客［M］. 贾江鸿，译. 桂林：广西师范大学出版社，2008.

［18］雅克·德里达. 胡塞尔哲学中的发声问题［M］. 于奇智，译. 北京：商务印书馆，2009.

［19］雅克·德里达. 无赖［M］. 汪堂家，李之喆，译. 上海：上海译文出版社，2011.

［20］雅克·德里达. 马克思的幽灵：债务国家、哀悼活动和新国际［M］. 何一，译. 北京：中国人民大学出版社，2016.

［21］雅克·德里达. 马刺：尼采的风格［M］. 成家桢，译. 上海：华东师范大学出版社，2018.

·其他相关中文研究著作

［1］本雅明．本雅明文选［M］．陈永国，马海良，译．北京：中国社会科学出版社，1999.

［2］陈晓明．德里达的底线［M］．北京：北京大学出版社，2009.

［3］戴登云．解构的难题：德里达再研究［M］．北京：人民出版社，2013.

［4］笛卡尔．方法谈［M］．王太庆，译．北京：商务印书馆，2000.

［5］恩斯特·贝勒尔．尼采、海德格尔与德里达［M］．李朝晖，译．北京：社会科学文献出版社，2001.

［6］勒维纳斯．上帝、死亡和时间［M］．余中先，译．北京：生活、读书、新知三联书店，1997.

［7］勒维纳斯．总体与无限［M］．朱刚，译．北京：北京大学出版社，2016.

［8］方向红．生成与解构：德里达早期现象学批判疏论［M］．南京：南京大学出版社，2006.

［9］方向红．幽灵之舞：德里达与现象学［M］．南京：江苏人民出版社，2018.

［10］冯俊．当代法国伦理思想［M］．上海：同济大学出版社，2007.

［11］福山．历史的终结及其最后之人［M］．中国社会科学出版社，2003.

［12］高桥哲哉．德里达：解构［M］．王欣，译．石家庄：河北教育出版社，2001.

［13］高汝伟，殷有敢．政治伦理学［M］．南京：南京大学出版社，2016.

［14］高宣扬．法兰西思想评论 2011［M］．北京：人民出版社，2011.

［15］高宣扬．法兰西思想评论 2016［M］．北京：人民出版社，2017.

［16］高宣扬．当代政治哲学（两卷本）［M］．北京：人民出版社，2010.

［17］黑格尔．精神现象学［M］．先刚，译．北京：人民出版社，2016.

［18］胡继华．后现代语境中伦理文化转向：论列维纳斯、德里达和南希［M］．北京：京华出版社，2005.

［19］克里斯蒂娜·豪威尔斯．德里达［M］．张颖，王天成，译．哈尔滨：黑龙江人民出版社，2002.

［20］克里斯托弗·诺里斯．德里达［M］．吴易，译．北京：昆仑出版社，1999.

［21］理查德·沃林．东风：法国知识分子与 20 世纪 60 年代的遗产［M］．董树宝，译．北京：中央编译出版社，2017.

［22］李振．解构与解构的马克思主义［M］．上海：上海人民出版社，2004.

［23］罗尔斯．作为公平的正义［M］．姚大志，译．上海：上海三联书店，2003.

［24］罗伊．博伊恩．福柯与德里达：理性的另一面［M］．北京：北京大学出版社，2010.

［25］陆扬．德里达：解构之维［M］．武汉：华中师范大学出版社，1996.

［26］陆扬．后现代性的文本阐释：福柯与德里达［M］．上海：上海三联书店，2000.

［27］陆扬．德里达的幽灵［M］．武汉：武汉大学出版社，2008.

［28］马丁·海德格尔．同一与差异［M］．孙周兴，陈小文，佘明锋，译．北京：商务印书馆，2011.

［29］孙周兴．海德格尔选集［M］．上海：上海三联书店，1996.

［30］马丁·海德格尔．时间概念史导论［M］．欧东明，译．北京：商务印书馆，2009.

［31］马丁·海德格尔．存在与时间［M］．陈嘉映，王庆节，译．上海：上海三联书店，1997.

［32］麦克·里拉．德里达的政治哲学［M］．北京：中国社会科学出版社，2003.

［33］孟宪清．解构及其超越［M］．武汉：武汉大学出版社，2017.

［34］倪梁康．胡塞尔现象学概念通释［M］．上海：上海三联书店，1999.

［35］尼采．朝霞［M］．田立年，译．上海：华东师范大学，2007.

［36］尚杰．归隐之路［M］．南京：江苏人民出版社，2008.

［37］尚杰．德里达［M］．长沙：湖南教育出版社，1999.

［38］尚杰．解构的文本：读书札记［M］．北京：中国社会科学出版社，1999.

［39］尚杰．精神的分裂：与老年德里达的对话［M］．上海：同济大学出版社，2006.

［40］尚杰．从胡塞尔到德里达［M］．南京：江苏人民出版社，2008.

［41］施密特．政治的概念［M］．上海人民出版社，2004.

［42］斯图亚特·西姆．德里达，历史的终结［M］．王昆，译．北京：北京大学出版社，2005.

［43］汪堂家．汪堂家讲德里达［M］．北京：北京大学出版社，2008.

［44］王庆丰．德里达发生现象学研究［M］．北京：中国社会科学出版社，2011.

［45］夏光．后结构主义思潮与后现代社会理论［M］．北京：社会科学文献出版社，2003.

［46］肖锦龙．德里达的解构理论思想性质论：文化的视角［M］．北京：中国社会科学出版社，2004.

［47］亚里士多德．尼可马科伦理学［M］．苗力田，译．北京：中国社会科学出版社，1990.

［48］伊格尔顿．二十世纪西方文学理论［M］．伍晓明，译．西安：陕西师范大学出版社，1986.

［49］朱刚．本原与延异：德里达对本原形而上学的解构［M］．上海：上海人民出版社，2006.

［50］赵一凡．西方文论讲稿：从胡塞尔到德里达［M］．上海：上海三联书店，2007.

［51］张旭．礼物——当代法国思想史的一段谱系［M］．北京：北京大学出版社，2013.

·学术期刊：德里达中译文章

［1］雅克·德里达．逻各斯之父［J］．李焰明，译．哲学译丛，2001（3）.

［2］雅克·德里达．阐释签名（尼采／海德格尔）：两个问题［J］．陈永国，译．尼采的幽灵：西方后现代语境中的尼采，社会科学文献出版社，2001.

［3］雅克·德里达．宽恕：不可宽恕和不受时效约束［J］．杜小真，译．江苏社会科学，2002（1）.

［4］雅克·德里达．风格问题［J］．尼采在西方，2002.

［5］雅克·德里达．哲学的第一任务：对发生的重新激活［J］．朱刚，译．世界哲学，2003（5）.

［6］雅克·德里达．永别了，列维纳斯［J］．胡继华，译．世界哲学，2003（5）．

［7］雅克·德里达，J. 哈贝马斯．战争之后——欧洲的复兴［J］．李理，译．世界哲学，2003（5）．

·其他相关中文期刊

［1］戴木才．政治伦理的现代视域［J］．哲学动态，2004（1）．

［2］董俊，方向红．礼物现象学的双重疑难：从延异到给予［J］．江海学刊，2020（6）．

［3］杜小真．好客和现代国家政治之间［J］．黑龙江社会科学，2009（2）．

［4］高宣扬．论德里达晚年的政治哲学思想［J］．上海交通大学学报（哲学社会科学版），2016，3（24）．

［5］江怡．“超在”的扩展：列维纳斯伦理学的政治哲学维度［J］．中国现象学与哲学评论，2007．

［6］李永毅．延异政治学——德里达的遗产［J］．国外理论动态，2011（5）．

［7］尚杰．用形而上学语言否定形而上学——德里达《暴力形而上学》中对勒维纳斯他者的质疑［J］．社会科学辑刊，2020（1）．

［8］尚杰．悖谬与后冷战时代的政治哲学［J］．社会科学辑刊，2007（3）．

［9］夏可君．德里达的解构——他者的发现与不可能性的书写［J］．艺术当代，2011（9）．

［10］夏可君．礼物的精神——德里达思想礼物及其对神学的解构［J］．香港道风山神学研究，2004．

［11］肖锦龙．不可能和事件——论德里达的事件学说［J］．兰州大学学报（社会科学版），2020（1）．

［12］徐晓旭．创造蛮族：古代希腊人建构他者新探［J］．武汉：

武汉大学学报（哲学社会科学版），2019，72（2）.

［13］杨大春. 他者与他性［J］. 浙江学刊，2001（2）.

［14］杨寿堪. 时间是什么——剖析西方几位著名哲学家的时间观［J］. 湖南社会科学，2018（3）.

［15］朱刚. 敌对的抑或友爱的政治？——施密特的"政治的概念"以及德里达对他的解构［J］. 社会科学，2011（1）.

［16］张隆溪. 结构之后——后结构主义消解式批评［J］. 读书，1983（12）.

二、外文文献

·著作类：德里达法文著作

［1］DERRIDA J. L'Ecriture et la différence［M］. Paris：Seuil，1967.

［2］DERRIDA J. De la grammatologie［M］. Paris：Minuit，1967.

［3］DERRIDA J. La Dissemination［M］. Paris：Seuil，1972.

［4］DERRIDA J. Marges de la philosophie［M］. Paris：Minuit，1972.

［5］DERRIDA J. Positions［M］. Paris：Minuit，1972.

［6］DERRIDA J. Glas［M］. Paris：Galilée，1974.

［7］DERRIDA J. Edmund Husserl，L'Origine de la géométrie［M］. Paris：Presses Universitaires de France，1974.

［8］DERRIDA J. L'Oreille de l'autre：otobiographies［M］. Montreal：VLB，1982.

［9］DERRIDA J. De l'esprit［M］. Paris：Galilée，1987.

［10］DERRIDA J. Psyche：Inv［M］. Paris：Galilée，1987.

［11］DERRIDA J. Memoires for Paul de Man［M］. Paris：Galilée，1988.

［12］DERRIDA J. Du droit à la philosophie［M］. Paris：Galilée，

1990.

［13］ DERRIDA J. Limited Inc ［M］. Paris: Galilée, 1990.

［14］ DERRIDA J. Donner le temps: 1. La fausse monnaie ［M］. Paris: Galilée, 1991.

［15］ Jacques Derrida. Acts of Literature ［M］. Ed by Derik Attridge, London: Rutledge, 1992.

［16］ DERRIDA J. Khôra ［M］. Paris: Galilée, 1993.

［17］ DERRIDA J. Spectres de Marx ［M］. Paris: Galilée, 1993.

［18］ DERRIDA J. Force de loi ［M］. Paris: Galilée, 1994.

［19］ DERRIDA J. Politiques de l'amitié ［M］. Paris: Galilée, 1994.

［20］ DERRIDA J. Le monolinguisme de l'autre ［M］. Paris: Galilée, 1996.

［21］ DERRIDA J. Apories ［M］. Paris: Galilée, 1996.

［22］ DERRIDA J. Adieu à Emmanuel Levinas ［M］. Paris: Galilée, 1997.

［23］ DERRIDA J. Le parjure et le pardon Volume I Séminaire 1997-98 ［M］. Paris: Seuil, 1997.

［24］ DERRIDA J. Demeure ［M］. Paris: Galilée, 1998.

［25］ DERRIDA J. Donner La Mort ［M］. Paris: Galilée, 1999.

［26］ DERRIDA J. États d'âme de la psychanalyse ［M］. Paris: Galilée, 2000.

［27］ DERRIDA J. Le Toucher, Jean-Luc Nancy ［M］. Paris: Galilée, 2000.

［28］ DERRIDA J. Dire l'événement, est-ce possible? ［M］. Paris: L'Harmattan, 2001.

［29］ DERRIDA J. De l'hospitalité ［M］. Paris: La passe du vent, 2001.

［30］DERRIDA J. Foi et savoir suivi de Le siècle et le pardon ［M］. Paris: Seuil, 2001.

［31］DERRIDA J. Papier Machine ［M］. Paris: Galilée, 2001.

［32］DERRIDA J. Chaque fois unique, la fin du monde ［M］. Paris: Galilée, 2003.

［33］DERRIDA J. Psyche: Inventions de l'autre, II ［M］. Paris: Galilée, 2003.

［34］DERRIDA J. De quoi demain⋯ Dialogue ［M］. Paris: Flammarion, 2003.

［35］DERRIDA J. La voix et le phénomène ［M］. Paris: PUF, 2003.

［36］DERRIDA J. Voyous − Deux essais sur la raison ［M］. Paris: Galilée, 2003.

［37］DERRIDA J. Béliers ［M］. Paris: Galilée, 2003.

［38］DERRIDA J. Le "concept" du 11 septembre, Dialogues à New York (octobre − décembre 2001) avec Giovanna Borradori, with Jürgen Habermas ［M］. Paris: Galilée, 2004.

［39］DERRIDA J. L'animal que donc je suis ［M］. Paris: Galilée, 2006.

［40］DERRIDA J. Eperons: Les Styles de Nietzsche ［M］. Paris: Flammarion, 2010.

［41］DERRIDA J. Pardonner. L'impardonnable et l'imprescriptible ［M］. Paris: Galilée, 2012.

·其他相关研究著作

［1］CAPUTO J D. Deconstruction in a Nutshell: A Conversation with Jacques Derrida ［M］. New York: Fordham University Press, 1997

［2］CIXOUS H, DERRIDA J. Veils ［M］. trans. GEOFFREY B,

Stanford: Stanford University Press, 2001.

[3] CRÉPON M. Altérités de l'Europe [M]. Paris: Galilée, 2006.

[4] GEOFFREY B. Interrupting Derrida [M]. New York: Routledge, 2000.

[5] GEOFFREY B, Jacques Derrida. Jacques DERRIDA [M]. Paris: Seuil, 1991.

[6] GEOFFREY B. "Demo", in The Politics of Deconstruction: Jaques Derrida and the other of Philosophy, Martin McQuillan ed. [M]. London: Pluto, 2007.

[7] GLENDINNING S, EAGLESTONE R. Derrida's Lagacies: Literature and Philosophy [M]. NewYork: Routledge, 2008.

[8] GOLO Y G. Temporalité, éthique et politique chez Jacques Derrida [M]. Saint−Denis: Edilivre, 2020.

[9] HOWELLS C. Jacques Derrida [M]. London: Politique press, 1999.

[10] KOJEVE A. Introduction to the reading of Hegel [M]. London: comell university presse, 1969.

[11] LÉINAS E. Totalité et fini [M]. Netherlands: Nijhoff, 4e édition, 1974.

[12] LÉINAS E. Dieu, la mort et le temps [M]. Paris, Grasset, coll.《 Figures 》, 1993.

[13] LÉINAS E. Ethique et Infini [M]. Paris: Fayard, 1982.

[14] LÉINAS E. Autrement qu'être ou au − delà de l'essence [M]. Netherlands: Nijhoff, 1974.

[15] LÉINAS E. Le temps et l'autre [M]. Paris: PUF , 1983.

[16] MILLER J H. Derrida's Others, see Jacques Derrida: the Critical Assessments of Leading Philosophers [M]. London: Routledge, 2002.

[17] PHENG C, SUZANNE G. Derrida and the Time of the Political [M]. Durham: University of North Carolina Press, 2009.

[18] PHILLIPE L L, NANCY J L. Les fins de l'homme: à partir du travail de Jacques Derrida: colloque de cerisy, 23 juillet - 2 août 1980 [M]. Paris: Galilée, 1981.

[19] RAMOND C. Le vocabulaire de Derrida [M]. Paris: Ellipses, 2004.

[20] RENÉ M. Lacan avec Derrida: analyse désistentielle [M]. Paris: Mentha, 1991.

[21] RICHARD B. Derrida and the Political [M]. New York: Routledge, 1998.

[22] SARTRE J P. L'Etre et le néant: essai d'ontologie phénoménologique [M]. Paris: Gallimard, coll. 《Tel》, 1986.

[23] SARAH K. Lectures de Derrida [M]. Paris: Galilée, 1984.

[24] SIMON C. The Ethics of Deconstruction [M]. London: Oxford Blackwell, 1992.

[25] WOOD D. Derrida and different [M]. Evanston: Northestern University press, 1988.

·学术期刊

[1] LISSE M. Une Politique pour la vie [J]. Lignes, 2015, 2 (47).

[2] MARRATI-GUENOUN P. Derrida et Levinas: éthique, écriture, historicité [J]. Les Cahiers philosophiques de Strasbourg, 1997, 6.

[3] NAULT F. L'éthique de la déconstruction [J]. Revue d'éthique et de théologie morale, 2005, 234.

[4] NANCY J L. Politique et/ou politique [J]. Lignes, 2015, 2 (47).

[5] RANCIÈRE J. La démocratie est-elle à venir ? Éthique et politique

chez Derrida Jacques［J］. Les Temps Modernes, 2012, 3 (n°669-670).

　　［6］ ZUCKERT C. The Politics of Derridean Deconstruction ［J］.
Polity, 1991, 23 (3).

后　记

我把完成这部穷尽我对德里达一切理解的著作看成不可能的任务，但在解构主义思想中，不可能的可能性经验正是我们所要面对的。从初稿到反复修订稿再到成稿，经历了何其漫长的岁月，从最初的不敢落笔到最终完成此书，在我看来，这并非我一人之作，背后有着无数他者同样巨大的付出。

致谢师长。本书是在我的导师王晓东教授的悉心指导下完成的，尽管对王晓东老师治学严谨、学识深厚早有耳闻，资质平庸的我想象自己的求学过程可能大多时候要听从老师吩咐，但王老师最初引领我进行大量阅读时却在选题上给予我足够的空间。他精准指正我的论文结构和内容细节，在尖锐问题上令我醍醐灌顶，也给我留下了诸多思考。王老师严谨的科研态度、勤勉的求学精神、深厚的哲学底蕴、朴素平实的为人、深入浅出的教学，让我受益终身。与王老师的每次交流都让我感到自己与老师之间有着巨大的差距，觉得自己应该加倍努力。同时还要感谢丁立群教授、罗跃军教授、赵海峰教授、高来源教授在读博期间从不同方向传授我丰富的哲学思想，也要感谢曾参与我开题和中期审核的蒋红雨教授、张本祥教授对我的中肯建议。

致谢亲友。感谢父母的养育，博士的第一年母亲做了癌症手术，由于工作和学习原因我并没有陪伴她的化疗，但她以坚强的毅力战胜病魔，病愈不久便又义无反顾地支持我。此时，婚后六年不孕的我迎来了新生命，经历了早产的考验，爱子又一次让我感受到生命的奇迹，感谢

240

他给予我的一切。感谢我的爱人给予我无条件的爱护与包容。以上至亲我深有亏欠。还要感谢我在法国求学的朋友和同事杜非、唐天红博士帮我查找法文资料，核对文献来源。另外也非常感谢学院领导徐文培教授在我写作的关键时期给我的鼓励和支持。感谢张丽娜博士、贾如博士、李文杰博士在我写作期间的相互鼓励和共同讨论。

致谢前辈。学术研究是站在巨人之肩上的求索，他们以心血之作助推我们前行。感谢尚杰、方向红、高宣扬等学者对德里达的研究与译介，他们的工作对于我研究或学习德里达思想有着巨大的帮助。

感谢以上在写作期间给予我爱与支持的人，我从中获得的力量甚至可以让我拥抱人生的至暗时刻。谨以此书献给他们。尽管不完美，但我希望此书足够用心。如有不尽如人意之处，也望相关专家学者以及读者不吝指正。

哲学之于我，是令我陷入困顿又走出困顿的思索。这种思索将浸入我的生命，感谢哲学带给我这番奇妙又独特的经历，我将继续迎接思考之路的崎岖与艰难，一路向前。正如解构的要义是"对不可能的肯定"。我将法国电影《放牛班的春天》（*Les Choristes*）中的一句话送给未来的自己以及正在阅读此文的你们：

Ne jamais dire jamais, il y atoujours quelquechose à tenter.

永远不说永不，总有一些事情需要尝试。